당신은
나의 영혼

오, 놀라워라! 우리가 인간이라니!

이현중 · 이해남 평전

당신은 나의 영혼

윤동수 지음

삶이 보이는 창

차례

*각장의 시와 제목 일부는 임성용 시집 『하늘공장』에서 옮겨왔다.

저 맑은 하늘에 공장 하나 세워야겠다
따뜻한 밥솥처럼 해가 뜨고 해가 지는 곳
무럭무럭 아이들이 자라고 웃음방울 영그는 곳
그곳에서 연기 나는 굴뚝도 없애고 철탑도 없애고
손과 발을 잡아먹는 기계 옆에 순한 양을 놓아 먹이고
고공농성의 눈물마저 새의 날갯짓에 실어 보내야겠다

「하늘공장」에서*

1 탄생

어디로 빠져야 좋을까. 운전대를 잡은 이해남(1962년생)은 틈만 나면 백미러를 흘낏거렸다. 벌써 두 시간째 천안 시내를 이리저리 돌아다니는 참이었다. 세원테크(현대자동차 아산공장과 기아자동차 화성공장에 차체 부품을 납품하는 회사) 동료들과 만나기로 한 곳은 삼거리공원이었다. 하지만 공원 근처는 얼씬도 못하고 하릴없이 천안 시내를 떠돌고 있었다. 신방동삼거리, 초원그린아파트, 쌍용동, 천안역을 거쳐 순천향대학교병원을 두 바퀴나 돌았다. 회사를 나설 때부터 따라붙은 관리자들을 따돌리기 위해서였다.

노동조합 설립 작업이 드러난 뒤로 회사는 이해남을 한시도 가만두지 않았다. 24시간 감시를 받고 있다 해도 지나치지 않았다. 오늘만 해도 그랬다. 전화를 받은 한국노총 충남지역일반노조 위원장 최만정은 아예 두정동 사무실에는 올 생각도 말라고 했다. 일요일임에도 회사 관리자들이 진을 치고 있다는 거였다. 두정동 사무실에도 못 가게 생겼으니 재주껏 찰거머리 같은 놈들을 떨어내야 했다.

2001년 10월 14일. 세원테크에 드디어 노동조합이 생긴다. 오늘이 오기를 얼마나 기다렸나. 이해남은 설레는 가슴을 억눌렀다. 1차 집결지인

삼거리공원으로 무작정 갈 수는 없었다. 그랬다가는 회사 관리자들과 몸 싸움이 벌어질 터이고 노조설립은 물거품이 될지도 몰랐다.

10월 13일, 빨간 '투쟁조끼'를 입은 최만정이 정문에서 노조 가입을 권유하는 유인물을 나누어 주었고, 회사는 그야말로 발칵 뒤집혔다. 관리자들은 노조 설립을 막으려고 눈에 불을 켜고 설쳤다. 1급 감시대상은 누가 뭐래도 이해남이었다. 유인물에는 친절하게도 노조 가입서는 이해남에게 내라고 전화번호까지 적혀 있었다. 그날부터 이해남의 전화는 관리자들과 동료들 덕분에 몸살을 앓았다.

"세원테크에 노조 만들려면 등에 칼 맞을 각오해야 돼."

10일 전쯤 민주노총 충남본부에 들렀을 때였다. 전에도 세원테크에 노조를 만들려던 사람들이 있었다며 실무자가 들려준 말이었다. 이해남은 그 충고를 한시도 잊은 적이 없었다. 그는 운전대를 잡은 손에 땀이 났지만 긴장을 풀지 않았다. 그리고 거듭 자신에게 물었다. 왜 노조가 있어야하나? 이해남은 스스로 답했다. 세원테크는 임금이 적다. 일이 너무 고되다. 두 달을 넘기지 못하고 노동자들이 회사를 떠난다. 잔업은 강제로 하고 시급은 고작 2160원이다. 군대처럼 조회를 서고, 경북지역에서 데려온 어린 고등학생들을 실습생이랍시고 노예처럼 부려 먹는다. 그리고 관리자들의 횡포를 생각하면 욕밖에 안 나온다.

안경공장에서 차장으로 근무한 적이 있던 이해남은 현장에서 일하는 노동자들을 함부로 대하지 않았다. 인도네시아에 가서 3년간 일하면서 인도네시아 사람들하고 잘 어울렸지, 욕을 하거나 때리지 않았다. 반면, 세원테크는 노동자들에게 사람대접을 안 한다.

노조는 꿈도 안 꾸었던 이해남이 노조를 만들어야겠다고 결심한 것은 이현중(1973년생)이 작업반장에게 맞는 것을 보고 나서였다. 지난 6월 하순이었다. 야간조였던 이해남은 조회에 참석했다. 그런데 현장 분위기가 여느 날과 달랐다. 작업반장 이재섭이 서 있는 사람들을 향해 "지난주 금요일 예비군 훈련 갔다 온 새끼들 있지. 어떤 새끼들이야? 앞으로 나와!"
하고 사납게 외쳤다. 이해남은 귀를 의심했다. 일하러 나온 사람들을 불러놓고 욕을 하다니, 이건 아니었다. 그러나 이재섭은 이해남의 의구심을 간단히 무질러 버렸다. 그는 두 사람이 앞으로 나서자 다짜고짜 욕을 하고 주먹을 휘둘렀다.

"야이 새끼들아! 예비군 훈련이 일찍 끝났으면 잽싸게 회사로 들어와야 할 거 아냐!"

군대처럼 열중쉬어 자세에서 황영원(1973년생)과 이현중은 고스란히 뭇매를 맞았다. "예비군 훈련 때문에 어쩔 수 없었다"고 변명한 이현중에게 돌아온 건 발길질이었다. 이해남은 눈으로 보면서도 믿어지지 않았다. 이재섭은 예비군 훈련을 핑계로 농땡이를 쳤다면서 이현중의 정강이를 계속 걸어찼다.

세원테크는 노동자들이 일하는 공장이지 깡패집단이 아니었다. 이해남은 조회에 참석한 동료들을 둘러보았다. 무거운 침묵만 큐시(QC)실에 흘렀고 누구 하나 항의하는 사람이 없었다.

"예비군 훈련이 8시간인데, 1시간 일찍 끝났습니다. 회사에 안 와도 됩니다."

이현중이 사정을 설명했음에도 이재섭은 1시간이라도 와서 일해야 된다며 주먹으로 머리를 쳤다. 저럴 수는 없었다. 이현중의 말이 옳다는 것을 알았지만 이해남은 망설였다. 입사한 지 1달밖에 안 된 그로서는 함부로 나설 처지가 아니었다. 하지만 사람을 개 잡듯이 몰아치면서 폭력을 휘두르는 건 눈 뜨고 볼 수가 없었다. 이해남은 기어코 앞으로 나섰다.

"두 사람이 잘못했다고 칩시다. 아무리 그렇더라도 많은 사람들 앞에서 공개적으로 폭행을 해서야 되겠습니까?"

"얼씨구, 그러셔. 이딴 꼴 보기 싫으면 회사 때려치우면 될 거 아냐!"

반장은 도리어 이해남에게 욕설을 퍼부었다. 이재섭한테 모욕을 당하고 곧바로 찾아간 생산부서장도 다르지 않았다.

"아니꼬우면 그만두셔!"

이해남에게 돌아온 한마디였다.

이해남은 그날 이를 악물었다. 아, 노조가 있어야 저런 꼴을 안 당하겠구나, 퍼뜩 든 생각이었다.

회사 밖은 조경도 잘 해놓고 풍경이 좋은데, 사람을 너무 많이 부려 먹었다. 일이 고되고 노동 강도가 심했다. 조·반장이 함부로 말을 했다. 나이 많은 사람들한테도 '이것 좀 해라!' 하고 반말을 지껄였다. 현장에서 '그라인더로 갈아!' 해놓고 못하면 이것도 못하냐고 막말을 해 댔다. 작업하는 게 험하다. 용접 불똥도 튀고 내가 이런 데서 일하겠나 싶었다. 처음 들어갔을 때, 귀마개를 하고 그라인더질만 보름 동안 했다. **최병호, 1966년생**

나이 많은 조장들이 나가자 나이 어린 우리가 조장이 되었다. 반장이 시키는 대로 아저씨들한테 막말하고 이주노동자들을 때렸다. 예를 들어, 불량이 나면, '아이씨, 또 불량이 났어요?' 짜증내면서 사람을 대놓고 무시했다. 장비나 작업조건이 안 좋아서 그랬던 건데 사람 탓으로 돌렸다. 인도네시아 이주노동자들이 처음 오면 말이 안 통했다. 나이가 30대 중반인데도 '야, 너 임마, 개새끼야' 라고 욕했다. 일을 못하거나 대들면 사소한 폭력을 썼다. 말싸움을 하다가 머리를 때린다든지 밀친다든지 때리려고 폼을 잡는다든지, 현장 분위기가 형편없었다.

신동진, 1979년생

약속 장소를 옮겼을 텐데, 왜 연락이 안 올까. 삼거리공원이 알려지면 2차 집결지에서 모이기로 한 터였다. 조바심치는 이해남에게 저만치 고속버스터미널과 갤러리아백화점이 눈에 들어왔다. 아내 이은숙과 맞선을 본 곳이었다. 첫눈에 반했다고 해야 할까. 번갯불에 콩 구워먹듯 맞선 본지 3~4달 만에 살림을 차렸다.

세원테크 동료들이 2차 집결지를 알려온 것은 이해남이 갤러리아백화점을 지날 무렵이었다. 그는 급하게 전화를 받았다.

"어디라고? 단국대? 알았어, 놈들 따돌리고 그리로 가지!"

단국대 천안캠퍼스 학생회관 동아리방에서 이해남은 금속노조 세원테크 지회장으로 뽑혔다. 부지회장으로는 전영웅(1962년생), 사무장으로는 구재보(1973년생)가 뽑혔다. 회사를 빠져나온 동료들이 23명이나 모였다. 노조를 만든답시고 치킨집과 해장국집에서 머리를 맞대었던 이들이 거의 다 모인 셈이었다. 관리자들의 미행을 따돌리고 집결지에 온 그로서는 무척 감격스러웠다. 그리고 이제는 조합원이 된 동료들 하나하나가 자랑스러웠다. 욕지거리를 들어가며 회사가 시키는 대로 일만 하던 동료들이 새삼 달라 보였다.

회사를 나설 때만 해도 이해남은 과연 노조를 제대로 만들 수 있을지 긴가민가했다. 관리자들의 미행부터가 난생 처음 겪는 일이었다. 첩보영화에서나 봤던 미행이라는 걸 자신이 겪을 줄은 꿈에도 몰랐다. 그리고 모임 장소를 마련하는 것도 아슬아슬했다. 간신히 관리자들을 따돌리고 단국대에 왔건만 그때까지 맞춤한 장소도 못 구하고 있었다. 단국대를 다 뒤져도 모임을 열 장소가 없었다. 부랴부랴 민주노총에 연락을 해서 단국대 학생을 소개받아 겨우 동아리방을 빌릴 수 있었다.

한국노총과 민주노총도 구분할 줄 몰랐던 이해남은 금속노조에 가입하게 된 현실이 꿈만 같았다. 오로지 노조가 있어야겠다는 생각만으로 사람들을 만나고 다녔다. 노동자를 위하겠다 싶어서 민주노동당을 무작정 찾아갔고, 한국노총 충남지역일반노조 사무실 문을 두드렸다. 노동운동의 '노' 자도 들어본 적이 없는 그로서는, 눈 감고 허방을 딛는 격이나 마찬가지였다. 추동윤과 박용준에게서 노조 가입서를 받았듯, 다른 사람들도 가입시켜 노조를 만들면 그것으로 다 되는 줄 알았다. 멋모르고 가입했던 한국노총에서 민주노총으로 상급단체를 바꾼 나날을 돌이켜보면 한바탕 꿈속을 헤맨 기분이었다. 한국노총에 기껏 가입해놨는데, 동료들이 상급단체를 바꿔야 한다고 했을 때, 이해남은 그게 무슨 말인지 도무지 알아먹지 못했다. '노총'이면 다 노동자를 위한 단체인 줄만 알았던 그로서는 헷갈릴 수밖에 없었다.

충무해장국집에서였다. 그날은 세원테크 동료들이 20명이나 모였다. 노조 만들기로 작정하고 나서 가장 많이 모인 날이었다. 오늘 단국대에서도 그랬지만 그날도 이용덕(1971년생)은 단단히 준비를 해왔다. 대뜸, 한국노총 말고 민주노총으로 가야 한다고 심각하게 나왔다.

"형님, 한국노총으로 가면 안 됩니다. 예를 들어, 회사가 우리 요구안을 안 들어주면 싸워야 하는데, 노동자 위해 싸우는 데가 다 민주노총 소속입니다. 노동자들끼리 연대하고 힘 실어주는 데가 민주노총입니다. 노조는 조합원들이 참여하고 민주적으로 운영해야죠. 민주노총이 그렇습니다. 물론, 민주노총 소속 사업장일지라도 어용인 데가 있고 한국노총 안에도 노조 민주화를 위해 싸우는 분들도 있습니다. 그러나 민주노총과 한국노총은 하늘과 땅 차이입니다. 이제야 밝힙니다만, 노조 만든다는 소식을 뒤늦게 알고 사람들을 조직하고 있습니다. 기현라인 사람들은 한국노총 갈 생각 없습니다."

이 무렵 이용덕은, 세원테크에 들어와 알게 된 구재보와 노조 설립 작업을 뒤늦게 알고 함께 참여하고 있었다. 이용덕의 설명을 들으면서도 이해남은 망설였다. 무슨 말인지는 알겠다고 했지만 벌써 한국노총에 가입해놓은 터라 딱 부러지게 답변을 할 수가 없었다. 그 자리에 참석한 동료들도 마찬가지였다. 동료들은 어느 쪽이든 상관없다고 했다. 그날, 결론은 못 냈지만 참석한 사람들한테 노조 가입결의를 받아낸 건 커다란 성과였다.

전영웅의 아내가 운영하던 치킨집에서 만났을 때도 이해남은 해낼 수 있다는 자신감을 가졌다. 그날, 현장에서 쌓인 울분을 털어놓던 동료들은 더 많은 동료들을 끌어모으자고 서로 격려했다. 그동안 많이 참고 살아왔다면서 노조는 진작 생겼어야 했다고, 총대를 메는 사람이 없어서 체념했노라고 털어놓았다. 함부로 부려 먹은 회사를 욕한 동료들은 이참에는 누군가 나선다면 틀림없이 노조를 만들 수 있을 거라는 자신감에 찼다.

나이 든 축들은 손가락 없는 이들이 많았다. 하나같이 순박하기 짝이 없는 이들이었다. 시키면 시키는 대로 일만 할 줄 알았던 동료들로서는 치킨집에 온 것만으로도 엄청난 결단을 내린 셈이었다. 이해남은 회사한 테 불이익을 받을 수 있음에도 노조 만들자고 뭉친 그들에게서 희망을 보 았다.

회계감사로 권세(1974년생)까지 투표로 뽑고 나자 마침내 세원테크노 조가 정식으로 만들어졌다. 지회장으로 뽑힌 이해남은 힘을 모으자는 결 의를 밝힌 다음 그동안 께름칙하게 여겼던 일을 꺼냈다.

"최만정 위원장을 너무 비난하지 말았으면 좋겠습니다. 최만정 위원장 도 우릴 이용하려고 한 게 아닌 것 잘 알지 않습니까. 저도 사심이 있어서 그쪽으로 간 것도 아니고, 다 제가 몰라서 그랬던 겁니다."

이해남은 이제 어엿한 조합원이 된 동료들을 향해 잔을 들었다. 마침 이용덕의 아내가 김치찌개를 끓여온 터라 조촐하나마 잔칫상이 마련되었 다. 이해남은 소주잔을 들고, "세원테크노조를 위하여!"를 힘껏 외쳤다. 그러자 사무장이 된 구재보가 기타를 들고 〈철의 노동자〉를 선창했다.

"민주노조 깃발 아래 와서 모여 뭉치세! 빼앗긴 피땀을 투쟁으로 되찾 으세!"

이해남으로서는 처음 듣고 배우는 노동가였다.

"내 하루를 살아도 인간답게 살고 싶다……."

이해남은 구재보를 따라 노래를 불렀다. 떨리는 목소리만큼 가슴이 벅 차올랐다.

"화장실 좀 갑시다."

이해남이 애원했건만 관리자들은 들은 척도 안 했다. 이참에는 사장 박 용환이었다.

"글쎄, 이야기 끝난 후에 가라니까."

그는 세원그룹 회장인 김문기의 눈치를 살피며 이해남을 주저앉혔다.

시계를 보니 12시 40분을 지나고 있었다. 야간조 식사시간이었다. 이해남은 동료들과 함께 있고 싶었다. 현장과 사무동이라고 해 봐야 지척인데, 오늘밤은 천릿길처럼 아득했다.

사장실에 올라온 지 벌써 4시간째였다. 이건 누가 봐도 감금이었다. 면담을 하자고 사람을 불러 놓고는 덮어놓고 노조를 탈퇴하고 사직서를 쓰란다. 그 전에는 화장실도 갈 수 없단다. 화장실을 다녀와야 정신을 차릴 게 아니냐는 이해남의 혼잣말은 김문기의 물음에 이내 묻혔다.

"당신이 노조를 만든 이유를 말해 봐."

김문기는 묻고 또 물었다. 이해남은 있는 힘을 다해 말했다.

"새파란 조·반장들이 아무한테나 욕을 하고 폭력을 휘두릅니다. 휴게실도 없지 식당 밥도 개밥이지 주야간 맞교대도 너무 힘듭니다. 내가 입사할 때 시급이 2160원이었고 상여금은 6개월 후에 받고 그것도 정규사원의 50퍼센트였어요. 이걸로 어떻게 먹고삽니까? 회장님이 올 때만 현장 청소하는 거 아십니까? 허구한 날 다칩니다. 작업환경이 너무 안 좋습니다."

이해남의 입에서 한없이 불만이 쏟아지자 김문기는 사실을 확인해 보자며 밖에서 대기 중인 생산과장과 총무과장을 불러들였다.

관리자들을 추궁하는 김문기의 목청이 높아질수록 이해남은 지쳤다. 노조 설립 작업을 하느라고 며칠 동안 잠을 거의 못 잤던 터였다. 그 몸으로 일을 하고 틈만 나면 사람들을 만나러 다녔다. 만사가 다 귀찮았다. 화장실에 가고 싶은 마음뿐이었다.

"뭐? 생일 선물을 갖다 바쳤다구? 이 미친놈 봤나!"

사실 확인을 한답시고 꼬치꼬치 캐묻던 김문기가 갑자기 총무과장 서민교의 뒤통수를 때렸다. 선물 공세로 노조를 못하게 막으려고 했다는 총무과장의 변명은 김문기에게 씨알도 안 먹혔다. 그때서야 이해남은 생일 선물 사건이 들통 났음을 알았다. 지난 10월 10일은 이해남의 생일이었다. 일거수일투족을 감시하던 총무과장이 느닷없이 집에 찾아와 생일 선물이라고 백화점 선물 상자를 내밀었다. 그 대신 노조는 없던 일로 하자고 했다. 자신을 구워삶으려는 것임을 눈치 챈 이해남은 선물 상자는 거들떠도 안 봤다. 노조는 어차피 만들어질 테니 괜한 헛수고 하지 말라고 총무과장의 등을 떠밀었다.

김문기가 갑자기 눈물을 보인 건 총무과장한테 실컷 욕을 하고 나서였다. 휴게실도 만들어주겠다, 임금도 올려주겠다, 식당도 개선하겠다고 주저리주저리 읊어대던 그의 눈에 눈물이 글썽했다.

"내 말대로 노조 당장 때려치워. 안 그러면 당신 몸만 상해. 아니할 말로 당신 같은 사람 하나 손 보는 건 식은 죽 먹기야. 자식이 둘이라며? 세상 살기 싫어?"

이해남은 김문기의 말이 귀에서 오락가락했다. 몸이 자꾸만 까무러졌다. 협박을 하는 게 분명했다. 한데도 무어라 대꾸할 말이 떠오르지 않았다. 그 사이에도 관리자들은 김문기의 지시대로 뭔지 모를 서류들을 가지고 들락날락했다.

"이봐, 노조 없애자구. 정 그렇다면 한국노총으로 가면 어떨까? 저 아랫녘 대구 본사 세원정공에서는 말이지, 한국노총이야. 아주 잘 지낸다구. 그렇게만 하면 원하는 거 다 들어주지!"

눈물 바람을 하던 김문기는 변덕이 죽 끓듯 했다. 눈물로 애원하던 그는 그럴 필요 없다고, 당장 사직서를 쓰라고 악을 써댔다. 이해남은 초점 흐린 눈으로 바라보기만 했다. 제풀에 울음과 고함을 뒤섞는 김문기가 괴물처럼 느껴졌다. 김문기는 순식간에 표변했다. 으름장을 놓던 그가 이참에는 자선사업가로 변신했다.

"나는 말이지, 자수성가한 사람이야. 누구보다도 우리 사원들을 아낀다구. 가족처럼 사랑한다 이거야. 세원 가족 몰라? 여러분들 고단할까봐 마당에 잔디도 깔고 정자도 세웠잖아. 그거뿐이면 말도 안 해. 수천만 원짜리 조경수를 잔뜩 심었잖아. 나처럼 종업원들 사랑하는 경영자 있으면 나와 보라구 해. 종업원들이 원하는 것 다 들어줄 거야. 그러니, 당신 이해남은 빠져 줘야겠어. 당신 하나 때문에 많은 종업원들이 평지풍파를 일으켜야 되겠어? 좋게 좋게 말할 때 조용히 사라져 줘. 당신 뜻 알았으니까, 사직서 쓰고 나가 줘."

이해남은 정신이 혼미했다. 김문기를 비롯한 관리자들 20명이 자신을 잡아먹을 듯 노려보고 있었다. 도끼눈을 치뜬 그들은 당장이라도 덮칠 태세였다. 회장님 명령에 순순히 따르라구! 목숨이 아깝거든 회장님 말대로 해! 위압적인 분위기에 눌린 이해남은 숨 쉬기조차 버거웠다. 저항할 힘도 없었다. 김문기의 명령을 거역하면 관리자들이 목을 조를지도 몰랐다.

"어서 회장님이 불러주는 대로 사직서를 쓰라구. 당신 한 사람 때문에 사원들이 피해를 입어서는 안 되지."

시계는 새벽 5시를 넘어서고 있었다. 이해남은 지옥 같은 사장실을 빠져나가고 싶었다. 아무 생각이 안 났다. 그때 누군가 이해남에게 펜을 쥐어 주었고, 김문기는 받아쓰라면서 사직서 내용을 불러 주었다.

'본인은 2001년 10월 16일 야간근무 중 회사에서 대표이사 김문기 회장님의 면담 요청으로 면담하게 되었습니다. 세원테크 설립 취지와 종업원에 대한 생각, 경영자의 철학을 들어본즉, 처음 뵙고 이야기를 들었지만 본인이 노동조합을 설립한다 해도 대표이사인 김문기 회장님만큼 종업원들을 만족시킬 수 없으며, 여태껏 노사협의보다 조금이라도 종업원에 대해 더 많은 관심을 가지고 한 가족같이 근로자를 생각해 준 분이라고 생각했기 때문에 권고가 아닌 본인의 마음으로 조합을 탈퇴하고, 회사를 사직합니다. 회사 측에 폐를 끼쳐 대단히 죄송합니다.'

세원테크 생산부 '이해남'이라고 이름까지 쓰자, 누군가 인주를 바른 이해남의 엄지손가락을 사직서에 힘껏 눌렀다.

사장실에 감금당한 이해남을 조합원들이 구출한 것은 새벽 5시 40분쯤이었다. 밤을 꼬박 새우고도 이해남이 내려오지 않자 조합원들은 현장에서 긴급회의를 가졌다. 이해남의 신변에 무슨 일이 생긴 것으로 판단한 조합원들은 이해남 구출작전에 돌입했다. 방법은 작업 중단밖에 없었다. 손석철(1959년생), 조성호(1957년생), 윤충서, 서영세 등 40대인 나이 많은 조합원들이 앞장섰다. 세원테크가 설립된 뒤, 노동자들이 현장에서 라인을 멈춘 건 그날이 처음이었다. 현장에서 일하던 조합원들은 자신들의 결정에 다들 놀라워했다. 일단 이해남 구출작전에 나서자 조합원들은 거침없이 밀어붙였다. 나이 많은 이들이 앞장서서 현장 라인을 순회하자, 이내 장갑을 벗어던진 정성일, 이병억, 박순원, 황재선, 김재국, 이동렬, 박용준, 임광민 등의 조합원들이 줄줄이 따라붙었다. 현장을 통째로 뒤흔든 조합원들의 행렬에 반장들도 함부로 나서지 못했다. 회의를 열 때만 해도 욕을 퍼붓던 그들은 조합원들의 서슬에 뒷걸음질쳤다. 현장을 들었다 놓은 조합원들은 곧장 2층 사장실로 쳐들어갔고, 김문기 앞에서 보란 듯이 이해남을 빼내왔다. 노조를 만들기 전에는 꿈도 못 꿀 일을 해낸 거였다. 그 와중에도 사장 박용환은 구재보를 붙들고 늘어졌다. 조합원들은 제발 일을 하면서 대화로 풀어가자고 애원하는 박용환을 묵살했다. 관리자들을 뿌리친 조합원들은 내쳐 이해남을 들쳐 업었다. 이해남은 잠깐 사이에 달라진 상황이 놀라웠다. 조합원들 앞에서 김문기와 관리자들은 꼼짝을 못했다. 자신을 구출한 조합원들은 어제의 조합원들이 아니었다. 이해남은 이들 덕분에 무려 9시간 만에 바깥공기를 쐬었다.

　이해남을 구출한 조합원들은 곧장 노조 설립 보고대회를 부리나케 준비했다. 새벽임에도 일진지회 조합원들과 금속노조 간부들이 공장으로 몰려왔다. 야간조는 현장으로 돌아가지 않았고, 막 출근하던 주간조들이 합류했다.

　노조 설립 보고대회는 정문에서 열렸다. 조합원들은 이해남의 사직서는 무효임을 선언했다. 그리고 곧장 세원테크에 노동조합이 만들어졌음을 현장 노동자들에게 알렸다. 비로소 금속노조 충남지부 세원테크지회가 얼굴을 내민 셈이었다.

비록 탈진한 몸이었지만 이해남은 경비실에서 노조 설립 보고대회를 묵묵히 지켜보았다. 2001년 10월 17일. 시계는 7시 30분을 지나고 있었다.

문경공고 다니던 고3때 담임선생님이 용접은 사람이 직접 해야 하기 때문에 인력난 없고 전망이 좋다고 했다. 현장을 한 바퀴 도는데, 공장 안이 웅장했다. 사람 머리 위로 로봇이 다니고 우리는 2층에서 우와! 우와! 감탄하면서 구경을 했다. 로봇만 신기한 줄 알았지, 일이 고될 줄은 꿈에도 생각 못했다.

정식으로 일을 하는데, 야간 들어가니까 너무 힘들었다. 잔업도 날마다 강제로 했다. 고향에서는 똘똘하다는 소리를 들었는데, 같은 일을 계속 반복하니까 혀가 다 꼬였다. 현장 벽에다 나는 바보가 되어간다고 쓰고……. 함께 실습 나온 친구들은 힘들어서 하나둘 그만두었다. 그래도 나는 참았다. 힘들어도 우리 부모님처럼 살기 싫었다. 내 손으로 집 짓고 가족들과 행복하게 살려면 악착같이 돈을 벌어야 했다. 그 꿈을 이루자면 여기서 포기하면 안 된다, 그러면 아무것도 못한다고 버텼다. 그런데 아무리 아프거나 슬퍼도 눈물이 안 나왔다. 공장생활 한 달 만에 감정이 완전히 메말라 버렸다. 고등학교 때 노동자의 현실, 노동법, 노조에 대해 배웠더라면 얼마나 좋았을까, 하는 생각을 두고두고 했다. **유철우, 1983년생**

1999년, 소나타에 이어 그랜저의 차체를 세원테크에서 생산하기 시작했고, 그때부터 우리 현장 노동자들은 죽을 만큼 고통스러운 회사 생활로 내몰렸다. 최악이었다. 특근을 시키려고 새벽에 사람들을 불러냈다. 장롱 속에서 잠든 사람, 옥상에 숨은 사람, 밖에 나간 사람. 하여간 안 나온 사람들을 강제로 현장으로 끌고 왔다. 너무 힘들었다. 나는 그때 조장으로서 사람들을 끌어냈다. 회사 사정이 급하다고 설득했고, 동생뻘 되는 애들이 힘들다고 사정해도 끌고 나왔다. 오늘만 하자고 설득하며 말 안 들으면 욕했다. 그때는 그게 당연한 것으로 알았다.

아침 7시 30분, 세원테크 외곽 곳곳에 설치된 스피커에서 행진곡이

터져 나왔다. 모든 노동자들은 똑같은 작업복을 입고 회사에 출근했다. 7시 50분, 현장 정문 앞에 모여 반장의 지시에 따라 열을 맞추고 구령에 따라 국민체조를 했다. 체조나 구보를 하지 않으면 관리자가 화장실 청소를 시켰다.

아침 8시부터 일을 시작해서 잔업은 기본이었다. 밤 10시까지 연장근무를 했고, 그것도 모자라 12시 30분까지 일을 했다. 그렇게 일하고 받는 월급이 70~80만 원이었다. 장시간 노동이 지겨웠지만 누구도 회사에 항의하지 못했다. 가진 거라고는 몸뚱이뿐인 노동자에게 회사에서 나가라는 말은 죽으라는 소리나 마찬가지였다. 그게 무섭고 두려워 현대판 노예로 살아야 했다.

여름에 쇳가루가 떠도는 현장에 나무통에다 정수기를 넣었다. 사무직들은 뜯지 않은 깨끗한 생수를 두고 먹으면서, 현장 노동자들은 자재창고 옆 지하수에서 받은 물을 그대로 먹었다. 석회가루가 많았다. 야간에 라면을 끓이면 석회가 잔뜩 끼어 있었다. 컵라면 온수통에 보니까, 석회가루가 많았다. 인원이 100명이 넘는 현장에 컵 몇 개 놓고 물을 마셨다.

겨울에는 장비가 언다. 컴프레서 드라이기에 에어가 나오면서 발생하는 물을 날리고 공기만 나와야하는데, 에어에 물이 섞여 들어오면서 장비가 언다. 장비가 안 돌아가니까, 그 옆에 열선을 감아준다. 작업자들은 얼어 죽을 판이다. 춥다고 항의하면, 반장은 납품차가 들락거려서 출입문을 열어 놓을 수밖에 없다고 둘러댔다.

김문기 회장이 오면 식당에서 모자 쓰고 밥 먹지 말라고 했다. 김문기가 모자 쓰고 밥 먹는 거 싫어한다고. 연말에 우수사원 시상식을 했다. 수상자들은 아내를 데려와야 했다. 남자들은 '세원!' 하고 군대식 경례를 했다. 회장한테 상장을 받으면 '차렷, 경례'를 하고.

신동진, 1979년생

식당에서는 설거나 진 밥이 나온다. 반찬에서는 현대자동차에서 쓰는 너트가 나오고 나뭇가지도 젓가락에 걸린다. 밥과 반찬이 개밥처럼 나와도 회사는 눈도 꿈쩍하지 않았다. 항의단식을 하는 우리에게 회사는 주동자를 찾는다고 법석을 떨었다.

　하루에 2~3명이 안전사고로 다치고 병원치료를 받았다. 날카로운 철판을 다루다 보니 스치기만 해도 인대가 끊어지기 일쑤였다. 공상처리가 되면 월급이 안 나오는 줄 알고, 인대가 끊어졌는데도 붕대를 감고 일을 했다. 회사는 비용을 절감하려고 산업안전장치 전원을 꺼두었다. 조립라인에는, 용접하는 로봇(노동자 7~8명이 달라붙어 일한다) 3~4대가 라인 안에서 움직인다. 라인 사이에 펜스가 있다. 로봇 한 대가 고장 나면 펜스를 열고 라인 안에 들어가서 수리를 한다. 펜스를 열면 로봇이 멈추지 않도록 선을 끊어놓는다. 그렇게 시간대를 잘 계산한 다음 들어가서 고장 난 로봇을 고쳐야 한다. 시간을 잘못 맞추면 로봇에 부딪쳐 기절하는 사고가 자주 일어났다.

　어느 날, 프레스 2반에서 대형사고가 발생했다. 손뼈가 와지끈 부러지고 신경이 끊어졌다. 그 사람은 하루아침에 평생 한 손을 못 쓰는 삶으로 내몰렸다.

　조립반에서는 날마다 1~2건 이상 크고 작은 안전사고가 터진다. 회사는 우리의 손목 발목이 날아가도 관심이 없다. 사람이 없어서 2~3명의 몫을 1명이 감당한다. 수시로 강요하는 전환배치 때문에 익숙하지 않은 일을 하고, 주야 맞교대 지친 몸으로 로봇에 맞춰 춤추다 보니, 사고가 끊이지 않는다. 무시무시한 노동 강도, 장시간 노동, 비좁은 작업공간……. 우리 몸이 버티지 못한다. 살기 위해서라도 노조를 만들어야 했다. 비록 실패했지만…… **전영웅**

　입사했는데, 누구 하나 반갑게 맞이하는 사람이 없었다. 옆에서 일을 하는데도, 종소리에 맞춰 점심을 먹는데도, 어느 한 사람 입사했다고 반갑게 맞이하기는커녕 침통한 분위기에 짓눌렸다. 나중에야 알았지만, 6개월 동안 입사했다가 퇴사한 사람이 200명이라고 했다. 무척 놀랐다. 세원테크에서 3개월 버티면 그야말로 인간승리라고 다들 말했다. **김인태, 1976년생**

　반장이 점심시간에 영업하는 사람들한테 밥 먹을 시간도 안 주고 일을 시켰다. 그 일로 나이 어린 사람 2명이 그만두었고, 나와 함께 입사했던 5명도 다음날부터 안 나왔다. 천안농고 실습생 10명이 들어왔다가 다 나갔다. 통근버스에서, 차라리 삐끼가 속편하지 힘들어서 못해 먹겠다고 불만을 털어놓았다. 첫날에 7명, 둘째 날에는 3명이 안 나왔다. 결국 다 사라졌다.

공장이 무지하게 시끄럽다. 프레스라인과 조립라인이 붙어 있다. 프레스가 찍는 소리는 쿵쾅쿵쾅 천둥처럼 울리고, 로봇이 탁탁탁 하는 소리, 철커덕철커덕 소리가 엄청나게 크다. 귀마개를 못 벗는다. 전쟁터다. 용접 소리가 피융피융 나고, 로봇이 휘디딕 돌아다니고, 팔레트가 난리가 난 것처럼 움직이고. 용접 불꽃이 불꽃놀이 하는 것처럼 픽픽 튀며 멀리 날아가고.

일주일에 장갑을 7컬레 준다. 처음에 일할 때는 장갑을 2컬레씩 끼는데 금세 구멍이 난다. 겉에 낀 것 벗고, 손바닥 면이 구멍 나면 손등면으로 바꿔서 낀다. 손등이 까맣다. 가려워서 얼굴을 문지르면 새까매진다. 용접을 하면 가스 탈 때 나는 연기가 난다. 그 미세먼지가 엄청나다. 손이 안 닿는 데는 새까맣다. 철판이고 뭐고 온통 쇳가루가 까맣다. 철판 도색한 피막이 허공에 떠돈다. 아연 도금한 거다. 현장이 너무 열악했다. **김한규**

어둠침침한 굴속 같은 데서 말도 없이 무조건 일만 했다. 작업을 하면서 구리스하고 기름을 만지니까 작업복이 더럽다. 노동자들이 식판을 들고 줄을 서 있는데, 그 모습이 너무 비참했다. 다들 힘에 부쳐 눈동자 초점이 흐렸다. 어찌나 땀에 절었는지, 모자를 벗으면 물이 뚝뚝 떨어진다. 땟국이 흐르는 작업복 차림으로 무표정하게 서 있었다.

옛날에 일했던 사람들 말을 들어보면, 밥과 국에서 담배꽁초와 너트가 나왔단다. 잔반을 버리면, 사람들이 보는 앞에서 김치를 다시 건져냈고, 그것으로 볶음밥과 김칫국을 끓여냈다고 했다. 야간조는 새벽 5시에 빵과 우유, 컵라면을 준다. 멸균우유는 유통기한이 지난 것을 준다. 푹푹 찌는 한여름에 다른 공장에서는 미숫가루나 수박화채를 준다는데, 세원에서는 전혀 없었다.

용접 불꽃 때문에 현장 온도가 45도까지 올라갔다. 하도 땀이 나서 정제된 소금을 달라고 했더니, 굵은 막소금을 몸통을 자른 페트병에 담아 내놓았다.

인도네시아에서 온 산업연수생이 6~7명 있었다. 그 사람들은 고춧가루와 돼지고기를 안 먹었다. 닭고기만 먹었다. 김칫국은 아예 안 먹었다. 그러다보니 밥과 단무지하고 물만 먹었다.

휴게실이 없다. 현장 사무실이 휴게실과 탈의실 노릇을 했다. 쉴 공간이 없었다. 사람들이 빨리 점심을 먹고 현장 사무실에서 누우려고 다투었다. **구재보**

저 펄럭이는 것들, 나뒹구는 것들, 피 흐르는 것들
하늘공장에서는 구름다리 위에 무지개로 필 것이다
삶은 고통일지라, 죽어도 추억이 되지 못하는 고통을
하늘공장의 예배당에서는 찬양하지 않을 것이다
힘없이 잘린 모가지를 껴안고 천천히 해찰하며
내일이라도 당장 하늘공장으로 출근을 해야겠다

「하늘공장」에서

2 무거운 햇살

이해남은 노조 조직부장 맹영섭 잔에 소주를 따라주었다. 노릇노릇 구운 삼겹살도 상추에 싸서 건네주었다. 맹영섭은 히죽 웃더니 냉큼 입에 넣고 우적우적 씹었다. 맹영섭이 소주를 따랐지만 이해남은 입술만 축이고 말았다. 혀끝이 썼다.

마주앉은 맹영섭이 새삼스레 신아정공 시절을 들먹이며 신나게 지껄여댔건만 이해남은 귀에 와 닿지 않았다. 맹영섭의 말처럼 신아정공에 함께 다녔던 동료로서 술잔을 기울인다면 얼마나 속편하겠는가. 하지만 오늘밤은 그런 술자리가 아니었다.

이해남은 셔츠 주머니에 꽂힌 녹음기를 슬쩍 만져 보았다. 볼펜처럼 생긴 녹음기는 얌전하게 꽂혀 있었다. 사무장 구재보가 사준 녹음기였다. 술자리에 녹음기라니! 그것도 상대방이 눈치 못 채게 녹음을 해야 한다. 그러니까 오늘밤은 맹영섭과 한갓진 옛 추억이나 더듬자고 마련한 술자리가 아니었다. 밤을 새워서라도 이해남은 맹영섭이 무슨 짓을 꾸미고 있는지 알아내야 했다. 안타깝지만 그게 오늘밤 이해남의 임무였다.

맹영섭이 조합원들의 의심을 산 것은 갑자기 하는 짓이 확 바뀌고 나서

였다. 그는 열흘쯤 전부터 여느 때와 달리 중식집회를 하면 현장 구석구
석을 들쑤시고 다니며 사람들을 불러 모았다. 조직부장이니 당연히 그럴
수 있다 싶지만 그전까지 그는 전혀 그렇지가 않았다. 노조 설립을 준비
할 때부터 이해남과 함께했기에 조직부장으로 뽑힌 맹영섭이었다. 그러
나 그는 직책과 달리 사람들을 노조에 끌어들이는 데 거의 손을 놓고 있
었다. 그러던 그가 집회만 했다 하면 잠자는 사람이나 쉬는 사람까지도
요란스레 불러 모았다.

  하루아침에 사람이 달라졌으니 현장 사람들이 맹영섭을 곱게 볼 리 만
무했다. 게다가 언제부터인가 현장에는 맹영섭을 둘러싼 이상한 소문이
돌았다. 회사 법인카드로 술을 먹고 다닌다는 거였다. 심지어 노조 간부
가 맹영섭의 행적에 대해 진술서를 쓰기에 이르렀다. 가뜩이나 박현숙이
라는 여자는 노조에서 탈퇴하자마자 노조를 헐뜯고 다니던 참이었다. 맹
영섭의 배신행위를 내버려 두었다가는 노조가 무슨 일을 당할지 몰랐다.

  맹영섭 사건은 노조를 깨려는 회사의 음모가 분명했다. 노조를 만든 지
두 달이 가까워 오도록 회사는 노조를 인정하려 들지 않았다. 전임자 2명
을 인정하라고 하자 나 몰라라 했고, 사무실을 마련해 달라는 요구에는
주차장에 컨테이너를 놔 주겠다며 노조를 얕잡아 보았다. 이해남은 회사
의 행태가 이해가 안 갔다. 직원들이 노조를 만들었으면 회사는 받아들이
고 사무실도 마련해 주어야 마땅했다. 지극히 상식적인 일이건만 세원테
크 경영진은 오히려 사사건건 조합원들의 진을 빼려고 들었다. 노조 만들
었다고 감금당하고 강제로 사직서를 쓰게 하지를 않나, 두 달 동안 겪은
것만으로도 몸서리가 쳐졌다. 이해남과 간부들은 회사가 노조의 힘을 떠
보고 있음을 알아차렸다. 이해남은 시간만 질질 끄는 회사에 맞서 날마다
중식집회를 열었다.

  노조가 만들어지자 회사는 무척 긴장했다. 아니, 어떻게 대해야 좋을지
몰라 허둥댔다. 막말을 일삼던 조·반장들이 갑자기 조합원들한테 고분
고분해졌다. 이해남은 하루아침에 달라진 현장 풍경을 보며 노조의 힘을

실감했다. 그렇다고 마음을 놓기에는 아직 일렀다.

회사는 진작부터 한 사람씩 따로 불러 노조에 가입하지 말라고 구슬리고 있었다. 아무리 회사가 노무담당자를 새로 뽑아서 협박을 하더라도 이해남은 믿는 구석이 있었다. 그건 다름 아닌 조합원들이었다. 노무담당이라는 김응범의 행태에 맞선 조합원들에게서 이해남은 강한 동지애를 느꼈다.

김응범이 첫 목표물로 삼은 것은 이용덕이었다. 김응범은 근무 평점이 안 좋다는 핑계를 대며 이용덕을 해고하겠다고 엄포를 놓았다. 그때까지 근무 평점이 나쁘다고 회사에서 쫓겨난 사람은 없었다.

이용덕은 즉각 중식집회에서 마이크를 잡고 조합원들 앞에 섰다.

"내가 잘리면 앞으로 수습사원은 영영 노조에 가입 못한다. 수습사원이 중요한 게 아니라 현장에서 일하는 사람들은 누구나 조합에 가입해야 한다. 그렇지 않으면 수습사원들은 구사대가 될 게 뻔하다."

일진지회와 아산중앙병원 노동자들도 함께한 집회에서 이용덕은 회사의 흉계를 까발렸다.

이해남이 조합원들을 든든히 여긴 건 그 다음부터였다. 현장에서 일하는 이용덕을 김응범이 다시 불러내자 조합원들은 득달같이 달려갔다. 이에 놀란 김응범은 이용덕과 잘 이야기해 보려는 거라고 한발 물러섰고, 조합원들은 이용덕을 해고하면 가만있지 않을 거라고 강력하게 항의했다. 노조가 생기기 전에는 상상조차 못했던 조합원들의 행동이었다.

그 일을 겪고 나서 이해남은 아침마다 사탕을 사서 현장에 돌렸다. 그는 사탕을 주고받으며 나누는 눈빛에서 조합원들의 힘을 느꼈다. 사탕 한 알 일망정 조합원과 자신이 노조라는 끈으로 뭉쳐 있음을 저리게 깨달았다.

"자네 여적지 월세 살지?"

고기를 씹으며 맹영섭이 물었다. 이해남은 고개를 끄덕였다. 보증금 50만 원에 월세 10만 원이었다. 아내 이은숙이 전방(섬유회사)에서 40만 원

남짓 받았다. 자신의 월급을 합친다 해도 두 아이를 키우기에는 늘 생활이 빠듯했다. 그렇다고 남한테 손 내밀고 살지는 않았다. 없으면 없는 대로 그럭저럭 살아왔다. 마흔 넘은 나이에 취직하기도 마땅찮았다. 중소공장 노동자 월급이라는 게 빤했다. 조합원들 형편도 자신과 별다르지 않음을 이해남은 알고 있었다.

"언제까지 그렇게 살 거야?"

"내 사는 게 어때서……?"

이해남은 퉁명스레 되물었다. 맹영섭의 물음에 부아가 치밀었지만 참았다. 소문의 진상이 슬슬 뚜껑을 열고 있는 터였다. 이해남은 바투 다가앉았다. 맹영섭의 목소리를 한마디도 놓쳐서는 안 되었다.

"내 솔직히 까놓고 말하지."

제풀에 들뜬 맹영섭이 술을 들이켰다. 그리고 이해남을 향해 얼굴을 바짝 들이댔다.

"걸핏하면 잔업과 특근을 거부하는 바람에 회사에서 아주 죽을 맛인가 봐. 그래서 말인데, 조합원을 회사로 빼돌리면 1인당 500만 원 준다고 했어. 말하자면 노조에서 탈퇴시켜라 그거지."

맹영섭은 급하게 잔을 들었다. 번들대는 입술을 훔치는 그의 면상을 이해남은 후려치고 싶었다. 그러나 이해남은 불끈 쥔 주먹을 지긋이 풀었다. 참아야 했다. 소문의 진상을 알아내는 게 먼저였다. 회사가 어떤 흉계를 꾸미고 있는지 조합원들한테 낱낱이 밝혀야 했다.

"그뿐만이 아닐세. 회사 법인카드를 달라고 했어. 공작을 하려면 공작금이 필요하다 이거지. 거기다 자네랑 함께 할 테니 현찰 2억 내놓으라고 했어. 김문기 회장하고 이야기도 직통으로 통해. 노조만 깬다면 얼마든지 돈 쓰겠다는 게 회사 방침이야. 그래서 말인데, 단도직입적으로 말하지."

그쯤에서 맹영섭이 목소리를 낮추고 말했다.

"그거 받아서 우리 해외로 튀자!"

이튿날인 12월 6일 오전, 이해남은 맹영섭의 전화를 받았다. 까닭 모를 비애감이 몰아쳤다. 돈 몇 푼에 동료들을 배신할 수 있을까. 아산중앙병원 여성노동자들은 자신의 일도 아닌데 집회에 참석했다. 남들도 나서서 노동자가 하나임을 보여주는데, 하물며 동료를 팔아넘기려 하다니.

문득, 안경테 만드는 회사 다니던 때가 떠올랐다. 어느 날부터 공장이 잘 돌아가지 않았다. 직원들이 월급을 못 받자, 이해남은 회사 열쇠를 감추고 공장 가동을 중단해 버렸다. 직원들을 배신하고 회사에 빌붙을 수는 없었다. 직원들의 월급을 받아내기 위해서 어쩔 수 없었다. 결국, 회사와 협상을 해서 직원들 월급을 받아내고 나서 미련 없이 회사를 그만두었다.

맹영섭은 김문기 회장한테서 전화가 왔노라며 수화기 너머에서 말했다.

"김문기가 노조 탈퇴하고 퇴사하면 5억 주겠단다. 어떻게 할래?"

"정말로 김문기 전화를 받은 거야?"

"그렇다니까. 늦었지만 지금이라도 김문기를 만나봐. 이런 기회 흔치 않아."

"술 한잔 하고 헛소리한 거 가지고 자꾸 전화 걸지 마! 무슨 말인지 알겠어?"

이해남은 잘라 말했다. 간밤에 삼겹살집에서 녹음을 하느라 두어 차례 맞장구쳐준 걸 맹영섭은 철석같이 믿고 있었다. 이해남으로서는 맹영섭의 행동이 잘못되었음을 경고한 셈이었다. 안타깝게도 김문기의 꼬드김에 넘어간 맹영섭은 전혀 눈치를 못 채고 있었다.

이해남은 사장실에 감금당했던 밤이 떠올랐다. 돈으로 사람을 쥐락펴락할 수 있다고 믿는 김문기라는 인간이 무서웠다. 거기에 걸려든 맹영섭이 가여울 따름이었다.

"내 말 잘 들어. 자네는 배신자로 낙인 찍혔어. 헛소리 집어치우고 당장 김문기하고 수작부린 걸 조합원들 앞에서 다 털어놔. 그 길만이 살길이야. 알아서 해!"

이해남은 옛정을 생각해서 진심으로 권했다.

맹영섭과 전화를 한 지 30분도 안 돼, 이해남은 어느 조합원의 전화를 받았다. 지회장도 김문기한테 돈을 달라고 했다는데 그게 사실이냐고 물었다. 이해남이 먼저 돈을 요구했다는 설명까지 덧붙였다. 그 사이에 맹영섭이 소문을 퍼뜨린 거였다. 이해남은 그날로 맹영섭이 조직부장에서 면직되었음을 조합원들에게 알렸다.

조합원들이 낯선 신입사원들하고 마찰을 빚은 건 식당에서였다. 포장반에 배치된 신입사원 2명은 10여 분 일을 하는 척하다가 사라지기 일쑤였다. 멀쩡히 일하던 사람이 없어졌다 밥 먹을 때만 나타나니, 현장 사람들이 불만을 쏟아내는 건 마땅했다.

점심때였다. 마침 식당에 갔던 포장반 조합원은, 신입사원 2명이 눈에 띄기에 일하다 말고 어디에 갔다왔냐고 물었다. 그들은 대뜸 "네가 알아서 뭐해? 신경 꺼! 까불지 마! 손모가지 발모가지 확 끊어버릴 테니까!" 하며 냅다 주먹을 휘둘렀다.

이해남은 그들과 두어 차례 맞닥뜨린 적이 있었다. 노조 사무실 문제로 회사와 입씨름을 벌이던 때였다. 주차장에 노조 사무실을 둘 수는 없는 노릇이었다. 노조 사무실이라는 게 조합원들이 쉽게 들락날락할 수 있어야 했다. 현장 안에 있는 자재창고 반을 잘라서 사무실을 마련해 달라고 회사와 지루한 협상을 하던 참이었다. 김응범과 말싸움을 하는데 느닷없이 용역직원이라는 사람들이 끼어들었다. 이해남은 어처구니가 없었다. 용역직원이 나서는 것도 그렇지만 그들은 입을 맞춘 것처럼 회사 편을 들었다. 용역직원이라는 신입사원들은 하나같이 머리를 짧게 깎은 깍두기 머리를 하고 있었고, 작업화가 아닌 워커를 신고 있었다.

"니들은 뭐야? 왜 끼어드는 거야?"

이해남은 따졌고, 이내 시비가 붙었다. 그날은 삿대질만 하다가 큰 탈 없이 지나갔다.

살벌해서 일을 못하겠다니! 무서워서 일을 못한대서야 말이 안 되었다. 이참에 놈들의 정체를 밝혀야 했다. 사무동에서 중식집회를 하다가 폭력사태가 벌어진 게 엊그제였다. 깡패 같은 놈들이 설치는 걸 내버려두었다간 무슨 일이 벌어질지 몰랐다.

노조 사무실 문제를 해결하려고 사무동에 올라가자, 김응범을 비롯한 관리직들이 사진을 마구 찍어댔다. 조합원들이 격렬하게 항의했고, 삽시간에 몸싸움으로 번졌다. 혼잡한 틈을 타, 관리직원이 연대하러 온 중앙병원 여성 조합원의 뺨을 때렸고, 조합원들은 그날 바로 작업을 거부했다.

이해남은 조합원들의 뜻에 따라 용역의 실체를 밝히기로 했다. 현장에서 일할 사람을 데려왔는지 깡패를 데려왔는지 알아야 했다. 그러나 당직자는 물론이고 생산부장도 신원을 모르겠다고 우겼다. 식당에서 의자를 집어던지며 '말 안 들으면 때려죽인다!'고 조합원들을 협박한 용역직원들을 회사는 고용안정센터에서 채용했다는 말만 되풀이했다.

밤 12시가 되자, 이해남은 조합원들에게 작업을 멈추라고 지시했다. 일을 하기는커녕 빈둥거리다가 나타나 조합원들을 위협하는 용역들과 더는 함께 일을 할 수가 없었다.

회사가 용역업체에서 사람을 데려온 건 조합원들이 잔업 거부를 하고 나서였다. 전임자 문제와 사무실 건으로 회사와 맞선 노조는, 8시간 일하고 저녁을 먹은 다음 잔업을 하지 않았다. 으레 2시간 잔업은 당연하게 받아들이던 조합원들이었다. 그러자 회사는 용역업체를 통해 비정규직 3명을 뽑았다. 그러나 안타깝게도 이해남과 간부들은 비정규직을 채용하면 노조에 어떤 영향을 끼칠지 정확히 깨닫지 못하고 있었다.

10월 11월이 흐르면서, 회사는 지회장과 사무장을 노조 전임자로 인정하고 사무실을 마련해 주었다. 11월 중순에서야 노조를 인정한 셈이었다. 노조는, 회사가 비정규직을 대거 늘리려고 하자 일단 비정규직 15명을 2달 동안 채용할 수 있다고 회사와 합의했고, 이 후 회사는 15명의 비정규직을 채용했다. 그러나 모든 조합원들이 합의 내용에 찬성한 건 아니었다. 특히, 전영웅과 이용덕은, 정규직으로 인원을 충원해야지 비정규직을 받아들이면 안 된다, 현장에 갈등이 심해지고 회사는 비정규직을 더 늘릴 거라고 강하게 비판했다.

회사는 깡패들은 내버려두고 용역업체에서 데려온 5명을 갑자기 해고했다. 그 가운데 라장수, 김춘택, 표준환 3명이 더 일하고 싶다고 노조를 찾아왔다. 노조는 곧바로 3명을 정규직으로 채용하라고 요구했다. 조합원들도 노조 지도부의 뜻에 적극 동감했다. 그리고 노조는 비정규직 15명 중에서 1개월 후 본인이 원하면 정규직이 될 수 있도록 줄기차게 요구했다. 이해남은 졸지에 직장을 잃은 그들을 함께 싸우자고 끌어안았다.

"비정규직과 우리는 똑같은 노동자다. 정규직이 비정규직을 만들거나 쥐어짜는 게 아니다. 둘 다 자본에 당하기는 마찬가지다. 우리는 정규직이라고 특권을 누리는 것도 없다. 노동자들끼리 서로 차별한다면 어떻게 자본에 맞서 싸우겠나?"

큰 공장 작은 공장 모두 하나의 문으로 통하는

하늘공장에 가서, 저 푸르른 하늘공장에 가서

부러진 손과 발을 쓰다듬고 즐겁게 일해야겠다

땀내 나는 향기를 칠하고 하늘공장에서 퇴근하는 길

지상에 놓인 집 한 채가 어찌 멀다고 이르랴

「하늘공장」에서

3 뿔나팔을 불어라!
—12·12 총파업

2001년 12월 10일 11:50

검은 제복 차림의 사내들 60여 명이 갑자기 현장에 들이닥쳤다. 어깨에 태극 마크를 달고 외투에 'GUARD' 라는 영자를 새긴 정체불명의 사내들은 하나같이 검은 군화를 신고 있었다. 그들은 다짜고짜 작업하고 있는 조합원들을 강제로 끌어내기 시작했다. "뭐야, 너희들!" 돌발 상황에 주간조 조합원들은 몹시 허둥거렸다. "가만있어, 새꺄!" 사내들은 조합원만 낚아챘다. 곁에서 관리자가 조합원만 찍어주고 있었다. "찍소리 말고 밖으로 나가! 개새끼들 꽉 잡아! 다 끌고 나가!" 주간조 조합원들이 일하던 현장은 삽시간에 난장판으로 바뀌었다.

조합원들은 투쟁조끼를 입고 있던 터라 눈에 확 띄었다. 뭐하는 놈들이냐고 소리치는 조성호한테 2명이 달라붙었다. 조성호는 발버둥 쳤지만 소용없었다. 황영원은 기둥을 붙잡고 버티다 떨려났고, 이현중은 질질 끌려가고 있었다. 그 와중에도 실습생들이 반장에게 저 사람들 왜 저러냐고 놀라서 묻자, 반장은 그냥 모르는 척하고 일이나 하라고 조합원들을 외면했다.

용접로봇을 붙잡고 떨려나지 않으려고 악착을 떨던 이용덕은 끌려가면서도 "민주노조 사수하자!"고 구호를 외쳤다. 하지만 사내들한테 목을 감긴 그의 목소리는 이내 잠겨 버렸다. 이쪽저쪽에서 저항하던 조합원들은 사내들한테 달랑 들리거나, 몸부림치다 끌려가기 일쑤였다. 도대체 왜 이러냐고 하소연하는 조합원들은 입이 틀어 막혔다. 허리가 꺾이거나 팔이 꺾인 채 끌려나온 사람들도 많았다. 키가 크고 우람한 1선거구 대의원 정성일(1968년생)도 허리를 밟혔다. 심지어 여성들도 손목을 잡힌 채 끌려나가 함부로 패대기쳐졌다.

검은 제복 차림의 사내들은 조합원들을 경비실 밖으로 내몰았다. 마치 짐짝 버리듯 조합원들을 공장 밖으로 내팽개쳤다. 그리고 차단벽을 치듯 한 줄로 늘어서서 조합원들의 출입을 막았다.

그 무렵, 이해남은 단체교섭 중이었다. 사측과 7~8차례나 만났지만 도무지 나아지는 게 없었다. 공장장과 사장은 노조를 모른다는 핑계를 대고 아예 협상장에 안 나왔다. 노무담당 김응범이 교섭을 주도했건만 정당한 잔업 거부를 트집 잡을 만큼 말이 안 통했다. 단체협약 전문 합의만 하고 근로기준법에 나와 있는 것만 인정하려 들었다.

잔업을 계속 거부한 것도 회사가 노조를 인정하지 않았고, 노사합의를 어긴 탓이었다. 게다가 비정규직을 강제 해고한 회사는 조합원들에게 노조 탈퇴를 강요했다.

현장이 쑥대밭이 됐음을 뒤늦게 안 이해남은 금속노조 충남지부에 상황을 알렸다. 노조 사무실에 있던 간부들도 내쫓겼고, 교섭위원과 이해남도 협상장에서 끌려 나왔다. 김응범에게 뒤통수를 맞은 셈이었다.

회사가 노조파괴 전문가로 김응범을 스카우트했다. 이 사람은 평택 와부코코리아라는 공장에서 노조를 깨려고 발악을 하다가 실패하고 온 사람이었다. 와부코코리아노조에 전화해서 알아냈다. 그러니까 김응범이 깡패를 불러 모은 장본인이었다. 일당 15만 원에 목욕비, 식비 따로 주고 1명당 총 50만 원 잡으면 1억 가까운 돈을 준 것이다. **구재보**

논바닥에 널브러진 조합원들을 보자 이해남은 참담했다. 억울함을 참지 못한 조합원들은 흐느꼈다. 그 눈물에 서러움이 배어 있었다. 일터에서 쫓겨난 사람들의 심정을 그는 잘 알았다. 현장에서 멀쩡히 일하는 사람들을 내쫓다니, 있을 수 없는 일이었다. 사원을 가족처럼 사랑한다는 김문기의 말이 진심이라면 이럴 수는 없었다.

한겨울 칼바람이 논을 휩쓸고 지나갔다. 버려진 폐품이 저럴까. 고개를 숙인 채 어깨를 들썩이는 나이 먹은 이들, 드러누운 채 동료들을 외면하는 이, 황량한 들판을 향해 고래고래 악을 쓰는 이는 차라리 나았다. 모자와 장갑은 온데간데없고 허리띠마저 헝클어진 차림이 태반이었다. 게다가 헌신짝처럼 내팽개쳐지는 바람에 흙범벅된 옷매무새가 피난민이 따로 없었다. 격렬하게 저항한 몇몇은 쑤시는 팔다리를 주무르며 이맛살을 찌푸렸다. 부상을 입은 이나 몸이 성한 이나, 다들 자신이 겪은 일이 믿기지 않는 표정이었다. 작업복이 찢어졌거나 말거나 조합원들은 하나같이 넋이 나간 듯했다.

저 멀리 천안에서 아산으로 이어지는 국도를 달리는 차들의 물결이며 아파트 단지가 꿈결처럼 흘렀다. 겨울 논 너머 까르푸에 드나드는 차량들이 가물거렸다. 이해남은 눈에 담긴 풍경이 다른 세상처럼 느껴졌다. 겨울 논바닥에 웅크린 조합원들하고 너무 달랐다. 갤러리아백화점에서 북적대는 시민들에게 일하다 말고 논바닥으로 내쫓겼다면 누가 믿을까. 사람이 사람에게 이럴 수는 없는 법이었다.

허탈감에 빠져 있기에는 날이 너무 추웠다. 조합원들은 누가 먼저랄 것도 없이 짚을 모아 모닥불을 피웠다. 흩어졌던 사람들이 모여들었다. 온기가 돌자 고구마를 구워 먹어야 제격이라고 누군가 농담을 했다. 이어 현장에 있으면 지금 밥 먹을 시간이라고 구시렁대는 소리도 들렸다. 그러자 누군가 오늘이 월급날임을 일깨웠다. 그랬다. 10일은 눈 빠지게 기다린 월급날이었다. 잔업 시간을 따지고, 손에 쥘 월급을 머릿셈하며 다들 들떴을 터였다. 월급 타면 삼겹살도 구워 먹고 겨울 점퍼도 사리라 마음먹었건만 논바닥에 처박히고 말았다.

　회사 근처에 사는 조합원들이 밥솥과 반찬을 날라 온 건 점심시간을 훌쩍 넘기고서였다. 식당에 가자는 소리를 아무도 안 했다. 짓밟힌 자존심을 안고 밥이 목구멍으로 넘어가지 않으리라. 그렇다고 식당을 찾아 나서기에는 꼴이 말이 아니었다.

　추위에 시달린 데다 굶주렸던 조합원들은 논바닥에 둘러앉아 늦은 점심을 먹었다. 비록 한겨울 들녘일망정 야외에서 함께 밥을 먹기는 처음이었다. 이게 다 일하다 말고 내쫓긴 덕분이라니, 이해남은 씁쓰레했다.

　황당하고 비참한 기분에 젖은 조합원들을 일깨운 건 뜻밖에도 10명도 채 안 되는 여성들이었다. 패잔병처럼 쭈그리고 있던 남성들과 달리 이들은 정문에 올라가 욕하는 깡패들과 맞섰다.

　"씨발년들아, 집구석에서 밥이나 해! 확 밟아버리기 전에!"

　깡패들이 쌍욕을 퍼붓자 김홍순, 이영식, 임영순 등 여성 조합원들은 "걱정하지 마 개새끼야. 너나 집에 가서 엄마 젖이나 더 먹어!"라고 악에 받쳐 대꾸했고, 그걸 본 남성 조합원들은 허탈감을 떨어내고 전열을 정비했다. 여성들이 "개새끼 소새끼!" 해가며 용역경비들과 대거리를 하자, 남성 조합원들은 구호를 외쳤다.

　"용역깡패 철수하라! 민주노조 사수하자!"

16:00

　금속노조 충남지부 운영위원회를 정문 앞에서 열다. 지부 간부들과 세원테크 조합원들, 곧장 경비실이 있는 정문으로 올라가다. 용역경비들이 바리케이드를 치고 정문을 지키다. 그리고 쇠 삼각대를 설치하고 공장 진입을 막다. 용역경비들은 납품 차량만 내보내다. 납품 차량을 막으려는 조합원들과 차를 내보내려는 용역경비들이 몸싸움을 벌이다.

　조합원들, 용역경비들을 물리치고 공장으로 들어가다. 사무동으로 철수한 용역경비들을 내쫓으려고 격렬한 충돌을 빚다.

18:00

이해남, 근로감독관이 참석한 가운데 사측과 마주앉다. 이해남은 무조건 회사에서 깡패들을 내보낼 것을 요구하다. 회사는 용역경비들을 내보내겠다고 했지만 끝내 철수시키지 않다.

해가 지고 어둠이 내리면서 조합원들은 용역경비들을 내쫓으려고 사무동 진입을 시도했다. 하지만 사무동으로 올라가는 길은 계단 하나뿐이었다. 계단으로 올라간 조합원들은 소방호스로 뿜는 물대포를 맞고 번번이 나가떨어졌다. 용역경비들의 발길질에 계단에서 굴러 떨어진 조합원들이 늘어났고, 부상자가 속출했다.

사무실 올라가는 계단에서 깡패들이 소화기를 엄청나게 뿌렸다. 베스콘, 천안 중앙자동차운전학원노조, 유성기업, 센추리, 대한칼소닉, 동양엘리베이터, 경남제약, 두양금속 등 지역에서 사람들이 몰려왔다. 처음 겪는 터라 노동자들은 사태의 심각성을 몰랐다. 게다가 덩치가 큰 깡패들을 무서워했다. 그러다 한번 싸움이 붙고 나서야, 두려움을 없애고 싸울 수 있었다. 사업장마다 교대로 사무실 계단 진입투쟁을 했다. 지역 노동자들의 열정이 엄청났다. 피터지게 고생했다. **이용덕**

한편, 이해남은 다른 지회 노동자들을 이끌고 현장으로 향했다. 비록 조합원은 아니지만 현장 사람들도 파업에 동참하기를 바랐다. 밖에서는 용역경비들과 격렬한 싸움이 벌어졌는데, 현장에서는 조합원 아닌 사람들이 작업을 계속하고 있었다.

투쟁에 참가한 노동자들 중에는 쇠파이프를 든 이들도 있었다. 물대포를 맞은 사람들은 추위를 이기려고 드럼통에 장작불을 피웠다. 사무동에서는 여전히 공방전이 벌어지고 있었다. 이해남은 본관 유리벽에 몰려 있는 노동자들을 향해 외쳤다.

"현장에 들어가서도 절대 폭력을 써서는 안 됩니다. 제품이나 장비도

파괴해선 안 됩니다. 제 지시만 따라주십시오!"

이해남은 젖은 몸으로 대열을 짓는 노동자들에게 호소했다. 그리고 오전에 내쫓겼던 현장을 한 바퀴 돌았다.

"세원테크 노동자 여러분! 지금 우리는 용역깡패들과 싸우고 있습니다. 회사는 깡패들을 동원해 노조를 깨려고 합니다. 여러분 눈으로 봤듯이, 우리는 일하다 말고 개처럼 내쫓겼습니다. 용역깡패를 몰아내고 우리는 우리의 일터를 되찾을 겁니다. 민주노조를 지킬 겁니다!"

> 깡패들은 본관을 지켰다. 투쟁대오가 불어나서 400명까지 되었다. 깡패들을 몰아내려고 2차 진격투쟁을 했다. 몇 시간이나 계단을 오르려고 싸웠다. 용역깡패들은 소화기에다 물대포까지 쏘아댔다. 쇳조각까지 던지며 깡패들과 맞섰다. 아무리 공격해도 본관을 접수하지 못했다. 해가 지고 어둑어둑해지자, 갈 사람은 가고 200명 정도가 남았다.
>
> **이경수, 민주노총 충남본부장**

하루 종일 용역경비들과 싸우느라 조합원 5명이 부상당하다. 밤 12시가 넘어서야 연대 온 노동자들과 세원테크 조합원들은 민주노총 사무실로 물러나다.

2001년 12월 11일 07:30

하룻밤을 묵은 민주노총 사무실에서 일찍 출발한 세원테크 조합원들, 정문에서 발이 묶이다. 용역경비를 앞세운 김응범을 비롯한 회사 관리자들이 조합원들을 막다. 그들은 출근하려면 조합 활동을 안 하겠다는 각서를 쓰라고 요구하다. 이해남과 조합원들, 거절하다.

한편, 그 시각 집에서 출발한 조합원들은 정문과 200미터 떨어진 공장 진입로에서 용역경비들에게 출근길이 막히다. 하지만 진입로에서 쫓겨난 조합원들은 논바닥으로 내몰린 채 항의하다. 이해남은 즉시 정문에 있던 조합원들을 진입로로 내려 보내다.

11:00

금속노조 지부 간부들과 노동자들은 세원테크 공장으로 진입하다. 용역경비들은 사무실에서 노동자들과 대치하다. 이해남은 지부 임원들과 사무실에 항의하러 올라가다. 노동부 소장과 경찰을 만나 사태를 어떻게 수습할 건지 이야기를 하다.

15:00

진입로 뚫고 현장 탈환하다. 정문과 사무실 현관 앞에 바리케이드 쌓고 용역경비들과 대치하다. 사수대를 운영하다.

밤에 깡패들이 우리를 공격할까봐 앞마당에 바리케이드를 쳤다. 지게차로 팔레트(제품저장 철제기구)를 긁어모아 바리케이드를 쌓으면, 깡패들이 지게차로 바리케이드를 허물고 쇳조각, 돌멩이를 닥치는 대로 집어던졌다. 쇠파이프를 휘두르며 밤새 격렬하게 싸웠다. 유성기업에서 온 동지는 본관 진입투쟁을 하다가 얼굴이 찢겨졌고, 결국 구급차에 실려 갔다. **방효훈, 민주노총 충남본부 조직부장**

처음에 깡패들은 정문을 지키고 있었다. 200명 간부들이 밀어붙이니까 깡패들 150명이 사무실로 밀려 올라갔다. 소화기를 엄청나게 쏘고 본관 유리창을 깨면서 공격했다. 신성한 노동현장에 깡패를 인정할 수 없었다. **최용우, 두양금속 지회장**

세원테크 조합원들이 처음으로 쇠파이프를 들었다. 그러자 다른 지회 노동자들의 기세가 올랐고, 지게차로 공방전을 벌였다. 우리는 식당을 공격했다가 깡패들이 철판을 던지는 바람에 2명이 부상을 입고 퇴각했다. 소화기를 뿌리자 앞이 안 보여서 나가떨어졌다. 볼트, 쇳조각에 맞아 머리가 터져 병원에 실려 갔다. 소나무를 잘라 모닥불을 피우고 3천만 원짜리 팔각정을 부숴 불을 땠다. 밤새 싸워서라도 깡패새끼들을 몰아내야 했다. 12시에 1차 싸움이 멈췄다. **이경수, 민주노총 충남본부장**

밤에 깡패들이 소화기 쏘고 물대포 쏘니까 조합원들은 당하는데, 안에서는 현장에서 일하는 사람들이 조·반장들한테 소화기를 날라다줬다. 분말가루 하얗게 뒤집어쓰고, 물에 빠진 생쥐 꼴로 싸웠다. 쇳조각, 칼날, 제품, 짱돌이 막 날아다녔다. 연대 온 노동자들이 타박상, 인대손상 등 부상을 당했다. **구재보**

천안 중앙자동차운전학원노조를 이끌고 결합했다. 전국에서 용역깡패들이 현장에 침투하는 사례가 많았다. 지역에 용역깡패가 못 들어오게 하자고 결의했다.

현장에 노동자들이 400명으로 불어나자 경찰이 출동했다. 용역깡패들이 열세였다. 사측과 깡패들을 내보내기로 한 합의가 깨졌다. 10시간 이상 싸웠다. 자정 넘어서까지 싸웠다. 외벽도 조합원들이 부쉈다. 쇠뭉치에 맞으면 사고가 커지니까 바리케이드를 쌓았다. 그 와중에 경찰은 우리를 협박했다. **이민구, 민주노총 충남본부 교육부장**

드럼통에 모닥불을 피우고 대치했다. 쇳덩이에 맞아 우리 조합원 코뼈가 부러졌다. **연제문, 지금은 '발레오공조코리아지회' 로 바뀐 대한공조 지회장**

10일 아침 현장을 도는데, 특공대 군복 차림에 워커를 신은 꺼면 사람들이 몰려왔다. 처음에는 조합원인 줄 알고 도망갔다. 조장으로 그동안 한 짓거리가 있으니 그럴 수밖에 없었다. 조합원이 아닌 것을 알고 돌아왔는데, 조합원을 알려 달라고 해서 찍어주었다. 전날, 내일은 꼭 모자를 쓰라는 말을 반장한테 들었다. 조합원들을 끌어내려고 작전을 짰는지는 몰랐다. 반장들은 회사 방침을 알고 있었다. 조합원들은 금속노조 조끼를 입고 있었고, 안 입은 사람은 우리가 다 알려주었다. 11일 낮에, 현장에 있던 사람들은 뭣도 모르고 소화기를 날라다주었다. 불 난 줄 알았지, 조합원들한테 무기로 쓸 줄은 몰랐다. 사무동에서 현장으로 견학하는 통로가 있는데, 거기서 관리자 누군가 외쳤다. 소화기 가져오라고! 사무동에서는 아무리 소리 질러도 현장에 안 들린다. 우리는 무슨 일이 일어났는지 몰랐다. 밖에서는 사무실 공격하려

고 몇 시간 싸웠는데도, 현장에서는 까맣게 몰랐다. **신동진**

10일, 저녁 출근이었다. 월급 받고 좋다고 이것저것 사러 가자고 택시를 불렀는데, 관광버스가 오전 11시 30분쯤 들어왔다. 버스에서 꺼먼 옷 입은 사람들이 내렸다. 김응범이 '다치게는 하지 말고 빨리 일 처리하자'고 명령을 내렸다. 용역깡패들이 현장에 들어가서 아저씨들을 끌고 나왔다. 실습생이 뭘 알아야지. 그놈들이 뭐하는 놈들인지 전혀 몰랐다. 워커 신고 태극 마크에 꺼먼 옷 입어서 처음에는 경찰인 줄 알았다. 스포츠 머리였다. 조합원들이 끌려나오는 거 보면서 시내로 나갔다.

돌아오는 길에 보니까, 조합원들이 오르막 도로에서 구호를 외치며 앉아 있었다. 왜 거기에 몰려 있는지도 모르고 '안녕하세요, 미안해요'라고 인사하고 기숙사로 올라갔다.

출근해서도 일 제대로 못했다. 나는 공장 맨 끝에 있는 프레스 반이었는데 거기는 밖에서 전쟁이 나도 모른다. 그런데 오늘 일 안 한다고 기계 세우라고 해서 논다고 좋아했다.

11일 밤에 출근하려니까, 같은 방 쓰는 사람이 출근하지 말라고 해서 안 했다. 형들이 마당에 불을 때고 있어서 슬슬 나가봤다. 팔레트가 조립라인 출하라인에 산처럼 쌓였다. 조합원들이 쌓았다. 날이 엄청 추웠다. 아는 형들하고 밤을 새우다 어찌어찌 휩쓸렸다. 나한테 쇠파이프를 주었다. 하지만 형들이 하는 게 나쁜 짓이 아님을 알고 있었다. 경비실에서 쇠파이프 안고 잤다. 형들이 나오라면 우르르 깨서 나갔다가 들어와서 또 잤다. **신승현**

19:30
이해남, 금속노조 충남지부 지부장 정원영, 부지부장 인영수와 함께 아산 고용안정센터 사무실에서 김문기를 만나다.

"내가 말이요, 현대자동차부품공장협회 회장을 맡고 있어요. 그라고 악독한 사람도 아니고 회사 운영도 잘하고 있어요. 내가 말이오, 시골에서 농사지으며 참 어렵게 살았다 이거라. 소 키우면서 말이요."

한동안 말을 못하고 떨던 김문기가 입을 열었다. 곁에 앉아 있던 천안지방노동사무소 소장과 아산경찰서 정보과 형사가 사무실 밖으로 나간 뒤였다.

"그래 소를 키우다가 주유소를 해서 돈을 좀 벌었어요. 말하자면 자수성가했다 그 말이라. 이런저런 사람들을 통해 회사도 경영하게 됐지. 내가 말이요, 악한 사람이 아이라. 가난한 사람도 도와주고 그 많은 직원들 월급도 주고 숱한 사람 먹여 살리고 있다 이 말이라. 공장 지을 때도 고생 많이 했어요. 산등성이 깎아서 누가 봐도 훌륭한 공장 만들었잖아요. 운동장도 널찍하고 수천만 원짜리 조경수도 심고…… . 직원들 일하는데 고단할까봐 으리으리하게 만들었다 이거라. 그라고 나는 직원들을 가족처럼 사랑한다 이거라. 기념일 때마다 상장이야 상품이야 바리바리 챙겨주지, 공장 식당 밥맛 없다고 해서 식단을 개선하고 일류 식당으로 만들었고. 나는 직원들이 개선하자는 말만 하면 즉각 고친다 이거라. 우리 세원테크에는 화장실 앞에 거울도 떡하니 세워 놨다 이거요. 나는 어떡하면 직원들한테 잘해줄까, 밤낮 그 생각뿐이라…… ."

김문기는 무려 40분이나 쉬지 않고 이야기를 풀어놓았다.

"김 회장님! 직원들을 끔찍하게 여긴다는 분이 용역깡패한테 일당 15만 원을 씁니까? 기왕 나온 김에 한번 들어보실랍니까? 귤이랑 콜라에 도시락은 만 원짜리고. 깡패들한테 끼니마다 이딴 식으로 먹인다면서요? 그라고, 깡패들 기 살린다고 통닭하고 생맥주도 안겨준다면서요? 회장님요, 보소! 조합원들이 잔업을 해도 임금이 100만 원도 안 됩니더. 지독한 저임금이라요. 회장님한테야 하룻밤 술값밖에 안 되겠지만, 이것 갖고 몬 산다 아입니꺼. 깡패들 200명 불러놓고 일당 15만 원씩 주고, 음료수에 통닭 사주는 거 2주만 모아보소! 조합원들 월급 10만 원은 올려줄 수 있다 아입니꺼. 직원을 가족처럼 사랑한다 했죠? 용역깡패가 가족입니까? 조합원들이 평생 갈 가족입니까? 생각해보소! 깡패들 불러들여서 가족이라는 조합원들을 공장에서 쫓아내서야 되겠습니까?"

정원영이 쏘아붙이자 김문기는 얼굴이 벌게졌다. 그는 말없이 헛기침만 삼켰다.

이해남은 마주앉은 김문기를 뚫어져라 쳐다보았다. 김문기는, 노동자들에게 임금 10만 원 올려주기보다는 깡패들을 동원해 노조를 없애는 게 낫다고 여길 터였다. 이번에 깡패들 시켜서 노조를 없애면 두고두고 남는 장사라고 생각할 게 뻔했다. 이해남은 더 들어볼 것도 없다고 정원영의 옆구리를 찔렀다. 그러나 정원영은 '어떻게 나오는지 한번 보자, 어차피 오늘 결판낼 거니까 들어 보자'고 소곤거렸다.

"지금까지 회장님 살아온 이야기를 들었는데, 우리 그거 들으러 온 거아닙니다. 가족이라는 조합원들은 잔업 80시간 해도 100만 원도 못 받는데 깡패들한테 돈 뿌려서야 되겠습니꺄. 당장 쫓아내십쇼. 동창회다 어디다 기금도 잘 내신다면서요? 깡패들 몰아내고 조합원들 일하게 하십쇼. 우리, 회장님 인생 성공담 들으러 온 거 아닙니더. 깡패 문제 해결하세요! 지역 노동자들, 깡패 데려온 거 용서 못합니다. 누가 거꾸로 자빠지든 오늘밤 결판내야 합니다!"

노동사무소 소장이 결론을 내라고 해서 다시 들어온 자리였다. 김문기는 않는 소리를 해댔다.

"나는 자수성가한 사람이요. 좀 봐주소, 용서해 달라 이거요. 정 지부장이라 캤소? 충남지부에서는 손 뗐으면 좋겠소. 빨리 공장 돌리게 도와주소."

"깡패들 내보내라니까 지금 뭔 소리 하는 겁니까?"

"용역경비들이 철수하면 공장이 안 돌아가요. 회사는 생산을 해야 되고. 그건 어렵겠소."

"좋습니다. 앞으로 벌어지는 사태는 회장님이 책임지는 겁니다!"

"거참, 이해남은 나쁜 사람이 아닌데……. 이용덕이하고 구재보가 아주 나쁜놈들이라!"

이해남은, 자신을 곁눈질을 하던 김문기의 입에서 조합원들 이름이 나오자, "내 앞에서 우리 조합원들 욕하지 마쇼!" 하고 버럭 고함을 질렀다.

2001년 12월 12일 04:30

맨 앞에서 대치하던 조합원이 비상사태를 알리는 호각을 불다. 본관에 있던 용역경비들은 노동자들을 쓸어버리려는 듯, 노조가 설치한 바리케이드를 지게차로 치우다. 생사의 갈림길에 빠진 노조는 지게차로 맞서다. 급작스런 위기상황에 빠지다. 금속노조는 지부 비상운영위원회를 열기 위해 지회장들을 불러 모으다.

겨울 밤, 밖은 칼바람이 매서웠다. 노동자들은 수천만 원 한다는 향나무 줄기를 꺾어서 모닥불을 피우고 있었다.

이해남을 비롯한 지회 대표자들이 경비실에 모였다. 이해남은 혼란스러웠다. 김문기는 용역경비들을 내보내지 않을 터였다. 협상자리에서도 그는 정신을 못 차린 듯했다. 노조를 지켜야겠기에 갈 데까지 가보리라 마음먹었지만 그 끝이 안 보였다. 정원영은 지부 사람들을 동원해서 해결한다지만 그게 말처럼 쉬운 일이 아니었다. 자기들 앞가림하기에도 벅찬 지회들이 선뜻 나서 줄지도 의문이었다. 노조 만든 지 2달 만에 벌어진 일이었다. 용역깡패들과 싸우리라고는 상상조차 못했다. 정원영 말대로, 자본이 노조를 박살내려는 판에 다른 길은 없었다. 고용안정센터에 협상하러 갈 때만 해도 회장인 김문기가 나오는 만큼 잘 해결될 줄 알았다. 김문기가 자기 공장 노동자들을 깡패보다 하찮게 여길 줄은 몰랐다. 대외협력부장인 이용덕은 비정규직을 정규직으로 전환할 것, 용역깡패를 몰아낼 것, 민주노조 인정할 것, 세 가지를 잊지 말라고 했지만, 김문기에게는 도무지 쇠귀에 경 읽기였다.

새벽녘, 정원영은 용역깡패들을 몰아내자고 지회장들에게 호소했다. 회사 측은 깡패들과 관리자를 합쳐서 250명이었다. 지금 남은 100여 명으로는 감당이 안 됐고, 결국 조합원들을 동원할 수밖에 없었다. 이틀이나 싸운 간부들만으로는 힘에 부쳤다. 다들 지쳤고, 여기서 지는 날에는 지역에서 용역깡패들이 더욱 설칠 게 뻔했다. 이대로 계속 당할 수는 없었다. 이참에 조합원의 뜻을 모아 용역깡패를 물리쳐야 했다.

마침내, 지부 비상운영위원회를 연지 15분 만에 총파업이 결정됐다. 지회장들의 동의를 받아낸 금속노조 충남지부 지부장 정원영은 총파업을 선포했다. 산별노조의 힘을 보여준, 금속노조 충남지부와 지역 노동자들이 연대한 최초의 지역 연대파업이었다.

> 충남은 노조운동이 약했다. 그전부터 노조를 만들면 자본이 용역깡패를 동원했다. 저들은 용역경비라고 불렀다. 우리 지역에도 티센크루프동양, 타일 만드는 회사인 대동타일, 두올물산에 깡패가 들어왔다. 티센크루프동양은 깡패를 물리치지 못했고, 대동타일은 타일이 침체되었다고 3개월 동안 정리해고와 더불어 폐업했고, 사장은 버텼다. 나중에 사장은 파업할 때 모아놓은 물량으로 월드컵 특수 때 돈을 긁었다. 두올물산은 징계하고 밀고 당기다가 조합원들이 결국 노조 안 하겠다고 손을 들었다. 지역에서 성공과 실패가 있었다. **정원영**

05:30
금속노조 충남지부, 지부 총파업을 선언하고 지역 노동자 총동원령을 내리다.

이해남은 놀랐다. 설마 했던 일이 현실로 닥친 셈이었다. 2일 동안 용역깡패들과 전쟁을 치른 금속노조 간부들이었다. 눈으로 직접 보고 겪은 터라 조합원들을 동원해서라도 깡패를 몰아내야 함을 누구보다 잘 알았다. 그렇더라도 총파업을 선뜻 받아들일 줄은 몰랐다. 자신들의 일로 여기지 않고서야 있을 수 없는 일이었다. 총파업은커녕 노동운동의 역사가 짧은 충남이 아니던가. 전의를 불태우는 동료들을 보면서 이해남은 의구심을 거두어들였다. 아무런 준비도 못하고 급작스레 닥친 총파업이었다. 과연 성공할 수 있을지 간부회의 내내 마음을 졸였던 터였다.

을씨년스럽던 경비실이 갑자기 전화 거는 사람들의 목소리로 시끌벅적해졌다. 누가 먼저랄 것 없이 지회장들은 다투어 조합원들에게 부리나케 전화했다.

"오늘은 회사 말고 세원테크로 출근합니다!"

대공장 지회장은 대의원들에게 투쟁 방침을 전했다.

"출근버스 세원테크로 돌려!"

2001년 12월 12일 08:00

겨울 해가 뜨고 금속노조를 비롯한 충남지역 노동자들이 세원테크 정문으로 빠르게 몰려든다. 금속노조 깃발과 단위노조 깃발을 앞세운 노동자들이 줄을 지어 언덕을 올라오고, 멀찌감치 국도변으로 이어지는 도로에는 자가용이 즐비하다. 끊임없이 몰려드는 통근버스에서도 노동자들이 줄기차게 내린다.

공장은 그야말로 전쟁터. 간밤에 모닥불을 피웠던 잿더미에서는 아직도 연기가 피어오르고, 팔레트와 제품들은 여기저기 어지럽게 나뒹군다. 검게 그을린 팔각정은 난간이 뜯겨나간 채 흉물스럽고 조경수들은 땔감으로 변한다.

통근버스에서 내린 노동자들은 500명에서 700명으로 갈수록 불어났다. 용역깡패들은 사무동에 진을 치고 있었다. 이윽고 파업 지도부가 앞장섰고, 노동자들은 용역깡패들과 30미터 사이를 두고 대치했다.

"세원 민주노조를 사수합시다! 절대로 깡패들한테 무릎 꿇지 맙시다! 우리 지역에 깡패들이 쳐들어온 게 이번이 다섯 번쨉니다. 오늘은, 깡패 놈들 박살내는 날입니다! 조합원 여러분! 오늘, 이 자리에서 충남지부 총파업을 선언합니다!"

지부장 정원영이 핸드마이크를 들고 노동자들을 향해 외쳤다. 그때, 사무동에서 "야이 새끼야, 웃기지 마라! 총파업이 장난이냐! 뻥치고 자빠졌네" 하는 깡패들의 비웃음이 터져 나왔다.

10:00

1300명이나 되는 노동자들이 공장 마당을 채우다! 사무동에 숨었던 용역경비들이 뒷산으로 도망치기 시작하다. 사태가 심상치 않게 돌아간다고 여긴 경찰이 그제야 나서다. 40개 중대나 출동한 경찰은 만약의 사태에 대비하다.

저 멀리 깃발을 든 노동자들이 논둑길을 걸어오고 있었다. 그리고 공장 오르막길은 무리를 지은 노동자 대열이 그득 채우고 있었다. 이해남은 그들이 눈에 들어오자 가슴이 뛰었다. 곁에 있던 세원테크 조합원들도 눈물을 글썽였다. 고작 60명밖에 안 되는 세원테크 조합원들을 위해 1000명, 2000명이나 되는 지역 노동자들이 몰려오고 있었다. 싸우기로 작정한 그들은, 출근을 아예 세원테크로 하고 있었다.

총파업에 나선 노동자들이 용역깡패를 몰아내기 시작한 것은 경찰한테서 깡패들을 철수시키겠다는 말이 나오고 나서였다. 신성한 일터를 짓밟은 용역깡패들을 고분고분 보내줄 수는 없었다. 본때를 보여줘야 했다. 눈치 빠른 용역깡패들은 벌써 산을 기어오르고 있었다.

"도망간다! 잡아라! 용역깡패들 몰아냅시다!"

지도부의 명령이 떨어지기 무섭게 노동자들은 용역깡패들을 뒤쫓기 시작했다.

12일 아침 7시에 나가니까, 유윤호(1971년생)가 오늘 조합에 가입했다고 박수를 쳐주며 활동을 권유했다. 윤호가 '오늘은 조합원들이 다 나온다. 민주노총도 전부 다 온다. 오늘 끝낼 거다'라며 흥분했다. 그때 지회장 이해남이 '조합원 아니면 나서지 말고 들어가 계세요' 하고 말렸다. 그런데도 윤호는 오늘부터 조합 가입해서 활동할 거라고, 조합원들 있는 데 가 있으라고 나를 밀었다. 그리고 누군가 몽둥이를 주기에 받아서 들었다. 지회장이 없을 때 경비실 안에서도 여러 명이 박수를 쳐주었다. 그때, 회사를 관두는 한이 있어도 부딪혀 보자고 마음먹었다. 윤호가 지회장에게 조합에 가입했다고 소개하자, 비로소 지회장이 '조합원들하고 같이 있으세요'라고 했다. 용역깡패들하고 대치 중이었다. 다른 회사 조합원들이 엄청나게 몰려왔다. 속으로 '아, 연대라는 게 이런 거구나' 하고 감탄했다. 산으로 도망가는 용역깡패들을 쫓아갔다. 다른 조합원들은 사무실로 올라갔다. **최병호**

세원테크 조합원들은 사무동으로 쳐들어갔다. 용역깡패들이 머물던 사무동 2층에는 낫, 손도끼, 야구방망이, 쇠파이프가 널려 있었다. 이틀 동안 잠 한숨 못 자고 공격했던 사무동이었다. 깡패들을 물리치려고 사무동 계단을 오르려다 숱한 노동자들이 부상당했다. 머리가 깨지고 인대가 끊어지고 다리가 부러졌다. 현장에서 일하다 말고 깡패들한테 쫓겨난 세원테크 조합원들이었다.

사무동에 들이닥친 노동자들 눈에 띈 건 사장을 비롯한 관리자들이었다. 깨진 유리창에 부서진 집기며 버려진 서류들로 난장판이었다. 깡패들은 안 보였다. 관리자들은 겁에 질린 채 떨고 있었다. 흥분한 노동자들이 그들을 내버려둘 리 없었다. 여성들 가운데 가장 나이가 많고 오랜 세월 현장에서 차별받고 무시당한 조합원 홍순이가 관리자 얼굴에 침을 뱉고 따귀를 때렸다. 조합원들의 분노는 걷잡을 수 없었다.

"여러분 흥분하지 맙시다! 폭력을 쓰면 안 됩니다! 침착합시다!"

이해남은 울부짖었다. 사장한테 주먹을 휘두르려는 조합원을 뜯어말렸다.

"이러면 깡패들하고 다를 게 뭡니까!"

사장 멱살을 쥐었던 조합원의 눈이 분노로 타들어갔다. 이해남은 눈물이 글썽한 조합원의 팔목을 힘껏 잡았다. 이해남은 이를 악물고 눈물을 참았다. 흥분해서 날뛰던 조합원들은 비로소 흐느꼈다. 누구보다도 조합원들의 설움을 아는 이해남이었다. 조합원들은 하나같이 시커멨다. 겨울밤 추위를 무릅쓰고 싸운 조합원들의 분노를 왜 모르겠는가. 하지만 여기서 폭력을 휘둘렀다가는 며칠 동안 싸운 게 물거품이 될지 몰랐다. 이해남은 눈물을 머금고 조합원들에게 외쳤다.

"자, 우리 여기서 나갑시다! 연대 온 동지들 맞으러 갑시다!"

12일, 감격스러웠다. 울컥했고, 조합원들이 많이 울었다. 정문에 팔레트를 쌓아놓고 있었다. 이틀을 잠도 못 자고 전쟁을 치렀으니 사람 꼴이 말이 아니었다. 다들 새까만 게 이만 하얬다. 팔레트더미에 올라가서 깡패들 물리치고 민주노조 사수하자고, 핸드마이크 들고 외치는데 목이 메었다. 그런 선동은 두번 다시 못하지 싶다. 정문이 오르막이다. 통근버스가 서고 조합원들이 밀고 올라왔다. 1500명이 까맣게 몰려드는데, 감동의 물결이었다. 우리 세원 조합원들은 얼싸안고 감격해서 눈물을 흘렸다.

사무실에서는 살인날 분위기였다. 조합원들은 분노에 차서 죽여 버리겠다고 날뛰지, 살벌했다. 조합원들을 말리지 않으면 사람을 죽일 수 있겠다 싶었다. 참자, 참자고 설득했다.

조합원들하고 울고불고했는데, 이때 한 단계 승화된 감정을 느꼈다. 투쟁하는 인간의 고귀함을 맛봤달까, 노동자의 고귀함이랄까. 지금도 그때 생각하면 가슴이 두근두근한다. 그때 가졌던 감정을 앞으로도 가질 수 있을까, 하는 의문이 들 정도로 감격스러웠다. **구재보**

한마디로 공장은 해방구였다. **정원영**

11:00
세원테크 조합원과 노동자 2000명, 공장탈환 성공집회를 갖다. 하늘에서는 경찰 헬기가 불법집회를 경고하며 해산할 것을 강력하게 권고하다.

용역깡패들을 물리치고 공장 마당을 그득 메운 노동자들을 보면서 이 해남은 노동자의 힘을 느꼈다. 전국노동자대회에서 겪었던 바로 그 뜨거움이었다. 그로서는 첫 전국집회에 참석했던 터였다. 수만 명이나 되는 노동자들에게서 느꼈던 그 강렬한 인상을 며칠 만에 세원테크에서 직접 겪을 줄은 미처 몰랐다.

"흩어지면 죽는다, 흔들려도 우린 죽는다!"

이해남은 〈파업가〉를 불렀다. 조합원들은 너나할 것 없이 흐느껴 울었다. 이해남은, 아, 이게 말로만 듣던 노동자의 연대임을 뼈저리게 느꼈다.

깡패를 몰아내고 집회할 때 참 많이 울었다. 악에 받쳐 노래 부를 때 가장 감격스러웠다. 지역 동지들이 눈물겹게 고마웠다. 노동자들이 버스를 타고 '와!' 하는 함성을 지르며 올라오는 풍경을 보니까 '와! 엄청나구나!' 하고 힘을 냈고 '지켜낼 수 있겠구나' 하는 안도감이 생겼다.
조성호

이틀 동안 잠을 거의 못 잤다. 눈에 핏발이 섰다. 도망가는 용역깡패들을 산으로 쫓아갔다. 간부회의에서 파업 결정할 때 울컥울컥했다. '아, 이게 노동자로구나!' 하는 감격에 젖었다. 눈물도 나고. 아침에 조합원들한테 '총파업 결정났다, 세원테크로 싸우러오라' 고 하니까 다들 '잘했다, 진작에 그랬어야 했는데' 라고 공감했다.
문용민, 해강휀스타 지회장

12일 아침에 출근하니까 관리자들이, 사람들이 몰려오니까 휴게실에 들어가 있으라고 했다. 자기들만 믿으라고 하면서. 조·반장하고 실습생 10명 있었다. 화장실에 들어가서 숨었다. 기숙사로 가려는데, 문으로 사람들이 몰려왔다. 아는 조합원들이 오라고 하더니, 파이프를 하나씩 쥐어주고 옥상으로 올라가라고 했다. 도망가는 사람 보면 무조건 소리를 지르라면서. 옥상에서 만도 조합원들이 몰려오는 것도 봤다. 공장이 아니라 전쟁터였다. **유철우**

버스 20대를 대절해서 세원테크로 갔다. 세원투쟁은 널리 알려졌고, 조합원들은 투쟁기금을 만 원씩 냈다. 연대투쟁 간다고 신나서 버스에 탔다. 버스 안에서 대의원들이 상황 설명을 하였다. '용역깡패가 노동현장에 들어오는 것을 막아야 한다' 고 호소했다. '무기는 들지 마라, 간부들 통제에 따라 달라' 고 부탁했다. 그러자 '와! 한번 하자!' 는 외침이 터졌다.

10시쯤 세원에 갔다. 버스 안에서 용역깡패들이 도망치는 것을 본 조합원들이 '깡패새끼들이 논으로 도망간다!'고 외쳤고 버스를 중간에 세웠다. 조합원들은 내리자마자 함성을 지르며 달려갔고 순식간에 논바닥을 에워싸며 깡패들을 포위했다.

용역깡패 15명을 잡아서 논바닥에 무릎 꿇렸다. 깡패들은 '니들 얼굴 다 기억할 거다', '눈깔을 파버리겠다', '심장을 파버리겠다' 협박을 해댔지만 조합원들한테 심하게 맞았다. 조합원 평균 나이가 35살인데, 나이든 분들이 더 분노했다. '노동자들한테 너희들이 그러면 되느냐?'고 타이르기도 하고 신문지로 머리를 때리고 깡패들이 말대꾸하면 젊은 축들이 쥐어박았다. 조합원들은 의기양양했고 사기가 하늘을 찌를 듯했다. 구름이 조금 끼긴 했지만 맑은 겨울 날씨였다. 논에 서리가 하얗게 서렸다. 경찰을 불러서 깡패들을 넘기며 처벌해 달라고 했다.

박창식, 지금은 '위니아만도'로 바뀐 만도공조 대의원

12일 아침, 도망 나오는데 만도공조가 들이닥쳤다. 기숙사 뒤로 빠져나갔다. 조합원들의 눈빛은 나를 잡아먹을 것 같았다. 낮에 도망가는데 조합원들이 굶은 사자처럼 도끼눈을 치뜨고 보았다. 경비실 잔디밭에 앉아 있던 조합원들이 기숙사 쪽문으로 내빼는 나를 보았다. 권세가 아는 친구라고 이야기해줘서 그나마 겨우 내뺐다. 그날, 2층 사무동으로 치고 올라가다가 다리 다친 간부가 있었는데, 우리를 잡으라고 욕을 했다. 나도 지지 않고 대거리를 했는데 그때 권세가 안 왔으면 다른 조합원들한테 맞아 죽었을 거다.

나는 그때까지 사무실 사람들이 현장을 지키라고 해서 머물렀다. 다 죽게 생겼는데 뭔 현장을 지키나? 가야겠다고 내뺐다. 나가는데 반장도 도망쳤다. 농협에서 만나 해장국집에서 소주 한잔 했다. 해장국 먹으면서 울었다. 나는 울화가 치밀어 조합원들을 욕했다. 내가 무슨 죄가 있나. 회사가 시키는 대로 했을 뿐인데. 왜 나한테 욕지거리하고 잡아먹으려드나? 이제 회사 생활은 끝났구나. 회사는 망했구나. 떠나야겠다고 생각했다. 그때는 노조의 힘을 몰랐다. 우리 조합원만 있는 줄 알았다. 연대의 힘을 보여준다고 했을 때, 속으로 비웃었다. 그런데 수천 명이나 되는 노동자들이 연대 오는 걸 보고 놀랐다. 저 사람들은 도대체 어디에서 왔나? 무척 놀랐고 이해가 안 갔다. **신동진**

　그날 저녁 경비실에 누운 이해남은 몹시 피곤했다. 며칠째 잠을 못 잔 터라 눈을 뜰 수가 없었다. 경비실에서는 민주노총과 금속노조 본조에서 내려온 간부들이 회사와 협상한 안을 논의하고 있었다. 민형사상 고소고발취하도 좋았고 용역업체에서 파견된 3명을 정규직화한 것도 성과였다. 하지만 이번 사태를 불러일으킨 김응범을 쫓아내지 못한 것은 너무 허탈했다. 김응범이 누군가. 쌍용자동차에서도 노조의 분노를 산 인물이었다. 조합원들은 김응범을 쫓아낼 때까지 싸우자고 성화였다. 그러나 현실은 그럴 수가 없었다. 이해남은 감은 눈을 뜨지 않았다. 속으로는 지역 간부들이 회사와 합의한 안을 받아들이지 않기를 바랐다. 그러나 자신의 뜻이 이루어질 수 없음도 잘 알았다. 설명회 자리는 시나브로 합의안을 따르는 것으로 결론을 내고 있었다.

풀빛 옷을 입었다

눈만 살아 가끔 침을 쏘는 듯

유리벽에 수많은 구멍이 뚫렸다

......

밖에 접시꽃이 피었다고 일러주었더니

그는 고개를 끄덕이며 돌아섰다

굽은 등에서 진한 풀냄새가 났다

「접견」에서

4 호랑이 아가리

　이해남은 2002년 1월 22일 노조 사무실에서 연행되었다. 마침 점심 때여서 근처에는 조합원들이 아무도 없었다. 지게차 기사가 끌려가는 이해남을 막으려고 했지만 역부족이었다. 경찰은 공무집행 방해라고 위협했고, 지게차 기사는 순순히 물러날 수밖에 없었다.

　이해남은 허탈했다. 12·12 총파업을 겪고 나서도 쉴 틈이 없었다. 일주일에 1~2차례씩 11차례나 회사와 단체교섭을 하는 중이었다. 유니온샵, 징계해고 노사합의조항, 특별상여금 500퍼센트, 노조 활동관련 사항이 핵심 요구안이었다. 그것 말고도 회사 앞잡이 노릇을 한 맹영섭과 노조를 비방한 박현숙 퇴사처리, 용역 노동자는 1개월 뒤 정규직으로 전환, 부상자 치료비 따위가 맞물려 있었다. 단체협약 교섭도 진척이 느렸다. 이제 걸음마를 한 노조라 풀어나가야 할 과제가 산더미였다.

　날마다 중식집회를 하면서 성실히 교섭에 나서라고 회사를 압박했다. 그러나 회사는 교섭대표를 바꾸기까지 하면서 교섭에 성의를 보이지 않았다. 결국, 파업으로 갈 수밖에 없었고 노동부에 쟁의조정 신청을 해놓았던 터였다. 쟁의조정 명령이 떨어지는 날이 바로 1월 22일이었다.

2002년 1월 초까지 교섭을 했는데도 진전이 안 됐다. 충남지방노동위원회에 쟁의조정 신청을 넣고, 1월 21일 마지막 회의를 하러 지노위에 들어갔다. 회계감사 권세, 조직부장 김우섭(1967년생), 사무장인 나까지 3명이 갔다. 회의실이 5층에 있었다. 화장실을 가던 중 복도에서 아산경찰서 형사를 만났다. 반갑다고 인사를 하고 화장실에서 볼일을 보면서 '아, 잡으러 왔구나' 하고 알아챘다. 곧바로 노조에 전화를 했더니 지회장은 벌써 잡혀갔다고 했다. 지노위회의에 참석하는데 경찰이 덮치리라고는 예상 못했다. 안 그래도 12·12 총파업 건으로 출두요구서가 날아와서 조사를 받았다. 업무방해로 걸고, '왜 파업했나? 용역깡패하고 싸웠나? 불법으로 생산라인을 멈추었나?' 그딴 걸 물었다. 현행범으로 체포할 줄은 몰랐다.

어쨌든 회의실에 들어갔다. 지노위 쟁의조정을 끝내야 합법파업을 할 수 있기 때문이었다. 잡혀가더라도 지노위 쟁의조정은 받아내고 잡혀가자고 생각했다. 회의실에 형사가 들어오자, 조정위원장이 잡아가려면 쟁의조정회의를 끝내고 잡아가라고 호통을 쳤다.

마침내 쟁의조정 중지 명령이 내렸다. 조정을 할 수 없음은, 합법파업을 할 수 있음을 뜻했다. 형사를 의식했다. 여기서 잡히면 안 된다, 5층에서 뛰어내리면 어떻게 될까 생각을 하면서, 쟁의조정 중지 명령서에 도장을 찍었다. 김우섭하고 나하고 잡히고, 권세에게 명령서를 주고 가라고 했다.

나하고 조직부장은 아산경찰서로 갔다. 지회장은 벌써 유치장에 있었다. 이튿날 영장실질심사를 받고, 9일 동안 있다가 천안구치소로 넘어가는 날, 구속적부심심사를 했고, 신청 결과 김우섭은 석방되고, 나와 지회장만 구속되었다. **구재보**

이해남은 자신이 지명수배자인 줄 까맣게 몰랐다. 12·12 총파업 건으로 경찰에 출두해서 여러 차례 조사를 받던 참이었다. 2001년 12월 20일, 아산경찰서에 갔을 때도 정보과장은 12·12 총파업으로 빚어진 문제가 잘 해결되기를 바란다는 말까지 했다. 아무런 사전 통보도 없이 쟁의조정이 떨어지는 날 잡아가다니. 파업을 예감한 회사가 경찰과 짜고 자신을 구속한 게 틀림없었다. 12·12 총파업을 겪고도 회사는 노조를 인정할 생각이 없음을 드러낸 셈이었다.

　수감번호 5511번. 이해남은 살면서 감옥생활을 할 줄은 상상도 못했다. 그것도 노동운동을 하다가 감옥에 들어갈 줄은 더더욱 몰랐다. 한치앞을 모르는 게 인생살이라지만 너무 급작스레 바뀐 삶이었다. 몇 달 전만 해도 한국노총과 민주노총도 분간 못했던 그였다. 두 아이를 둔 평범한 가장이었던 자신이 노조를 만든답시고 앞장섰다가 덜컥 지회장을 맡았고, 급기야 노조를 설립한 지 3달 만에 철창 안에 갇히고 말았다.

　그동안 무슨 일이 벌어진 걸까.

　욕설과 폭력이 난무하는 현장을 서로를 존중하고 즐겁게 일할 수 있는 일터로 바꾸려고 혼신을 다했다. 일한 만큼, 먹고살 수 있을 만큼 받기를 바랐다. 그 열악한 노동환경을 바꾸자고 노조를 만들었고, 대화로 문제를 풀어가기를 바랐던 그에게 돌아온 건 감옥행이었다. 단체교섭을 한창 하는 노조 지회장을 회사는 경찰과 짜고 감옥에 처넣은 거였다. 12·12 총파업 때도 분명히 보았다. 용역깡패들한테 맞은 조합원들이 병원에 실려가는 데도 경찰은 보고만 있었다. 그런 경찰이, 하루도 안 쉬고 교섭을 해나가는 자신을 업무방해와 불법파업으로 잡아넣었다. 그것도 쟁의조정 명령을 받아놓고, 합법파업에 들어가기 전날에 말이다! 과연 경찰은 누구 편인가. 노조에 발을 들여놓기 전에 경찰이란, 평범한 시민들이 그렇듯, 그에게도 민중의 지팡이였다. 그 민중의 지팡이가 회사 앞잡이가 되어 자신을 구속시켰다. 이해남에게 경찰은, 더는 민중의 지팡이가 아니었다.

　비록 구치소에 들어왔지만 이해남은 외롭지 않았다. 누구보다 그에게 위로와 힘이 된 건 조합원들이었다. 얼굴도 모르던 조합원들이 여러 차례 면회를 왔다. 현장에서 일을 하면서도 말 한마디 안 나누고 일만 하다가 12·12 총파업을 겪으면서 알게 된 동료들이었다. 용역깡패들을 몰아내

려고 사나흘 밤을 꼬박 지새웠고, 얻어터지고 깨지면서 익힌 얼굴들이었
다. 몇 달 동안 일해도 눈인사도 안 하던 사람들이 투쟁을 하면서 피를 나
눈 형제처럼 뭉쳤다. 그런 조합원들이 면회를 와 주니 이해남은 더할 나
위 없이 기뻤다. 그는 조금 있으면 나갈 거라고, 걱정하는 조합원들을 안
심시켰다.

　　첫 구속되었을 때, 담당 교도관 3명이 그랬다. 당신네 지회장은 감
　옥 체질이다, 정말 씩씩하게 잘 산다, 이 생활 10년 만에 저런 사람은
　처음 봤다고. 나는 2층에 있었고, 지회장은 1층에 있었다. 어느 날 교
　도관하고 조폭하고 문제가 생겼는데, 지회장이 교도관과 맞섰다. 교도
　관이 조폭에게 부당한 대우를 했다고 지회장이 항의한 거였다. 조폭에
　게도 인권이 있다고 지회장이 단식을 했다. 결국 교도관이 사과했고,
　그렇게 되자 조폭들이 이해남을 존경했다. 지회장은 건달들한테 지회
　장님 소리 들어가며 특별대우를 받았다. **구재보**

이해남은 틈만 나면 조합원들을 생각했다. 그동안 멀리했던 책도 읽으
며 시간을 메워나갔다. 하지만 아무래도 처음 겪는 감옥생활인 탓인지 모
든 게 낯설었다.

　　애들을 보고 싶다고 해서 주말마다 면회를 갔다. 첫날 면회를 하는
　데, 그 안에서 사람이 실실 웃고 있었다. 성격이 워낙 낙천적이다. 걱
　정할 것 없다는 말만 되풀이했다. 감옥 안에서도 늘 웃었다. 걱정이야
　많겠지만……, 걱정을 하는지 안 하는지……. 그때도 회사 이야기는
　없었다. 조합원들이 날마다 와서 잘해주니 걱정 말라고 했다. 무던해
　서 충격을 안 받았다. 애들이나 잘 챙기라고 했다. 조합원들이 집에도
　찾아왔는데, 지금까지도 잘해준다. **이은숙**

12 · 12 총파업을 겪고 나서 엄청나게 달라진 건 사실이었다. 과연 조합

원들이 노조에 열심히 참여할 것인가, 이해남은 의구심을 떨치지 못했다. 조합원들을 향한 믿음을 이해남이 다시 되새긴 건 일진지회 주점을 다녀오고 나서였다. 12·12 총파업도 승리했겠다, 연말이고 해서 다들 기분이 들떠 있었다. 회사 폐업에 맞서 현장을 점거한 일진지회는 조합원 40여 명으로 사내 식당에서 일일주점을 열었다. 장기투쟁에 지친 조합원들을 위로하고 파업자금도 마련하기 위해서였다.

이해남은 일 끝나고 조합원들과 함께 일진지회에 갔다. 일일주점 표를 사서 조합원들과 생맥주를 한잔 하니 기분이 무척 좋았다. 그 전에는 상상조차 못했던 일이었다. 신입사원이 들어와도 환영회는커녕 인사도 안 하던 사람들이었다. 그날, 조합원들은 서로서로 악수도 나누고 살아온 이야기도 하면서 친해졌다. 12·12 총파업에 참여해준 지역의 동지들에게도 고마움을 전했다. 이해남은 조합원들이 믿음직스러웠다. '불가능하리라던 총파업을 이끌어낸 우리 조합원들 멋지죠!'라고 지역 동지들에게 마구 자랑을 늘어놓고 싶었다.

그날, 눈발이 흩날렸다. 사무장 구재보가 운전하던 차가 다리에서 미끄러졌다. 다들 차에서 내렸고 눈구덩이에 처박힌 차를 끌어내기 위해 조합원들은 달라붙었다. 이해남은 조합원들과 함께 힘을 쓰던 그날을 떠올리면 기분이 좋아졌다. 희끗희끗한 눈발을 맞으며 조합원들과 끙끙대던 그날, 참 가슴이 따뜻했다.

총파업에서 승리한 탓인지 연말 노조 분위기는 하루가 다르게 뜨겁게 치솟고 있었다. 회사에서 여는 회식과 분임조 별로 여는 회식마다 이해남은 사무장과 찾아가서 조합원들을 격려했다. 예전에는 회식자리에서도 주눅들기 일쑤였던 조합원들은 이제 전혀 기죽지 않았다. 그전까지 큰소리치던 관리자들의 모습은 온데간데없고, 우리끼리 즐겁게 마시자며 조합원들이 술자리를 주도했다. 전에 못 보던 풍경이 눈앞에서 펼쳐지자 이해남은 흐뭇했다.

이해남은 구치소에서도 노조 일을 꿰뚫고 있었다. 그가 있을 때처럼 세원테크노조는 끊임없이 투쟁에 내몰리고 있었다. 이해남은 구속자 석방 문제로 파업을 하지 말기를 바랐다. 단체협약 타결을 내걸고 파업을 한 게 엊그제였다. 그리고 조합원들이 거리에서 날마다 하는 구속자 석방 선전전도 접기를 바랐다. 야근이 끝나면 플래카드 내걸고 선전전을 하고, 면회까지 다녀야 하니 조합원들의 피로는 쌓여만 갔다. 그렇지 않아도 지게차 시급제 전환, 용역 문제 등 합의사항 건이 날마다 터지는 판이니 노조가 감당하기에는 무리였다. 이해남은 조합원들에게 편지를 썼다.

> ……검찰 관계자는 노조의 핵심이 누구인지 어떤 행동을 했는지를 회사가 찍어주었다는 이야기를 했다. ……우리가 분노하는 것은 회사가 겉으로는 노조를 인정하며 대화를 하는 척하면서, 뒤로는 노조를 깨려고 아직도 치밀한 공작을 하고 있다는 사실이다. ……우리가 조금만 빈틈을 보이기만 해도 우리를 깨려고 온갖 비열한 짓을 서슴지 않음이 이번에도 드러났다. 경찰과 검찰은 회사가 요구하면 재빨리 달려와 우리 노동자들을 개 패듯이 패고 감옥에 처넣으며 노조를 파괴하는 데 앞장서고 있다. 우리가 믿을 것은 오직 노동자들 자신의 힘이지 검찰·경찰·법원·노동부 등 가진 자들의 손발이 아니다.

이해남은 구치소에서 보석으로 나오기 전, 한창 파업 중인 발전노조 노동자들에게도 옥중 편지를 썼다.

> ……지금 이 시간까지도 자본과 권력은 우리 노동자들을 상대로 이길 수 있다고 착각하고 있는 것 같습니다. 하지만 우리들은 죽음도 함께할 수 있는 동지들이 있습니다. 저는 비록 노동운동을 시작한 지 몇 개월 안 되었지만 동지들께서 아시다시피 작년 12월 세원테크 파업투쟁은 금속노조 충남지부 그리고 민주노총 충남본부의 총파업 연대투

쟁으로 완벽한 승리로 투쟁을 마무리하였습니다.

　지회장인 저와 사무장 동지가 구속되어 있지만, 조합원 동지들의 투쟁 열기는 가열차게 이어지고 있으며 오히려 더더욱 강화된 조직으로 금속노조의 선봉이 되고자 지금도 연대투쟁에 조합원들이 적극적으로 참여하고, 구속된 우리를 위해 뜨거운 동지애를 보여주고 있습니다. 결코 흔들림 없이 승리하는 날까지 동지들, 하나 된 모습으로 투쟁하시기 바랍니다.

　아직도 서울구치소에 수감 중인 단병호 위원장님을 비롯한 구속 노동자 동지들도 우리 발전노조 동지들에게 뜨거운 응원을 보내고 있을 줄 압니다. 저 또한 감옥에 있지만 그리 쉽게 끝날 것 같지 않습니다. 하지만 우리 모두 뭉치면 이길 수 있습니다. 동지들, 끝까지 건강하시고 승리를 확신합니다. 투쟁!!!

그래도 흙을 털고 성큼 문을 여는 순간만이

문지방 건너 세상 밖에 있는 행복을

한 수저 떠먹을 수 있는 시간이었다

「문지방을 넘다」에서

5 죽어도 할 수 없는 일

"자네, 노조 탈퇴서 또 쓰면 그땐 정말로 회사 나가야 한다. 알았지?"

이해남은 거듭 황영원에게 다짐을 받았다. 12·12 총파업이 터지기 전에 회사는 조합원들을 찾아다니며 노조 탈퇴를 강권했다. 반장이 백지를 건네며 '나는 개인적인 사정으로 노동조합을 탈퇴합니다' 라고 받아쓰게 했다.

"반장이 탈퇴하라고 무지하게 괴롭혔어요. 계속 노조에 있으면 회사에서 짤린다, 직장에서 쫓겨나면 뭐 먹고 살 거냐고 들들 볶았다니까요."

황영원은 넌덜머리를 냈다. 이해남은 황영원뿐만 아니라 탈퇴서를 쓴 조합원들을 이해했다. 자신처럼 노조가 뭔지도 모르던 조합원들한테 회사에서 쫓겨난다고 위협을 했으니 놀랄 수밖에.

이해남은 탈퇴서를 쓴 조합원들을 1명씩 불러서 면담했다. 누가 누가 노조 탈퇴서를 썼다는 소문은 현장에 빠르게 번졌다. 반장이 일부러 사람들이 뻔히 보는 앞에서 만만한 조합원을 찍어 놓고 협박을 해댄 탓이었다. 이해남은 득달같이 달려가 반장들한테 항의했고, 다음부터는 그런 일을 하지 않겠다는 약속을 받아냈다.

탈퇴서를 쓴 조합원들한테는 노조의 힘이 얼마나 강한지 알려줘야 했다. 노조에 가입하면 회사에서 쫓겨나지 않고 부당한 대우를 받지 않음을 심어줘야 했다.

"만약에 자네가 노조에서 나간다 쳐봐. 노조가 회사하고 싸우면 자네는 구사대가 되는 거야. 구사대가 뭔지 알아? 회사 앞잡이가 되는 거야. 회사한테 빌붙어서 동료들을 배신하는 짓을 해야 돼. 구사대로 한번 낙인 찍히면 노조에 다시 들어올 수 있겠어? 조합원들이 받아줄 것 같아? 그래선 안 되지. 지금 우리가 겪는 시련을 이겨내자구. 자네나 나나, 우리 모두가 건강하게 오래 다닐 수 있는 현장을 만들자고. 언젠가는 그런 날이 올 거야. 우리 투쟁이 헛되지 않는다면 내년, 후년에 세원에 들어오는 사람들은 다들 인간답게 일할 수 있지 않겠어?"

"저도 회사 말만 듣기는 싫습니다. 시키는 대로 일만 하기는 싫어요. 지회장님 말씀 알겠습니다. 노조 활동 열심히 하겠습니다."

"좋아. 다음부턴 그러지 마. 앞으로 열심히 하면 돼. 자넬 생각해주는 사람이 있으니까 든든하지? 노조란 그런 거야. 무슨 일 생기면 무조건 노조 찾아와. 그리고 현중이하고 친하니까 함께 활동하구."

이해남은 황영원이 이현중과 가까운 사이임을 알고 있었다.

"근데 말이지, 개인적인 이야기를 해서 좀 그렇지만……, 카드빚이 좀 있다면서?"

이해남은 넌지시 물었다. 카드빚이 있기는 이현중도 마찬가지였다. 한창 돈 쓸 나이들이니 어련하랴 싶었다. 이해남은 다 이해하니 툭 털어놓으라고 황영원을 안심시켰다.

"한 200 있습니다. 월급으로 까 나가는 수밖에 도리가 없습니다."

황영원이 고개를 떨구었다.

"괜찮아. 현중이도 빚 많은데 열심히 하잖아. 노조활동 열심히 하면서 조금씩 갚아나가면 돼. 걱정하지 마."

이해남은 황영원의 어깨를 다독거려주었다. 이현중도 그렇고 대구에서 올라온 조합원들이 카드빚을 더러 지고 있었다. 젊은 나이에 객지 생활을 하는 탓인지 몰라도 돈을 흥청망청 썼다. 그깟 월급 얼마나 된다고 단란주점에 드나든다는 소문도 들었다. 씀씀이가 헤픈 거라면 어디 내놔도 안지던 이해남이었다. 성인오락실이다 파친코다, 해서 한때 누구보다도 돈을 펑펑 날려본 터였다.

1994년 설을 쇠고 나서였다. 부모님이 사는 대전 용운동 아파트를 찾은 이해남은 다른 식구들을 다 물리쳤다. 동생 부부도 새어머니도 눈에 안 들어왔다. 그는 아버지 이갑수만 건넌방으로 모셨다. 다른 식구들의 불안한 눈초리는 안중에도 없었다. 오로지 아버지와 담판을 지어야 했다. 이해남은 방문을 닫자마자 아버지에게 다짜고짜 도장을 내달라고 손을 내밀었다.

"전세를 넓히려고 한다니까요."

"어차피 남의집살이인데, 뭐하러 전세를 키워가? 그게 말이나 돼?"

아버지는 완강했다. 차라리 집을 사겠다면 속이라도 시원하지. 그까짓 전세는 넓혀서 뭐하자는 건가, 애들도 어린데. 아무리 봐도 전세를 넓혀 갈 까닭이 없었다.

"다른 말씀 마시고, 장남 살려준다 생각하시고 도장 내놓으세요."

이해남은 속에서 불이 났지만 참았다. 도대체 이게 몇 차례인지 몰랐다. 저번 추석에 왔을 때도 집안을 한바탕 뒤집어 엎었다. 그날도 집을 팔아서 당장 돈 마련해 달라고 아버지와 대판 싸움을 벌였다. 다른 부모들은 잘도 해주는데, 왜 자식이 달라는 돈을 안 해주냐고, 길길이 날뛰었다. 싸움이라기보다도 혼자서 미쳐 돌았다고 하는 게 옳았다. 눈에 보이는 게 없었다. 오로지 돈! 돈! 돈! 세상에서 돈 나올 구멍이라고는 딱 한 곳 아버지뿐이었다. 아버지의 재산인 19평짜리 아파트! 그걸 팔아서 돈을 손에 쥐어야 했다. 작년 설에는 새어머니 스카프와 아버지 장갑도 샀건만 오늘은 아무것도 눈에 안 보였다. 집안을 쑥대밭 만드는 한이 있더라도 아버지 도장을 받아서 대출이라도 받아내야 했다.

"아버지, 아버지 자식인 이 장남이 죽는 꼴 보셔야 되겠어요? 이번 한 번만이에요. 딱 한 번만 봐주시면 평생 은혜 잊지 않을게요."

"어디다 쓸 건지 솔직하게 말혀봐."

"전세 키워가려고 한다잖아요! 장남을 못 믿으시겠다는 거예요?"

이해남은 밀어붙이기로 했다. 아버지가 왜 못 미더워하는지 잘 알았다. 하지만 이 자리에서 그 사건을 시시콜콜 따질 수는 없는 노릇이었다. 아버지는 성인오락실 사건을 머리에 담고 있을 거였다. 두어 달 전이었다. 한창 오락기에 정신을 팔고 있는데, 난데없이 당숙이 들이닥쳤다. 벌써 숱하게 싸웠던 터라 겁도 안 났다. 집안 말아먹을 놈이라고 당숙이 아무리 말려도 소용없었다. 벌써 3년째 성인오락실에 빠졌던 그로서는 당숙의 호통이 귀에 안 들어왔다. 눈을 감으나 뜨나 천장에 오락기가 왔다 갔다 했다. 밥을 먹다가도 젓가락을 슬롯머신 막대기인 양 올리고 내렸다. 아내는 이해남이 무슨 짓을 하는지 몰랐다. 기계한테 돈을 술술 빨려도 도무지 헤어 나올 수가 없었다. 아줌마들이 애 업고 남편 찾으러 와서 대판 싸우거나, 사채를 쓴 사람들이 피신해도, 도박 밑천 마련하려고 돈을 빌리거나 강도짓을 하는 사람을 뻔히 보면서도 끊을 수가 없었다. 내일부터 당장 때려치우자고 마음먹었다가도 당장 슬롯머신 막대기를 잡으면 대박이 터질 것 같았다.

"아버지, 아버지 앞으로 보험 들고 대출 받아서 1500만 원만 쓸게요. 집 안 팔아도 된다니까요. 무슨 짓을 해서라도 갚을게요!"

이해남은 애원했다. 아버지한테 성인오락실 빚을 갚을 거라고 말씀드릴 수는 없었다.

형은 대출 받은 돈을 챙겨 하루아침에 사라졌다. 아버지는 충격이 이만저만이 아니었다. 보험회사에서 독촉장이 날아오고 하니까 겁도 나고 해서 형은 대전을 떠 버린 거였다. 그 뒤로, 아버지는 퇴직금으로 대출한 돈을 갚아 나갔다. 나중에는 도저히 빚 감당을 할 수가 없어 보험

을 해약했다. 빚 갚느라 징글징글하게 고생했다. 게다가 장남은 도망갔
지 마음고생이 심했다. 아버지 성격을 아는 형이 집을 등진 거다. **이상남**

이해남은 추석이나 설이 다가오면 괴로웠다. 아내 이은숙이 명절이 되
면, 대전 아버지한테 연락을 해보자고 했건만, 이해남은 잊어버리라고 잘
라 말했다. 무슨 낯으로 아버지 얼굴을 뵙는단 말인가.

속이 문드러지다 못해 까맣게 타들어갔을 터였다. 지난 세월을 떠올리
면 얼굴이 확 달아올랐다. 낚싯대공장을 그만두고 축협에 다닐 무렵부터
그는 성인오락실에 빠져들었다. 한번 들어갔다 하면 몇날 며칠을 꼬박 처
박히기 일쑤였다. 밤이나 새벽에 몰래 집에 기어들어와 누나 집에 가서
어머니를 불러내어 돈을 타 갔다. 돈을 안 주면 어머니에게도 쌍욕을 퍼
부었고, 다른 친척들에게 해코지를 하겠다고 협박을 해댔다. 도저히 인간
으로서 낯을 들고 다닐 수가 없던 시절이었다. 이해남은 젊은 조합원들에
게 피눈물로 번 돈임을 일깨워주었다.

정식재판을 앞둔 이해남이 구치소에서 풀려난 것은 보석금 500만 원을
내고 나서였다. 일요일에는 회사 근처에 있는 동방초등학교에서 석방환
영회를 했고, 모처럼 조합원들은 선거구별로 축구시합도 했다. 전영웅 ·
전영화(1964년생) 두 전씨 형제들은 날아다녔고, 송정규 · 차동용(1982년
생) · 권세는 국가대표로 뽑혀도 손색이 없었다. 금속노조 축구대회에 나
가면 세원테크 조합원들만으로도 우승은 너끈할 터였다. 그전에는 몰랐
던 조합원들의 재능이었다. 밀가루 바른 사탕 먹기 놀이도 하고 삼겹살도
구워 먹으면서 이해남은 조합원들이 새록새록 눈에 들어왔다. 한 공장에
서 일하는 사람들끼리 너무도 모르고 살아왔음이 가슴 아팠다. 그러나 슬
픔보다는 기쁨이 더 컸다. 감옥에 가기 전보다 조합원 수도 훨씬 많이 늘
었다. 4개 선거구마다 축구팀을 짤 수 있을 정도였다.

가장 놀라운 변화는 사람들이 농담도 하면서 허물없이 지낸다는 거였

다. 그 전에는 못 보던 풍경이었다. 앞뒤좌우에서 일하는 사람의 이름이 뭔지 나이가 몇 살인지 전혀 모르고 죽도록 일만 했다. 맞교대를 하다 보니 주간조는 야간조를 몰랐다. 같은 조일지라도 라인이 다르면 모르는 사이가 되었다. 그리고 기숙사에서 사는 사람과 공장 밖에서 사는 사람이 서로 몰랐다. 그러니 몇 달을 함께 일을 해도 남남으로 지냈다.

사람들끼리 모르고 지낼 뿐만 아니라 조합원들은 세상 돌아가는 일에도 담을 쌓고 지냈다. 2001년 미국 뉴욕에서 9·11 테러가 터진 날이었다. 식당에서 한참 밥을 먹는데, 텔레비전에서 비행기가 뉴욕 빌딩을 들이받는 장면이 계속 나오자, 조합원들은 어라? 비행기가 왜 빌딩을 처박고 저러냐? 영화야 뭐야? 거, 되게 실감나네. 가짜야 영화라니까! 아니지, 생중계라잖아! 사고 난 거 맞다니까! 서로 입씨름을 해대며 킬킬거렸다. 하지만 웃는 것도 그때뿐이었다. 일에 지친 조합원들은 너나할 것 없이 신문은커녕 텔레비전 뉴스도 못 보고 살았다. 아니, 12시간 맞교대를 하니 세상일 챙겨볼 시간이 없었다. 세상이 뒤집히더라도 조합원들은 밥 먹고 곧장 현장에서 일해야 했다. 이해남은 자신도 저렇게 될까봐 섬뜩했다. 조합원들을 욕할 게 아니었다. 그게 다 맞교대라는 현실 탓이었다. 공장에서 일만 하다 보니 사회문제에서 멀어지고 삶은 찌들어갔다.

구속되었던 지회장이 출소하자마자 공장으로 곧장 왔다. 영업창고 출구로 지회장이 들어오자, 작업하던 사람들이 전부 다 지회장님 오셨다고, 박수 치고 인사하고 난리가 났다. '대단한 지회장이다', '수고하셨다', '몸은 괜찮은가' 사람들이 우르르 몰려와 지회장을 감쌌다. 마치 개선장군을 맞는 분위기였다. 그때는 지회장이 누군지 몰랐다. '저 사람이 뭐하는 사람인데 저러나?' 했다. **김한규**

구치소에서 출소한 이해남은 조합원들을 1명씩 알아갔다. 고향이 어디인지 나이가 몇 살인지 어떻게 하다가 세원테크에 들어왔는지 가족은 어떻게 되는지, 조합원들의 삶을 알고 싶었다. 틈만 나면 조합원들을 만났고 현장에서 무슨 일만 생겼다 하면 곧장 달려갔다.

지회장은 조합원들과 멀어지면 안 되었다. 방금 전에도 반장의 사과를 받아내고 오는 길이었다. 여느 때처럼 반장이, "야, 병호야. 니 잔업 좀 해라"하고 말하자 최병호는 "안 해, 이 자슥아! 니 하는 짓 보니까 일할 맛 하나도 안 난다"고 대꾸했고, 반장은 "뭐라캤노?" 하고 눈을 치떴다. 여느 때 최병호는 현장에서 반장한테 예, 예하고 고분고분했는데, 더 참지 못하고 반말하는 반장한테 맞대거리를 한 거였다. 현장은 이내 험악해졌다. 조합원들은 최병호 편을 들었고, 두 사람은 조·반장 사무실에서까지 욕설을 퍼부으며 싸웠다. 그때 이해남이 싸움에 끼어들었고, 반말과 욕설을 일삼는 반장한테 사과하기를 요구했다.

30여 분이나 입씨름을 하다가 서로 나이를 물었고, 최병호가 2살이 많은 게 밝혀졌다. 게다가 반장은 최병호의 고향 후배였다. 그러자 반장은 꼼짝없이 사과했다. 전에 없던 일이었다. 어떻게 보면 자잘한 일 같지만 노조를 만들기 전에는 늘 당해왔던 조합원들이었다. 눈꼴시더라도 억지로 넘기던 조합원들이 반장들하고 대거리를 하면서 현장은 차츰 달라지고 있었다. 이해남은 무엇보다 조합원들이 노조를 믿고 주눅 들지 않는 게 마음에 들었다.

"야이 새끼야, 이해남이 니가 지회장이야? 니가 그렇게 대단해?"

노조 사무실에 들어선 생산이사 김성백은 다짜고짜 반말에다 욕지거리를 퍼부었다. 노사협의회를 준비하던 이해남과 간부들은 어처구니가 없었다. 찐빵처럼 부푼 김성백의 얼굴은 벌겋게 달아올라 있었다. 낮술을 먹은 게 분명했다. 감옥에서 출소해 노조에 복귀한 지 얼마 안 된 이해남으로서는 황당하기 짝이 없는 일이었다. 노조 간부들이 노조파괴 전문가라고 해서 눈여겨보았는데, 아예 간덩이가 부은 모양이었다. 12·12 총파업이 끝나고 김문기가 사장과 노무담당이사를 새로 영입했음을 잘 알고 있었다. 지난 2월 말에는 신임 사장 장현수와 구미에 있는 한국전기초자 노조를 탄압한 것으로 알려진 관리이사 정상민이 구치소로 면회를 오기까지 했다. 안 가도 된다 면회 갈 필요 없다고 간부들이 말했음에도 그들이 먼저 한사코 가겠다고 했고 면회하면서 장현수는 구치소에서 나오면 잘해보자는 말까지 했다. 노사가 잘해보자고 손을 내민 게 엊그제인데 생산이사라는 작자가 대낮부터 술 퍼먹고 노조에 와서 주정을 하다니, 있을 수 없는 일이었다.

"지회장이라구 했지? 너, 나랑 한판 붙자. 산에 가서 남자답게 맞짱 뜨자!"

김성백은 삿대질을 해가며 악을 써댔다.

"여기가 어디라고 술 처먹고 행패야!"

이해남은 냅다 고함을 질렀다. 김성백은 술 냄새를 풍기며 생산이사가 노조 사무실에도 못 오냐며 문짝을 걷어찼다.

"지회장이면 똑바로 해, 새끼야! 사원이면 회사에서 시키는 대로 일만 하면 되는 거야. 니 까짓 게 뭐 안다고 파업을 하고 감옥까지 가냐? 니가 민주투사야? 꼴값 떨고 자빠졌네."

"나가! 당장 꺼져! 여긴 신성한 노조 사무실이야. 노동자 우습게 보는 너 같은 주정뱅이가 들어올 데가 아녀! 꺼지란 말야! 새끼야!"

이해남은 김성백의 턱주가리를 날려 버리고 싶었지만 참았다. 이사라는 작자가 노조 사무실에 찾아와 술주정을 했다는 사실에 너무 화가 났다. 지회장인 자신에게 술 취해서 싸우자고 시비를 건 것은 아무리 곱씹어봐도 노조를 하찮게 여긴 게 분명했다. 그러지 않고서야 이럴 수는 없는 일이었다.

노사협의회에서도 김성백은 노조를 무시하기 일쑤였다. 회사는 단체협약을 하면서 노조가 요구한 인력 충원을 검토해보겠다고 했다. 그러나 노조에서 추천한 생산직 사원 2명을 채용 못하겠다고 한 게 김성백이다. 그 까닭을 묻자, 김성백은 전문대를 다니다 왔기 때문에 안 된다고 못을 박았다. "전문대 다닌 사람이 왜 이런 회사에 들어오나? 많이 배운 사람은 좋은 데 가야지 않냐?"라고 내뱉었다. 그 말 속에는, 세원테크에서 일하는 노동자들은 모두 못 배우고 무식해서 채용했다는, 시키는 대로 일만 하라는, 노동자를 한없이 업신여기는 사고방식이 뼛속까지 자리 잡고 있음에 틀림없었다.

그렇지 않아도 검찰이 12·12 총파업으로 재판을 받은 조합원의 집에 전화를 해서 다시 구속시킬 수 있다고 협박을 했음을 알고 화가 났던 터였다. 조합원들의 사기를 위해서도 김성백 문제를 어물쩍 넘겨서는 안 되었다. 이해남은 즉각 간부회의를 열었다. 주간조 조합원들은 라인을 끊고 본관 2층에 올라가 김성백이 사과할 것을 요구했다.

'술 먹고 행패부린 생산이사 물러가라! 대낮에 술 퍼먹고 행패가 웬말이냐!'

이해남은 이참에 비정규직 문제도 해결하기로 마음먹었다. 회사는 용역으로 1달 일하면 정규직으로 뽑는다는 합의안을 여전히 지키지 않고 있었다. 회사와 용역업체는 나이 많은 노동자들을 고용했고, 걸핏하면 사람을 바꾸었다. 그러면서 '나이가 많다'는 핑계로 용역 노동자들을 정규직으로 뽑지 않았다. 용역 노동자의 시급은 2300원이었다. 전년도보다 260원 오른 2420원을 받는 세원테크 노동자보다 낮았다. 용역 노동자들은 최저생계비에도 못 미치는 돈을 받고 장시간 노동에 허덕였다.

이해남은 회사의 채용 방식에 분노가 치밀었다. 나이가 많고 적음, 성별, 국적을 떠나 노동자는 하나였다. 단 하루를 살아도 인간답게 살고 싶었다. 그 꿈을 잃고 싶지 않았다. 비정규직 노동자, 이주노동자들을 형제와 동료로 받아들여야만 인간답게 사는 길이었다. 명동성당에서 농성하는 이주노동자들의 절규를 그는 잊을 수가 없었다. '우리에게 노동비자 줘라', '1년 안에 쫓아내기 위한 자진신고 반대한다!', '우리를 집에 보내려는 단속 추방하지 마라!', '우리 월급 꼭 줘라! 우리도 사람이다', '때리지 마라! 휴일 줘라! 퇴직금 줘라!' 마치 인간이 아닌 짐승의 울부짖음을 듣는 듯했다.

　노조는 2002년 1월 말, 돼지고기를 먹지 못하는 이주노동자들의 식사 문제 해결과 설날 보너스지급, 부당한 처우개선을 요구했었다. 이후 2002년 2월 말, 이해남은 이주노동자의 편지를 받기도 했다.

> He nam Nim,
> 해남 님,
>
> Kami atas orang Indonesia yang kerja di Sewon Tec. mengucapkan terima Kasih atas Henam Nim dan Gu Je Bo Hyong beserta group demo yang selalu memperhati Kan Keluhan-keluhan orang Indonesia seperti masalah makanan dan lain-lain
> 세원테크에서 일했던 우리 인도네시아인들은 음식 문제를 비롯해 인도네시아 사람들의 각종 불만을 항상 배려하며 집회를 해준 해남 님과 구재보 형에게 감사의 말씀을 드립니다.
>
> Dan berkat group demo juga bulan Februari ini orang Indonesia dapat bonus 200,000 Won
> 그리고 올 2월 집단시위 덕분에 인도네시아인들은 보너스 20만 원을 받게 되었습니다.
>
> 200,000 saja orang Indonesia merasa bahagia
> 20만 원으로도 우리 인도네시아 사람들은 행복감을 느낀답니다.
>
> Dan terima kasih atas bonus Sol Nal
> 그리고 설날 보너스를 받게 된 점도 감사합니다.
>
> He nam Nim, Maff ya. Kami tidak bisa mengikuti demo secara langsung
> 해남 님, 저희가 직접 집회에 참여하지 못해서 죄송합니다.
>
> Karena kata "YOUNG POWER" (Yang mengurus tenaga kerja Indonesia) yang ada di Seoul, dia berkata, siapa orang Indonesia yang

ikut demo akan di pulangkan ke Indonesia

　왜냐하면 서울의 "영파워"(인도네시아 이주노동자를 통제하는 입국 브로커회사)의 말 때문인데, 영파워는 집회에 참가하는 인도네시아 사람은 누구라도 인도네시아로 돌려보내겠다고 말했습니다.

He nam Nim dan Je bo hyoung, Tabahkanlah di penjara berjuang untuk orang yang kerja di Sewon

　해남 님과 재보 형, 세원에서 일하는 사람들을 위해 감옥에서도 꿋꿋하게 투쟁하시기를……

Sekian dulu

　그럼 이만 줄입니다.

　요리 아담 인도네시아 사람

　지회장 문용민의 전화를 받고 달려간 해강휀스타(시스템창호 생산)에서는 벌써 아주머니들이 트럭 앞에 드러눕고 있었다. 제품을 빼가는 것을 막기 위해서였다. 그러나 서울에서 구사대로 내려온 영업사원들은 아랑곳하지 않고 제품인 창틀을 트럭에 옮겨 싣고 있었다.

　이해남이 지시하기도 전에 세원테크 조합원들은 구사대들과 몸싸움을 벌였다. 놈들과는 하도 여러 차례 부닥쳤던 터라 조합원들은 트럭 운전수부터 끌어내고 완제품 창고를 봉쇄했다.

　직장폐쇄를 당한 해강휀스타 조합원들은 80일째 싸우고 있었다. 이해남은 해강휀스타 농성장을 자주 찾았다. 아이스크림을 사서 돌리기도 했고, '세원테크는 전국적으로 유명해졌는데 무지하게 고생한 해강은 빛을 덜 받고 있어서 미안하다'고 문용민을 위로했다. 조합원이라고 해봐야 40명이었고 그중에 아주머니들이 남성 조합원들보다 더 많았다. 그러니 서울에서 구사대 60~70명이 몰려와 물량을 반출하면 꼼짝없이 당할 수밖에 없었다. 그때마다 문용민은 "서울에서 구사대가 쳐들어왔다!"고 이해남에게 전화로 구원을 요청했다. 세원테크 조합원들도 해강휀스타 사태를 자신의 일로 여겼다. 이해남이 해강휀스타가 침탈당했다는 소리를 하자마자 세원테크 조합원들은 즉시 달려갔다.

함성을 지르며 달라붙은 조합원들은 이내 구사대들과 엉겨 붙었다. 해강휀스타 공장은 삽시간에 난장판이 되었다. 아주머니들이 울부짖었고 빼내가던 창틀을 붙들고 늘어지던 구사대들은 세원테크 조합원들과 몸싸움을 벌였다. 삽시간에 발길질과 주먹질이 오갔다. 얻어맞은 팔다리를 부여안은 구사대들이 슬금슬금 물러섰다. 한편 해강 조합원들을 몰아내고 사무실에 들어갔던 구사대들은 밖에서 문을 잠그자 옴짝달싹할 수가 없었다.

이해남은 도움을 청하는 사업장이 있으면 언제나 확신에 차서 말했다. '투쟁사업장은 언제든지 이야기하라! 연락만 하면 우리는 함께 싸운다!' 천안 지역뿐만 아니라 투쟁사업장은 전국 어디라도 가기로 했다. 특히 장기투쟁사업장은 돌아가면서 간부들을 보내서라도 연대하기로 마음먹었다.

세원테크 조합원들이 연대의 싹을 틔운 곳은 서울에 있는 시그네틱스였다. 시그네틱스가 용역깡패한테 침탈당했다고 하자 세원테크 조합원들은 당장 서울로 올라갔다. 야간조와 월차 내고 조퇴한 주간조 30여 명이 시그네틱스 본사에서 경찰, 경비와 몸싸움을 하며 단식하는 여성노동자들에게 물을 올려주었다. 그날, 여성 노동자들을 위해서 구사대와 치고 박고 싸운 조합원들이야말로 12·12 총파업에 연대 왔던 노동자들에게 진 빚을 갚아나간 셈이었다.

이해남은 조합원들이 더러 마음에 차지 않았다. 연대를 다닌다는 핑계를 대고 일을 안 하는 조합원들이 있었다. 연대도 안 나가고 까닭 없이 조퇴를 하거나 라인에서 일을 소홀히 했다. 회사는 물론이거니와 이해남도 보기가 안 좋았다. 오랫동안 억눌렸다가 갑자기 자유로운 환경에 처하니까 그럴 수 있다 싶었다. 하지만 막무가내로 조퇴를 하거나 아무 때나 집에 간다고 관리자를 무시하고 밖으로 나가는 건 있을 수 없는 일이었다.

노조가 새로운 규율을 세우고 조합원들을 이끌어야 했지만 그러지 못했다. 회사는 이 점을 약점으로 물고 늘어졌다. 관리자인 차장이나 반장이 현장을 메워야 하는 일이 자주 일어나자 회사는 너무한다고 불만을 터뜨렸다. 심지어 '노조가 너무 강성이다! 회사를 전혀 생각하지 않는다'고 비난했다.

무단조퇴를 일삼는 이들 때문에 조합원들 사이에 갈등이 싹트고 있음을 알았지만 이해남은 연대투쟁을 멈출 수 없었다. 중소사업장은 어느 곳이나 억압받는 노동자들로 차고 넘쳤다. 대기업 정규직은 뼈대를 굳건히 내렸지만 중소사업장 노조는 여린 싹이나 마찬가지였다. 전국에 널린 중소사업장의 민주노조를 지키지 않는다면 대한민국 노동자의 삶은 영영 나아지지 않을 터였다. 더불어 조합원들과 함께 다른 노동형제들에게 힘이 될 수 있음은 삶의 커다란 보람이었다. 시그네틱스만 해도 충남에서 다른 지회는 연대하러 가지 않았다. 오직 세원테크만 올라가서 함께 싸웠다. 민주노총이 대규모 집회를 열면 조합원들은 적극적으로 참석했고 지역 연대집회에는 다른 지회보다 2~3배 많이 나갔다. 이해남은 둔포에 있는 세기마이크로텍지회에 특히 관심을 기울였다. 워낙 구사대가 판을 쳤고, 힘이 약한 신생 노조였기에 찾아가서 밥도 먹고 교육도 했다.

12·12 싸움이 끝나고 노조 조직력이 엄청나게 불어났다. 노조파괴 전문가들이 들어왔지만, 회사도 강력한 탄압만으로 노조를 깰 수 없음을 알았다. 그랬기에 노동자를 분열시키고 물량을 이원화했다. **방효훈**

지회장이 12시 집회에 간다고 하면, 11시에 일하다 말고 조퇴를 한다. 몇몇은 일 빼먹고 간다고 불만도 많았다. 지회장은 입버릇처럼 '연대가 생명이다'고 주장했다. '우리가 연대 간 만큼 우리를 도와준다. 다들 세원처럼 연대 많이 온 노조가 없다'고 했다. 조퇴를 하면 임금이 깎이니까 아저씨들이 불만이 많았다. 지나친 연대투쟁을 싫어하는 조합원들한테는 '우리도 12·12때 도움을 받지 않았냐'고 '중앙병원·베스콘·중앙자동차학원·환경노조는 금속노조도 아닌데 우리를 도와줬다'고 집행부는 '연대가 생명'이라는 주장을 굽히지 않았다. 몇몇 조합원들은 집행부 지침이 없어도 스스로 참여했다. **신승현**

발전노조 연대파업은 참으로 가슴 아팠다. 이해남은 천안역 광장으로 가는 길에 민주노총 지도부가 민영화와 조합원 징계 수위를 정부에 떠넘기는 데 도장을 찍었음을 알았다. 민영화에 반대했던 조합원들을 민주노총 지도부가 배신한 셈이었다. 이해남은 기아와 현대가 싸움을 안 하더라도 세원테크만은 라인을 멈추고 연대할 생각이었다. 발전노조 파업은 무척 중요했다. 발전소를 쪼개서 민간업자에게 나눠준다면 전 국민이 피해를 입을 터였다. 민주노총이 노동자들을 배신하고 항복해 버리자 이해남은 조합원들한테 낯을 들 수가 없었다. 실제로 조합원들은 우리가 진 거라며, 민주노총을 믿을 수 있냐고 강하게 따졌다. 회사와 신경전을 벌이면서도 유인물을 뿌리고 연대파업을 했던 이해남은 조합원들만큼 민주노총 지도부가 원망스러웠다.

울음 눈물 참고 죽을 때까지
허약한 꿈을 믿고 산다는 건
얼마나 무서운 악몽인가

「아내가 운다」에서

6 웃는 뼈

　노조 간부들이 대의원 박원희(1965년생)를 만난 것은 노조 활동을 접겠다고 해서였다. 12·12 총파업도 함께 겪었는데 느닷없이 대의원을 그만두겠다니 뜻밖이었다. 간부들은 무슨 사정이 있냐고 물었다. 박원희는 노조가 너무 강경투쟁만 하고 일은 안 해서 자신은 감당할 수 없노라고 잘라 말했다. 간부들은 짚이는 데가 있었다. 지게차를 운전하는 조합원들의 임금을 시급제로 돌리는 싸움을 할 때도 박원희는 그들의 임금삭감을 받아들이자고 노조에 불만을 털어놓았던 터였다. 아무리 그랬더라도 대의원을 그만둘 것까지야 없었다. 뭔가 다른 일이 있는 거 아니냐고 거듭 물어도 박원희는 노조 활동 할 체질이 아니라고 발뺌했다. 적성에 안 맞는다고 뒷걸음질치는 사람을 억지로 끌고 갈 수도 없는 노릇이었다. 간부들은 기분이 찜찜했지만 대수롭지 않게 여겼다. 안 그래도 금속노조 지부 집단교섭을 시작한 뒤로는 핵심 간부들이 교섭에 몰입하느라 현장에 신경을 많이 못 썼다. 현장 분위기가 어수선하게 돌아간다는 느낌은 받았지만 교섭에 얽매인 터라 손을 쓸 수가 없었다. 연대투쟁 나간다 태업이다 해서 조합원들이 뻔질나게 일손을 놓은 건 사실이었다. 일을 안 하는 게 조합원이나 노조 간부냐고 빈정대는 소리가 현장에 나돌고 있었다. 그렇다고 그만두겠다는 박원희를 어용이니 회사 앞잡이라고 몰아세울 수도 없었다.

노조 간부의 줄 사퇴는 거기서 멈추지 않았다. 기왕 활동을 접은 박원희는 그렇다 쳐도 조직부장 김우섭도 기다렸다는 듯이 노조 활동을 안 하겠다고 선언했다. 지난 1월에 쟁의조정 신청을 할 때 함께 잡혀갔던 김우섭이었다. 보석으로 일찌감치 나왔지만 12·12 총파업 때문에 고생도 할 만큼 한 그가 등을 돌릴 줄은 몰랐다. 조직부장은 조합원들을 살뜰하게 챙겨야 하는 핵심 간부였다. 알토란 같은 조직부장이 하루아침에 옷을 벗겠다니 까닭을 모를 일이었다. 가뜩이나 김우섭은 지게차 싸움이 벌어졌을 때, 저런 사람이 어떻게 대의원이냐고 시원찮게 싸운다고 박원희를 욕했던 인물이었다.

목숨을 걸고 싸웠던 12·12 총파업을 생각해서라도 조합원과 함께 노조를 지키자고 했건만, 두 사람은 끝내 사퇴하고 말았다. 이해남과 간부들은 두 사람을 더는 붙잡지 않았다. 이해남은 12·12 총파업을 겪고 나서 달라진, 120명으로 늘어난 조합원들을 믿었다. 두 사람을 대신할 간부를 조합원 중에서 찾아내야 했다. 지회 결성한 다음, 간부들이 자주 바뀌었다. 스스로 하겠다고 나선 사람도 있지만 억지로 떠밀려 맡은 사람도 있었다. 구사대가 되거나 또는 갖가지 사정 때문에 간부를 하다가 그만둔 사람도 많았다. 중간 간부가 튼실해야 했는데, 턱없이 부족했다. 간부가 자주 바뀌니까 노조가 불안했다. 계속해서 싸우느라 간부 교육을 제대로 못했다.

이해남은 현장에 떠도는 소문을 듣고 있었다. 회사에 매수됐던 맹영섭이 '이해남 같은 사람도 지회장을 해먹는데, 너희라고 위원장 못할 거 있냐'고 박원희와 김우섭을 들쑤시고 있음을 알고 있었다. 이해남은 두 사람이 맹영섭에게 넘어간 게 아니기를 진심으로 바랐다.

12·12 총파업을 이긴 뒤로는 조합원들은 자신감에 차 있었다. 1월부

터 4월까지 세원테크 조합원들의 사기는 하늘을 찌를 듯했다. 자신감이 지나치면 자만심이 되는데, 그런 흐름이 있었다. 이 무렵 회사는 치밀한 반격을 준비하고 있었다. 그 무기는 물론 돈이었다. 조합원들이 어찌 사는가는 부지회장 전영웅을 보면 알 수 있다. 그는 언제나 긴 팔을 입고 다녔다. 로봇 용접 불꽃이 튀어 생긴 상처 자국 때문에 남들에게 팔을 보여주지 않았다. 그렇게 일해도 100~110만 원을 겨우 받으니, 조합원들이 돈에 넘어가는 건 당연했다.

김성백 · 김진석 이사가 주도하는, 반노동조합 성향을 가진 박원희 · 김우섭 · 배점봉 · 김재규 등 전직 노조 간부들을 모아서 회사는 '세원테크 일하는 사람들의 모임'을 만들었다. 정기모임을 갖자는 이사들의 제안에 동의했고 모임에 참석한 사람들은 회사의 지침을 충실히 이행했다. ……회사는 비도덕적인 방법으로 이들에게 반노조 행위를 지시했다. 당사자에게 직접 들은 이야기를 하겠다. 회사 이사들이 참석하지 않은 어느 술자리에서, 박원희 씨와 김우섭 씨가 털어놓은 이야기는 차마 회사 임원이라는 사람들이 그럴 수 있을까 하는 생각을 들게 한다. 처음에 김진석 이사가 술값이 150만 원 든 술자리(룸살롱)와 온양의 모텔에서 아가씨들(20대 초반이라고 함. 이들은 영계라고 표현함)하고의 잠자리를 제공해주었다고 박O희와 김O섭은 자랑삼아 이야기했다. 나는 이 사람들이 과연 노동운동을 했던 사람들인가 의구심을 가지지 않을 수 없었다. 회사살리기비대위는 사원들이 자발적으로 결의한 게 아니라 회사의 계획대로, 지시대로 움직인 유령조직이란 사실을 밝힌다. **노조 자유게시판에 올린 세원테크 조합원의 글**

그리고 회사 간부들은 심야에 낚시터에서 노조 전직 간부들과 반노조 모임을 열었다가 이들에게서 그동안 쌓인 불만을 들었다. 이를테면, 중간 관리자의 폭언 폭행이 심하다, 현장 직원들의 머리 염색을 회사가 규제하지 마라, 중식시간 연장근로 임금을 지불하라……. 이렇듯 회사는 노동자들의 불만을 진지하게 들어주는 척하면서 회사가 짜놓은 각본대로 반노조 모임을 착착 진행시켰다.

그 무렵, 중식집회와 집단교섭에 휘둘리던 이해남은 김응범의 전화를 받았다. 뜻밖이었다. 김응범이 누군가. 12·12 총파업을 몰고 온 주범이 아닌가. 그가 데려온 용역깡패들 때문에 일하다 말고 현장에서 쫓겨났고 이틀 밤낮을 피터지게 싸워야 했다. 이 회사 저 회사 돌면서 노조에 몹쓸 짓을 해대던 그 김응범은 정상민과 김성백이 들어오기 전에 쫓겨났다. 세원그룹 회장 김문기는, 회사 경영하고는 전혀 상관없는, 오로지 노조를 없앨 목적으로 정상민과 김성백을 고용했다. 그리고 용도폐기된 김응범은 헌신짝처럼 내버렸다.

천안 시내 성정동 호프집에서 만난 김응범은 대뜸 잘못을 용서해 달라고 빌었다. 멋모르고 회사 앞잡이가 되어 노조를 깨는 데 물불 안 가렸던 지난날을 몹시 후회한다고 눈물을 흘렸다. 원수 같았던 김응범이었다. 개자식이라고 욕했던 사내가 바로 앞에서 눈물을 뚝뚝 흘렸다. 이해남은 달리 할 말이 없었다.

"남 해코지하지 말고 사람답게 삽시다. 먹고살자고 발버둥치는 노동자들 불쌍하지 않소? 일한 만큼 임금 받고, 인간답게 살고 싶다는 사람들, 목에 칼 들이대는 짓 하지 마쇼. 반성한다니 용서하겠소. 다음에는 좋은 데서 만납시다."

김응범은 고개를 떨어뜨리고 돌아섰다. 그의 처진 어깨를 보는 이해남은 마음이 영 편치가 않았다. 회사 측에 놀아난 김응범도 알고 보면 불쌍했다. 이게 다 김문기 때문이었다. 조경수 사는 데는 수억 원을 펑펑 쓰면서 노동자들 임금은 쥐어짜기만 하는, 사람을 사람으로 안 보는 김문기 같은 자본가 탓이었다. 노동자들이야 죽거나 말거나, 김응범처럼 인간성이 파괴되거나 말거나, 김문기는 이윤만 챙겼다. 그 인간 눈에는 노동자들이 돈 벌어주는 기계로밖에 안 보일 터였다.

물밑에서 진행되고 있는 회사의 노조파괴 공작을 아직 전혀 눈치 채지 못한 이해남은 조합원들 일이라면 발 벗고 나섰다. 4월에 옥탑방에 살던 이용덕이 천안 시내 서민들이 모여 산다는 초원아파트로 이사를 갔다. 이용덕이 이삿짐센터를 부를 돈이 없음을 이해남은 알고 있었다. 그는 이용덕을 안심시키고 조합원들을 불러 모아 이삿짐을 날랐다. 조합원들과 북적대며 어울릴 수 있는 일이라면 뭐든지 떠안아야 했다. 워낙 얼굴들을 안 보고 살았던 처지여서 조합원들은 일요일임에도 다들 와서 신나게 짐을 날랐다. 이사보다도 더 좋았던 것은 이용덕의 집들이였다. 선물로 화분을 보낸 그날, 무려 30여 명이나 되는 조합원들이 바글거렸다. 방 2개짜리 아파트에 꽉 들어찬 조합원들은 들락날락해가며 늦도록 삼겹살을 구워 먹었다.

그 무렵 회사가 파업에 대비해 물량을 빼돌린다는 소문이 돌고 있었다. 그리고 사측은 12 · 12 총파업 때문에 빚어진 벌금 800만 원을 내겠다고 했다가 못 낸다고 잡아뗐고, 유니온샵도 인정하지 않겠다고 배짱을 부리고 있었다. 그러나 이해남은, 그날만큼은 사는 이야기를 하며 조합원들 얼굴 익히는 데 밤새는 줄 몰랐다.

로봇 용접불꽃이 사방으로 튀는 현장에 들어선 지 10여 분이나 지났을까, 이해남은 분위기가 예전 같지 않음을 알아챘다. 단체협약을 지키지 않는 회사에 맞서 조합원들은 오래 전부터 태업을 시작한 참이었다. 파업을 경고하는 태업이라고나 할까. 조합원들은 반장과 관리자들이 도끼눈을 뜨고 감시하는데도 기계를 잡고만 있을 뿐 일을 하지 않았다. 이해남은 도살장에 끌려온 소처럼 우거지상을 한 조합원들의 마음을 알았다. 조합원들은 다들 죽을 맛이리라. 조합원들은 하루에 물량을 200개씩 생산해야 하는데 겨우 10개만 생산했다. 기계를 잡고 일을 안 한다는 게 얼마나 고역인지 겪어보지 않은 사람은 몰랐다. 옆에서는 물량을 빼는데, 조합원들은 기계고장이랍시고 점검하는 데 시간을 때우고 화장실 다녀오고 손등 다쳤다고 기계에서 손을 놓았다. 반면에 이해남에게도 낯선 14명은 조합원들하고 다르게 쉬지 않고 물량을 생산하고 있었다. 대구 성서공단 세원정공에서 올라온 사람들이었다. 파업에 대비한답시고 회사에서 데리고 온 사람들이 분명했다. 하지만 노조는 눈으로 빤히 보면서도 그들이 현장에 들어오는 것을 막아내지 못했다. 현장 인력투입은 노조와 합의하라고 했건만 회사는 인사권이랍시고 막무가내였다. 회사 측 예상대로 파업으로 가기 위한 태업은 맞았다. 하지만 이대로 가면 물량에 기대어 파업을 하기란 쉽지 않을 터였다. 물량이 없어야 노조에 유리한데, 대구에서 올라온 노동자들을 동원해 제품을 생산하는 것은 노조의 기를 꺾는 거나 마찬가지였다.

대구에서 온 노동자들은 태업이라고 일을 하지 않는 조합원들을 이상하게 여겼다. 있는 둥 없는 둥 하는 노조에다, 파업은 더더욱 들어본 적도 없는 세원정공 노동자들이었다. 부지런히 손을 놀리는 그들에 비하면, 태업 중이라 굼벵이처럼 느려터진 조합원들은 패잔병처럼 보였다. 그래서일까, 대구에서 올라온 노동자들이 현장분위기를 압도하고 있음을 한눈에 알 만했다. 그렇더라도 파업을 피해갈 수는 없었다.

기계를 붙잡고 일하는 시늉만 하는 조합원들은 하나같이 불안감을 감추지 못했다. 회사가 물량을 빼돌린다는 소문 탓이었다. 물량이원화 문제는 조합원 비조합원을 가리지 않고 현장 사람들의 신경을 날카롭게 만들었다. 파업을 앞두고 조합원들의 사기가 날이 갈수록 가라앉고 있었다.

"현대가 세원그룹 전체를 망하게 할 계획을 갖고 있다구?"

"우리가 생산하는 물량을 다른 공장에서 생산하려고 라인을 새로 만들고 있다던데!"

"물량을 다른 데로 빼돌린다는 건 사실인가? 지회장은 알고 있나?"

"다른 공장에서 우리 제품 생산하는 거 봤다는 사람도 있다구. 우리가 쓰는 팔레트도 있더라니까!"

기어코 사람들의 입에서 물량이원화에 얽힌 소문의 진상을 밝히라는 요구가 터져 나왔다. 그동안 분임조 토론회나 라인별 간담회, 조합원 교육을 하는 자리에서도 조합원들은 지회가 대안을 가지고 있는지를 캐물었다.

"회사는 절대로 물량을 다른 데로 빼돌리지 못합니다. 설사 빼낸다고 칩시다. 다른 부품사들과 연대투쟁해서 현대를 압박해야 합니다. 다 함께 파업하면, 현대는 다른 부품회사 때문에라도 라인이 설 겁니다. 현대가 물량을 빼돌려도 우리가 공동투쟁해서 노조파괴를 막아내야 합니다!"

그때마다 이해남은 노동자들의 힘을 믿으라고 외쳤다. 그는 노동자는 하나라는 믿음을 버리지 않았다. 그랬기에 민주노동당 지구당 국장 이진숙을 따라 현대아산공장도 찾아갔다. 이진숙이 이해남을 대신해서 현대아산 지부장에게 물었다. '왜 세원테크를 안 도와주냐'고. 현대아산 지부장은, '아산 지부가 결행할 수 있는 문제가 아니고 울산 본조 결정이 있어야 한다, 하청 공장 때문에 원청 노조가 움직이기는 어렵다, 금속노조가 압박해야 되는데, 그것도 안 되고 있어 도와줄 수 없다'고 답했다. 현대가 물량을 막아주기를 기대했던 이해남은 실망스러웠다. 현대만 나서준다면 세원테크는 항복을 할 터였다. 이어서 현대아산 지부장은, 전수검사는 할 수도 있지만 조합원 결의가 있어야 한다. 그건 우리가 세원 싸움에 발을 담그는 걸 뜻한다. 금속노조도 안 하지 않나, 우리는 같은 산별도 아니다, 우리한테 덤터기 씌우지 말라고 못마땅해했다. 이해남은 가슴이 아팠다. 그가 배운 노동운동하고는 영 딴판이었다. 노동자는 하나라고 알았건만 금속연맹이니 금속노조니 해가며 선을 그을 줄은 몰랐다. 현대조합원들에게 알리는 게 급했기에 유인물을 돌리며 선전전을 계속해왔던 터였다. 조합원들에게 널리 알리면 노조 집행부가 이해하고 성의를 보일 줄 알았다. 조합원들에게 알리지도 않고 연대를 외면할 줄은 몰랐다. 쉽지 않으리라 짐작은 했지만 정규직 노조의 벽은 너무 높았다. 이해남은 충격이 컸다.

조합원들의 불안감은 걷잡을 수 없이 퍼져나갔다. 조합원들은 모이기만 하면 '어디에서 휠하우스를 생산한다더라', '어디로 뭘 빼돌렸다'는 식으로 물량이원화를 걱정했고, 그것은 차츰 현실로 드러났다. 다른 사업장과 접촉이 많은 조합원들(영업반, QC, 지게차)은 '눈으로 똑똑히 봤다'면서 대책을 세우라고 성화였다.

교섭도 안 되는 데다 핵심 간부들이 교섭운영위원으로 나가는 바람에 현장조직을 못했다. 회사는 치밀하게 반격을 준비했다. 박원희와 몇몇은 회사에 말려들면서 노조에 불만을 가졌다. 우리가 발전노조 투쟁하면서 잔업을 거부하자 회사는 겉으로는 벌벌 떨었다. 실제로 기아 현대라인이 멈추기도 했다. 조합원들이 워낙 많고 기세등등했다. 잔업 거부하면 생산량이 확 준다. 저스트 인 타임(Just in time)이라고 해서 재고를 안 쌓고 바로 물량 납품하려고 했는데 몇 차례 라인이 섰다. 현대 도장라인이나 차체라인이 1분만 서도 수십만 원을 물어내야 한다. 현대 아산공장과 기아 화성공장에서 부품사가 투쟁해서 라인이 멈춘 사례는 세원테크뿐이다. 12·12 총파업 때였다. 그 뒤에 잠깐 그런 일이 벌어지자 원청과 하청 세원테크가 물량이원화 대책을 세웠다. **이용덕**

"일은 안 하고 맨날 투쟁만 하는 노조 때문에 이렇게 된 거야. 제품을 안 뽑는데 현대, 기아에서 물량을 주겠냐구?"

"다른 공장으로 물량을 빼돌리는 거 보면서도 왜 손 놓고 있는 거야? 대책을 세워야 할 거 아냐?"

배점봉을 비롯한 회사 편으로 돌아선 조합원들이 거칠게 따졌다. 그들은 작심한 듯 노조가 우리를 실업자로 만들 셈이냐며 드러내놓고 노조를 헐뜯었다.

"회사가 노조를 깨려는 겁니다! 절대 회사 술책에 속아 넘어가면 안 됩니다. 물량 못 빼돌리게 노조가 막겠습니다! 강력한 파업으로 맞설 테니까 여러분 모두 동참해주시기 바랍니다!"

이해남은 조합원들을 안심시키려고 안간힘을 썼다. 하지만 물량이 없으면 잔업도 없고 잔업을 못하면 100만 원도 못 벌 거고 그러다 영영 일

자리마저 없어질지 모른다며 다들 고용불안에 몸을 떨었다. 생존권에 관한 한 막막했다. 임금삭감, 희망퇴직, 비정규직에 이어 정리해고…… 언뜻 머릿속에 짚이는 것만 따라가도 불안은 풍선처럼 부풀어 올랐다.

회사는 노사협의회에서 합의한 사항 중 식당업체만 교체했을 뿐 나머지는 이행하지 않았다. 5월에 들어서면서, 벌금대납 약속파기, 지회 간부 징계위 개최, 단체협약 불이행, 유니온샵 부정 등을 비롯해 임금인상안마저 협상할 뜻이 없음을 밝혔다.

5월 1일 이해남은 세원테크 선봉대를 이끌고 금속노조 부지부장 인영수의 연행에 항의하는 집회에 참석했다. 집결지인 아산경찰서 앞은 충남지역 노동자들로 시끌벅적했다. 서울에서 있을 노동절 집회에 가려던 충남지부 지회 조합원들과 지역 노동자들이 긴급지침에 따라 발걸음을 돌린 터였다. 500여 명의 조합원들은 부지부장 인영수의 연행에 항의하며 아산경찰서 정문을 뜯어냈다. 경찰서 앞 도로를 2시간 넘게 점거하며 치열하게 싸웠다. 결국 5월 9일, 노동절 아산경찰서 항의투쟁과 관련해 이해남에게 경찰 출두요구서가 날아왔다.

5월 13일, 회사는 이해남 지회장을 비롯한 9명 간부들에게 5월 17일 징계위원회에 출석하라고 통보했다. 불법파업, 대쉬라인 작업거부, 집단 무단조퇴, 종업원 출근방해, 사장실 점거를 징계사유로 들었다. 그리고 회사는 민형사상 책임은 물론, '회사의 규정에 따라 결품 사태에 대해 징계할 것이고 추가로 손해배상 소송을 하겠다'는 유인물을 조합원들에게 돌리고 출석요구서를 내용증명 형식으로 조합원들 가정에 보냈다. 5월 15일, 이해남은 불구속재판에서 3년을 구형받았다.

회사가 물량을 빼돌렸다는 소문은 사실이었다. 휠하우스는 신영금속에서, 대쉬는 성주하이텍, 센터필러는 명신에서 생산하고 있었다. 칼크로스를 비롯한 제품들도 다른 납품업체에서 생산하고 있음을 확인했다. 현대나 기아에서 하청을 준 것인지 세원테크에서 하청을 준 것인지, 그것까지는 확인을 못했지만 원청인 현대와 기아 그리고 세원테크가 입을 맞춘 것만은 분명했다.

'노조가 없던 시절로 돌아가라'고 외치더니 노조의 숨통을 조이려고 회사가 칼을 들었음을 이해남은 직감했다. 간부 몇 명 자르는 선에서 멈추지 않고 노조를 깨려는 수작으로 그는 받아들였다.

'올 테면 오라! 창문 하나 없는 막힌 현장에서 하루 종일 쇳가루 마셔가며 열나게 돌아가는 로봇에 맞춰 춤추면서 아파도 쉬지도 못하고 피 흘리며 현장을 지킨 우리들이다. 용접 화상에 손등은 찢기고 벗겨지고, 시커먼 작업복에 찌든 식은땀 흘리며 일한 대가를 받겠다는 조합원들을 죽이겠다면 죽여보라!'

한 주에도 많은 동료들이 손가락을 다치고, 철판에 팔다리를 다치고, 병원에 가는 것을 보면서도 묵묵히 일했던 조합원들이었다. '일한 만큼 받아서 사람답게 살아보겠다는 조합원들 목줄을 끊겠다면 오냐, 목을 내줄 테다! 어서 와서 숨통을 끊어보라!' 이해남은 앉아서 당하지는 않으리라는 각오를 다졌다.

회사는 물량이원화 계획을 치밀하게 준비했다. 원청자본(현대와 기아)과 하청자본(세원테크를 비롯한 성주하이텍, 신영금속, 명신, 대우공업 등)은 완성차 생산 차질을 막기 위해 인근 부품사에서 인원충원, 라인개선, 금형수정, 장비보완, 재고비축 등 대책을 세워두고 있었다.

"물량 끊기면 회사 문 닫잖아!"

"밥줄 끊기면 노조가 책임질 거야?"

마침내 몇몇 조합원들의 분노가 터져 나왔다. 조합원들에게 물량이 끊긴다는 것은 직장을 잃는다는 것을 뜻했다. 그것은 곧 생계가 위험해짐을 뜻했다. 회사는 조합원들의 처지를 정확하게 꿰뚫고 있었다. 한 달 뼈 빠지게 일해도 100만 원을 넘기 힘들었다. 월차 한 번 쓰고 특근 몇 차례 안 했다간 100만 원도 안 되는 임금을 받아야 했다. 그 돈으로는 도저히 사람답게 살아갈 수가 없었다.

회사는 옛날처럼 시키면 시키는 대로 일하고, 주면 주는 대로 받으라고 조합원들을 궁지로 몰고 있었다. 회사는 실습생과 수습사원들에게 술과 고기를 사주며 노조에 협력하지 말 것을 강요했다. 게다가 단협도 거부하면서 얼토당토않은 징계를 하려 들다니! 이해남은 두 눈 멀쩡히 뜨고 뺨 맞은 기분이었다. 징계는 도저히 받아들일 수 없었다. 이해남은 결단을 내려야 했다. 노조는 단협을 걸고 공격한 셈인데, 회사는 방어하는 척하면서 징계를 무기로 역공을 한 꼴이었다. 아무리 곱씹어봐도 노조를 깨려는 수작임이 틀림없었다. 그렇다면 길은 하나밖에 없었다.

회사는 노조를 파괴하려는 시나리오를 세밀하게 세워두고 있었다. 4월말부터, 구사대조직·물량이원화·핵심간부축출(징계·사법조치) 작업을 시작해서 8월 중에 새 집행부를 구성하고 상급단체를 탈퇴한다는 계획이었다.

생산이사가 자필로 작성한 공작문서를 보면 '수습사원·실습생·비노조원을 원동력 삼아 파업 불참자를 규합하여 구사대(일명 회사 살리기 비상대책위원회)를 조직하여 이들이 조업 정상화, 회사 살리기 운동을 펼침으로써 노사갈등을 노노의 싸움으로 몰아간다. 구사대와 관리자가 합세하여 지회의 사무실집회 불가, 현장농성 불가 등 물리적 대응과 법적 조치를 겸하여 파업의 의미를 상실케 한다. 노노간의 싸움이 폭력사태로 발전하면 사법적 조치를 취하여 소극적인 참가자와 관망 세력을 현 집행부와 적극 참여자와 분리시킨다. 징계위원회를 개최하여 7월 10일 이전에 핵심 6명을 해고하고, 손해배상을 청구하여 조합원 전체를 가압류 대상으로 만들어 손배 취하를 조건으로 조합 탈퇴와 퇴사를 유도한다'라고 되어 있다.

공장점거 뒤 발견한 노조파괴 시나리오, 일명 '동남아프로젝트'

2002년 5월 22일, 노조는 파업 출정식을 했다. 이날 이해남, 이용덕, 구재보, 권세, 표준환은 삭발식을 했다. 이해남은 전 조합원을 이끌고 현장을 돌았다. 북, 징, 꽹과리를 치면서 수습사원, 실습생, 이주노동자들을 격려했다. 이주노동자들은 파업 조합원들에게 손을 흔들며 웃음으로 맞이했다.

파업에 들어갔지만 공장은 굴러갔다. 태업을 할 때부터 우려했던 바가 현실로 드러난 셈이었다. 태업을 강력하게 했음에도 회사는 일부러 막지 않았다. 태업할 테면 해보라는 식이었다. 예전 같으면 파업 하루만 해도 쩔쩔맸는데, 일주일이 지나도 회사는 끄떡없었다.

맞춤한 대처를 못하고 손 놓았던 노조는 회사의 손에 놀아난 꼴이었다. 전면파업임에도 노조는 기계를 멈추지 못했다. 회사는 기다렸다는 듯이 대구에서 올라온 사람들과 비정규직과 관리자들을 현장에 투입했다. 각 본대로 물량을 다른 데로 빼돌린 뒤였다. 파업을 비웃듯, 구사대들은 10~20퍼센트 물량을 생산해냈다.

"허구한 날 투쟁만 일삼더니 꼴좋다!"

파업에 참가하지 않은 조합원들은 싸움으로 날을 지새운 노조를 외면했다. 조합원들이 노조를 불신하게 된 가장 큰 까닭은 뭐니 뭐니 해도 물량이원화 문제였다. 처음 이야기가 나왔을 때, 노조는 충분히 조사를 못하고 그런 일은 없을 거라고만 했다. 조합원들은 퇴사하거나 회사에 붙는 쪽으로 갈라졌다. 이해남은 흩어지는 조합원들이 안타까웠다. 비조합원·실습생·이주노동자·비정규직 10명이 여전히 기계를 돌렸고 박원희들은 회사에 빌붙었다. 120명이던 조합원 중에서 주·야간 합쳐서 고작 70여 명만 파업에 참여했다. 그나마 참여한 조합원 중 30퍼센트만 결사항전을 택했고 30퍼센트는 위축됐고 나머지는 노조가 하자는 대로 그럭저럭 이끌려가는 형편이었다.

이해남은 조합원들이 노조를 이만큼 불신하고 있는 줄 몰랐다. 면회를 갔던 금속노조 부지부장 인영수의 충고도 묵살했던 그였다. 인영수는 '파업할 때가 아니다'고 조심스레 말했다. 이해남은 '걱정 마라, 한 방에 날려버리겠다'고 승리를 낙관했다.

회사는 여전히 조합원들을 위협했다. '여러분이 회사 지시를 어기고 파업하면 원청은 우리에게 물량을 주지 않는다. 그러면 우리 회사는 망하고, 여러분은 실업자가 된다. 실업자가 되기 싫으면 임금삭감과 임금동결을 받아들여야 한다.' 거기에 '조합원들에게 일하러 들어오면 특별성과금 200퍼센트를 주겠다'는 당근도 곁들였다.

회사의 공세에 노조는 무력했다. 이해남은 현장을 구사대에게 넘겨준 현실이 뼈아팠다. 현장이 돌아가고 물량이 나오는 한 노조는 힘을 쓸 수가 없었다. 파업을 하면 당연히 현장이 멈춰야 하는데, 멀쩡히 돌아가고 있으니 구호를 외치는 조합원들도 맥이 빠지기는 마찬가지였다.

그러다 살이 도려지고 쓸모없는 뼈와 껍질들이 바다에 던져질 때

자신의 부릅뜬 눈과 뻐끔거리는 주둥이를 수습해

다시 푸른 물결 유유히 헤엄쳐가는 물고기를 보고

나는 그토록 선연하게 핏발선 희망만을 믿기로 했다

그 자유롭게 움직이는 영혼에게

간절히, 속삭인다. 살아가라, 희망 없이……

「살아가라, 희망 없이」에서

7 살아가라, 희망 없이

　　이해남이 조합원 한명신의 아내가 유산했음을 안 것은 어둠이 내리는 경비실에서였다. 2002년 6월, 전국은 월드컵 열기로 달아올랐건만, 세원테크 조합원들은 천막에서 파업 24일째를 맞이하고 있었다. 저녁 무렵, 갑자기 얼굴이 창백해진 한명신이 집에 가봐야 한다고 허둥댔다. 이해남은 집에 무슨 일이 생겼냐고 물었다. 파업이 길어지면서 회사는 온갖 수단을 동원해 조합원들을 못살게 굴고 있었다. 전화로 불러내거나 집에 찾아가서 노조에서 탈퇴하라는 둥 직장 잃기 싫으면 파업에 참여하지 말라는 둥 갖은 으름장을 다 놓았다. 게다가 30여 명이나 되는 조합원들은 일도 안 하고 파업에도 참여하지 않았다. 그랬으니 조합원 각각의 움직임을 세밀히 살펴야 했다. 한명신은 누가 봐도 노조 열성파였다. 파업에 돌입하면서 회사와 맞닥뜨릴 때마다 몸을 사리지 않고 구사대와 맞서 싸웠다.

　　"지회장님, 사실은 집사람이 유산했습니다……."

　　한명신이 침통한 목소리로 말했다. 이해남은 깜짝 놀랐다. 유산을 하다니? 파업으로 고된 나날을 보내면서도 한명신은 곧 태어날 아기를 생각하며 늘 싱글벙글했다. 지난 5월 말 가족초청행사 날에도 한명신의 아내는 부른 배를 안고 회사를 찾아왔다. 그때만 해도 출산이 얼마 남지 않았다고 했다. 무거운 몸으로 남편이 파업하는 현장까지 걸음해준 게 얼마나 고마웠는지 몰랐다. 조합원들한테도 큰 힘이 되었다. 곧 태어날 아기를 손꼽아 기다리며 환하게 웃던 두 사람의 얼굴이 떠오르자 이해남은 무어라 위로해야 좋을지 몰랐다. 참담했다. 이해남은 어쩌다 그런 불상사가 닥쳤는지 물었다.

"회사에서 보낸 가정통신문 때문입니다. 아내가 그걸 읽을 때마다 가슴이 조마조마하다고 불안해서 못살겠다고 그랬거든요. 회사에서 쫓겨나면 우리 아기 어떻게 키울 거냐고……. 읽지 말고 찢어버리라고 했는데. 집에 꼬박꼬박 배달되니 안 볼 수도 없었을 테구. 애한테 안 좋다고 그렇게 말렸는데도 그만……. 그것도 사람 환장할 노릇이지만 전화질이 더 미치게 만들었을 겁니다. 파업하고 나서 협박전화에도 엄청 시달렸거든요. 회사 놈들이 노조 관두지 않으면 밥줄 끊어놓겠다고 줄기차게 전화로 괴롭혔으니까요."

말을 삼킨 한명신은 눈물이 글썽했다. 이해남은 할 말이 없었다. 아기를 잃었다는데 무슨 말로 위로가 될까. 분노가 치밀었다. 한명신은 파업에 참여한 뒤로 임신한 아내를 제대로 돌보지 못했다. 이해남은 한명신의 얼굴을 마주 볼 수가 없었다. 미안했다. 지회장으로서 낯을 들 수가 없었다. 노조를 깨는 데 눈이 먼 회사가 기어코 사람을 죽였다. 인간답게 살아보겠다고 몸부림치는 사람들을 짓밟는 것도 모자라 사람 목숨을 앗아가다니!

……회사가 위기 상황입니다. ……우리의 일자리가 없어지고 있습니다. ……지금과 같이 한 사람이 하루 태업을 하면 약 90만 원의 생산 손실이 빚어집니다. 태업 주동자는 그 배상책임을 지게 됨을 알려드립니다. 회사는 무노동 무임금 원칙을 지켜나갈 것입니다. ……생산량이 제로가 되면 이원화된 타 회사가 100% 생산을 해서 납품할 것입니다. 이원화라는 것은 우리와 똑같은 제품을 타 공장에서도 생산하여 그동

안 우리가 독점 공급하던 품목을 다른 회사에서 공급하게 되는 것입니다. 그렇게 되면 우리 회사는 매출액이 없어지고 곧 망해버리게 될 것입니다. 물량이 없어지면 우리의 직장은 자연히 없어지게 될 것입니다.

사원 및 가족 여러분께 드리는 호소문

"임산부에게도 막말하고 협박해댔지! 지금 축구가 눈에 들어와! 개자식들아!"

관리이사 정상민에게 항의하기 위해 식당에 들어선 이해남은 냅다 고함을 질렀다. 한국과 포르투갈 월드컵 경기를 보려고 모인 사람들의 눈길이 한꺼번에 그에게 쏠렸다. 식당은 이내 술렁거렸다. 이해남은 월드컵 중계방송을 토해내고 있는 빔 프로젝터가 있는 곳으로 걸어갔다. 조합원들과 이해남의 기세가 워낙 살기등등한 터라 누구 하나 감히 말리려고 나서는 사람이 없었다.

"한명신 조합원의 아기가 죽었어! 니들은 이런 거 볼 자격도 없어!"

이해남은 빔 프로젝터를 바닥에 내동댕이쳤다. 그제야 뜨악해하던 사람들이 유산이라니, 무슨 일인데 그러냐고 물었다.

"일은 무슨 일이야! 사람이 죽었다니까!"

선봉대장 전중기를 비롯한 조합원 30여 명은 과일접시, 햄버거, 음료수를 바닥에 패대기쳤고, 의자와 식탁을 닥치는 대로 집어던졌다. 조합원들은 이미 사무실에서 한 차례 사장 장현수를 뒤흔들어 놓은 터라 눈에 보이는 것이 없었다.

"밑도 끝도 없이 사람이 죽었다니…… 뭔 일인지 알아야 할 거 아뇨?"

월드컵 응원행사를 지시하던 정상민이 나섰다.

"무슨 일인지 알고 싶다구? 사람이 죽었어! 한명신 조합원 아내가 유산을 했어! 무슨 말인지 알아? 아기가 죽었단 말야!"

이해남은 정상민과 맞섰다. 노조 간부들을 매수하고 전화로, 가정통신문으로 시도 때도 없이 조합원들을 협박한 원흉이 바로 정상민이었다. 말이 관리이사지 정상민은 노조를 깨는 데 눈이 뒤집힌 인간이었다. 조합원 알기를 노예로 알고 김문기 마름 노릇을 서슴지 않았다.

"내가 너한테 말했지. 할 말이 있으면 전체 조합원 앞에서 말하라구! 조합원들 집에다 협박편지 보내지 말라고 했어, 안 했어? 노인들하고 안사람들 심장 터진다고 헛수작 부리지 말라구 했지!"

"그거야, 정상 가동시키려고……."

"닥쳐! 저번 월드컵 중계하는 날에도 니가 수박 햄버거 주면서 그랬지. 인간적으로 주는 거니까 먹으라구! 고작 그거 줘놓고 가정통신문에는 조합원들한테 엄청 베푼 것처럼 거짓말 늘어놨더만."

이해남이 다가서자 정상민이 한 발 물러섰다.

"조합원들 못살게 구는 것도 모자라 이제 사람까지 죽이자고 작정했냐?"

"뭔가 오해가 있는 것 같은데, 지회장 이러지 말구……."

"오해는 뭔 오해야, 사람이 죽었는데. 사람이 죽었어! 니들이 죽인 거야! 니가 관리이사야? 넌 개새끼야, 사람 죽인 개자식이라구!"

"흥분 가라앉히구……. 지회장, 우리 환한 낮에 이야기하지."

"지금 당장 같이 가! 병원에 가서 사죄해! 죽을죄를 지었다구 싹싹 빌어! 당신이 아기 목숨을 빼앗은 거야!"

"사과해! 개자식아! 넌 인간도 아냐!"

나이 어린 조합원 유철우가 격분해서 외쳤다.

비로소 사태의 심각성을 눈치 챈 정상민이 슬금슬금 뒷걸음질쳤고 월드컵 중계를 보려던 사람들도 식당을 빠져나갔다.

회사는 집으로 전화를 하거나 가정통신문 발송만 한 것이 아니었다. 확대간부와 조합원들에게 19억 8000만 원 손해배상 청구소송을 걸고 임금, 퇴직금, 상여금, 집, 자가용, 통장 따위 재산을 가압류했다.

이해남이 손해배상이다 가압류다 해서 회사가 저지른 짓을 피부로 느낀 건 큰애 경호를 통해서였다. 이해남이 아이가 아프다는 연락을 받은 건 노조 사무실에서였다. 아내는 경호가 토하고 까무러쳤다고 울먹거렸다. 그제야 이해남은 6학년인 큰애가 감기몸살을 앓고 있음을 떠올리고 가슴이 철렁했다. 사흘 전에 옷을 갈아입으려고 집에 들렀을 때, 아이는 열꽃에 시달리고 있었다. 콧물을 흘리는 아이의 이마를 만져주고 아내에게 감기약을 먹이라고 일렀다. 그것으로 그만이었다. 무기한 파업에 들어가고 나서 집안일에 전혀 신경을 못 썼다. 아내가 회사에 잘 다니는지 애들은 밥을 잘 먹는지 월세는 꼬박꼬박 내는지 까맣게 잊고 지냈다. 조합 간부들과 노조 사무실에서 자거나 농성장인 천막에서 조합원들과 살다시피 했다. 회사와 맞서 싸우는 데만 혼신을 다했지 가정은 전혀 돌보지 않았다. 아이가 기침을 하고 콧물을 흘린다고 아내가 전화를 했지만 한쪽 귀로 흘려들었다. 머리가 아프다고 울상을 지었을 때도 단순한 감기로 알았다.

아이의 병명은 바이러스성 뇌수막염이었다. 당장 입원을 시켜야 했다. 돈이 필요했다. 하지만 통장에서 한 푼도 꺼낼 수가 없었다. 비로소 이해남은 자신의 재산이 가압류됐음을 깨달았다. 회사가 손해배상과 가압류로 엮어놓은 것은 알았지만 자신에게 직접 피해가 오리라고는 생각을 못했다. 손해배상 소송 액수가 워낙 컸기 때문에 실감을 못했다. 설마, 회사가 지지리 가난한 조합원들에게 그 엄청난 돈을 받아내고자 하지는 않으리라 여겼다. 정상민이 거듭 협박을 했음에도 위험한 줄을 몰랐다.

이해남은 비로소 회사가 조합원들에게 무슨 짓을 저질렀는지 알아차렸다. 회사는 법의 이름으로 조합원들의 돈줄을 틀어막은 거였다. 겉으로는 전세금이나 임금을 묶은 것처럼 보이지만 생명줄을 틀어쥐고 있는 셈이었다. 노조를 없애고 시키는 대로 일을 하지 않으면 언제라도 숨통을 끊겠다는 거였다. 어제까지 지겹게 들었던 이 말은 단순한 협박이 아니다. 사람의 목숨이 왔다 갔다 하는, 자신처럼 입원비를 못 찾듯, 조합원들

누구나 현실에서 당할 수 있는 일이었다.

　은행에서 가압류 사실을 확인한 이해남은 하늘이 노랬다. 어떻게든 입원비를 마련해야 했다. 아이를 살려야 했다. 그러자면 돈이 필요했다. 오죽 다급했으면 대전에 사는 부모님이 떠올랐을까. 하지만 부모님께 손을 내밀 수는 없었다. 갑자기 돈을 빌릴 데도 마땅치 않았다. 어차피 통장을 틀어막은 건 회사였다. 회사와 정면으로 맞닥뜨려야 했다. 아이의 생사가 달린 문제였다. 이해남은 아이의 병만 생각하기로 마음먹었다. 노조 씨를 말리려는 회사는 잠시 덮어둬야 했다. 통장에서 돈을 찾는 게 급했다. 그러자면 회사가 가압류를 풀어줘야 했다. 지회장이 아닌 한 인간으로서 회사와 담판을 지어야 했다. 아니, 가장으로서 입원비를 찾게 해달라고 호소라도 할 참이었다.

　"회사 방침을 어길 수 없습니다!"

　회사는 짧게 답했다. 지회장으로서 자존심도 팽개치고 하루만 가압류를 풀어달라고 애원했건만 총무과장 서민교는 회사 방침만 읊어댔다. 아이를 당장 입원시켜야 한다고 사정을 설명해도 가압류를 풀었다간 회사가 뿌리째 흔들릴 거라고 외면했다. 정상민도 마찬가지였다. 사정이야 딱하지만 자신은 가압류를 풀 권한이 없다고 모른 척했다. 애가 다 죽게 생겼다고 하루만 돈을 찾게 해달라고 부탁했건만 사장 장현수 역시 들은 척도 안 했다.

　이해남은 입술을 깨물고 발길을 돌렸다. 가슴에 휑하니 찬바람이 불었다. 가압류 인생이라니. 분노보다는 서글펐다. 누군가 자신의 인생을 가압류할 수 있음을 비로소 알았다. 아니 몸으로 겪었다. 자본가가 노동자의 생명을 쥐락펴락할 수 있는 세상임을 확실히 알았다. 그것도 합법적으로 말이다!

> 회사는 교섭 과정에서 저희들이 장기파업을 벌이게 된 수십억 손해
> 배상가압류* 문제에 대해서 '조합원들에게 실제로 받으려고 한 것이
> 아니다'라고 하면서 노조를 깨기 위해서 손배가압류를 제기했다는 사
> 실을 밝히기도 했습니다. 수억, 수십억에 달하는 손배가압류 문제는
> 두산중공업에서도 나타났듯이 조합원들의 가족에게까지 압박을 가하
> 는 반인권적인 노조 탄압 수단이라고 저희들은 생각합니다.
>
> **항소이유서 : 김한규, 신승현, 강종구, 강현석, 신동진**

19억 8000만 원이라니. 도무지 실감이 안 났다. 내가 이런 돈이 어
디 있나? 살다가 처음 겪은 일이라서 그 소식을 듣고 멍했다. 재산 있
는 사람들은 긴장했다. 나도 손배가압류 들어오자, 몇 푼 안 되는 연립
주택 전세를 누나 명의로 바꿔놓았다. 차를 가압류했는데, 다들 똥차
였기에 그저 잡아도 돈도 안 된다고 농담을 하고 웃었다. 어느 정도냐
하면 하도 똥차라서 차에 빗물이 다 들어갔다. 지회장, 유윤호, 조성호
등 5명의 차가 잡혔다. 조합원 중에 온양에 건물을 가지고 있는 사람
이 있었다. 이 사람은 걱정이 많았고, 안절부절못했다. 결국, 나중에
노조 활동을 그만두었다. **김한규**

세원테크와 관련해서 가압류를 붙인다고 해서 등기부등본을 떼어보
니까, 진짜로 2억이 붙어 있었다. 어찌나 놀랐던지 눈에서 불이 번쩍
났다. **정화영**

세원 다니는 사람들의 형편이 안 좋다는 것은 차를 보면 안다. 다른
회사 가면 좋은 차가 수두룩한데, 우리는 기껏 엑셀이나 엘란트라가
고작이었다. 고물 뉴코란도가 가장 좋은 차였다. 집 있는 사람이 거의
없었다. 다들 없이 살았다.

---

*이 무렵, 충남지역 가압류 현황은 다음과 같다. 충남대학교병원 업무방해 조합원 435명 4억 원, 대전대학교 한방병원 불법파
업 업무방해 조합원 51명 3억 5천만 원, 전국과학기술노동조합 연구장비와 시설물 동파, 명예훼손 노조 간부 18명에 3억 6천
만 원, (주)센추리 업무방해 노조 간부 19명 1억 원, (주)일진 공장점거 업무방해 노조 위원장 등 65명 2억 원, 15명 6천만 원,
철도청 불법파업 영업손실 조합비와 노조 간부 급여 등 104억 원.

집달리(집행관)들이 지회장 집에 갔다가 헛걸음만 했다. 집 안에 딱지 붙일 만한 게 아무것도 없었다. 언젠가 한 번 집에 갔는데, 집이 너무 허술했다. 옛날 영화에나 나오는 똥구멍 째지게 가난한 집, 바로 그거였다. 주택에 딸린 집인데, 자취생이 잠만 자면 딱 맞을 방이었다. 문 열면 바로 신발이 있고 방문이 코앞이다. 방문 열면 작은 방이 연이어 있다. 두어 사람이 누우면 꽉 차는 방이다. 그 반쪽짜리만 한 방도 있고. 애들하고 찍은 가족사진하고 텔레비전이 널브러졌고, 장롱도 낡았고, 방에 들어서면 답답해서 앉아 있을 수가 없었다. 화장실은 밖에 있는 공동 화장실이고, 샤워시설은 없고, 부엌에 수도가 달랑 하나 있었다. **신승현**

처음에는 남편이 월급을 갖다 줬는데, 노조하면서 전혀 월급을 안 갖다 줬다. 지금도 그렇지만 그때도 전방에 다녔다. 광주, 시흥, 영암에도 있다. 97년에 전남방직에 들어갔다. 다행히 회사에 놀이방이 있어서 4살짜리 작은애를 업고 다녔다. 월 40만 원 받았다. 보증금 50만 원 하는 사글세에 살았다. **이은숙**

당신은 하루 종일 라인을 타고
나는 하루 종일 철골을 타고
더 이상 흘릴 땀이 없이 기력 없이
우리 만나 웃네, 웃어야 하네

「열두 계곡」에서

8 당신이 바로 나의 신

"사람이 살고 봐야지 않겠습니까. 조합원들 굶어죽으란 말입니까?"

노조 사무장 구재보가 먼저 입을 열었다. 팔짱을 끼고 있던 생산이사 김성백은 내 알 바 아니라는 듯 입을 열지 않았다. 파업 중에 교섭에 나와 준 것만 해도 황송하게 받아들이라는 표정이 역력했다.

사무동 2층 회의실에서 교섭을 하는 중이었다. 자리를 잡고 앉은 지 5분이 안 되어, 교섭 분위기가 이상하게 흐르고 있었다. 이해남은 할 수 있는 한 사무장 구재보에게 교섭진행을 맡길 참이었다. 욱, 하는 성질이 터지면 교섭장을 뒤집어엎을지도 몰랐다. 그래서는 안 되었다. 사무장이나 다른 간부들을 봐서라도 참고 또 참기로 마음먹었다.

안 그래도 교섭에 들어오기 전에 파업 참가 조합원들 수를 세어보고 낙심했던 터였다. 자고 나면 사람이 없어지는 바람에 인원점검하기도 겁난다는 부지회장 전영웅의 고백은 사실이었다. 3~4일쯤 얼굴이 안 보였다 하면 벌써 퇴사한 뒤였다. 가장 심각한 문제는 생계 문제였다. 월급과 통장이 가압류된 뒤로 조합원들은 하나같이 생계가 막막해졌다. 월급이 끊기자 조합원들의 가정 생활은 엉망이 됐다. 아내들의 성화가 이만저만이 아니었다. 먼저 보험을 해약했고 아이들을 학원에 안 보냈다. 대의원 한

상윤은 회사에 왔던 아내가 집에 돌아가다가 교통사고를 당하는 바람에 파업에서 멀어졌다. 닷새나 일주일 넘게 안 나온다 싶으면 공사판에서 노가다를 뛰기 일쑤였다. 하루 벌어 하루 먹고사는 사람들을 노조에서 무작정 붙들 수도 없었다. 갖가지 아르바이트로 돈벌이에 나선 조합원들은 하나둘 파업에서 떠나갔다. 그러다 보니 자연스레 파업규율도 헝클어졌다.

휴일이었다. 이른 아침에 조합원 한 명이 술을 먹고 잔디밭에서 쓰레기통으로 쓰는 항아리를 깼다. 끝없이 옥죄는 회사의 탄압을 참지 못한 그 조합원은 항아리 조각으로 총무과장 목을 그어 버렸다. 다행히 크게 다치지 않았지만 파업 중인 노조는 치명상을 입고 말았다. 그 조합원은 술을 안 먹으면 신사였다. 그러나 술만 입에 댔다 하면 이성을 잃고 말았다. 마침 휴일이어서 간부들은 노조 사무실에서 잤고, 이해남은 집에 들렀다가 소식을 듣고 부리나케 뛰쳐나왔다. 이른 아침이라 사고를 일으킨 조합원을 지켜보는 사람이 아무도 없었다. 그 사건은 조합원들의 단결력이 허물어지고 있음을 보여준 셈이었다. 회사는 옳다구나 하고 고소했고 하루가 다르게 조합원들은 지쳐갔다.

"손배가압류를 풀어줘야 대화를 하든지 말든지 할 거 아닙니까? 모가지 틀어쥐고 대화하자는 게 말이나 됩니까?"

이번엔 대외협력부장 이용덕이 나섰다.

"회사에서도 뭔가 안을 내놓고 양보를 해야 실마리가 풀릴 것 아니냐구요?"

구재보가 따지듯 물었다.

"분명히 말하겠소. 잔업 거부와 태업 때 손실 입은 것 노조에서 깡그리 물어내야 돼요. 다시 말하는데, 회사는 거기서 한 발짝도 안 움직일 거요. 양보할 게 있어야 양보를 하지. 결품을 내서 손해를 입혔으면 물어내는 건 당연하다 이 말이요!"

정상민이 단호하게 내뱉었다.

"조합원들이 어떻게 사는지 뻔히 알면서 정말 그렇게 나올 겁니까?"

"그건 댁들 사정이고. 회사 경영에 손실을 입혔는데 그걸 그냥 덮어두자는 건 회사 말아먹자는 짓이란 말요!"

"단협과 노사협의회에서 합의본 것 회사에서 지킨 게 있습니까? 그러고도 노조가 정상적으로 일하기를 바랍니까?"

"그딴 건 우리가 알 바 아니오. 하여간 가압류는 못 풀겠으니 그리 알아요."

"이것도 못하겠다 저것도 못하겠다 그럼 여긴 왜 나왔습니까?"

"그거야 노조가 하도 보자고 해서 애원해서 나왔지, 우리가 뭐 아쉬워서 나왔겠소."

"아니, 우리가 언제 보자고 했다고 그래요? 지금 우리가 무릎 꿇기를 바라는 거요, 뭐요?"

"정 힘이 없으시면 그러시던지. 보아하니 이대로 몇 달만 지나면 다들 뿔뿔이 흩어지겠더구만."

정상민은 자신만만해 했다.

수챗구멍에서 허우적대는 시궁쥐가 이럴까. 이해남은, '우리 손아귀에서 놀아나는 조합원들이 한둘이 아닐 텐데'라고 능글맞게 웃는 정상민을 후려치고 싶었다. '봐, 너희 노조 힘이 슬슬 빠지지. 누가 이기나 시간 끌어볼까? 날이 갈수록 힘은 빠지고, 비슬비슬할 때 결정타 한 방만 먹이면 너희는 날아가는 거야!' 정상민의 눈빛은 그렇게 말하고 있었다. 정상민이 노조를 얕보는 데는 그럴 만한 까닭이 있었다. 구사대로 돌아선 조합원들은 파업이 20일을 넘기면서 완전히 드러내놓고 회사 측에 붙었다. 자연스레 파업에 참여한 조합원들과 마찰이 잦았다. 어처구니없게 조합원들끼리 싸우는 이상한 꼴이 되고 말았다. 2달 전만 해도 조합원에다 동료였던 사람들이 회사의 각본에 놀아난 셈이었다.

회사는 조합원들 성향을 치밀하게 분석해 놓고 이것을 노노갈등을 일으키는 자료로 활용했다. 조합원 성향분석표를 보면, 매우 다양한 방식을 동원했음이 드러났다. 조합원들의 성향을 분석해 색깔별로 적색, 청색, 흑색으로 구분했고 글자 모양으로는 고딕체, 명조체, 고딕 기울임체, 명조 기울임체, 고딕 기울임 밑줄체, 명조기울임 밑줄체로 나눴다. 또 영문으로 구별하기도 했다.

결국, 사측은 조합원들의 성향을 하나하나 분석해 놓고 개인적으로 이들에게 접촉, 노조 비난세력으로 회유하고 협박하는 방식을 썼으며, 이들을 이용해 노사 간의 갈등관계를 노노 간의 갈등관계로 몰아갔다.

파업 중인데, 김우섭이 내 친구와 함께 만나자고 해서 갔다. 파업에 참여하는 네 앞날이 걱정된다며 오늘부터 기숙사에 들어가지 말고 모텔에서 자라고 했다. 갑자기 웬 모텔에서 자나? '돈이 어디 있냐' 고 하니까, '돈 걱정은 말라' 고 했다. 나를 걱정해주는 줄 알았다. 나중에 알고 보니까 회사에서 우리를 갈라놓기 위해 수작을 부린 거였다. 노조 처음 생겼을 때 김우섭은 조직부장이어서 밥도 사주고 잘해주었다. 우리 노동자들 권리를 찾아야 한다며 노조 일 열심히 하자고 했던 사람이다. 그런 사람이 회사에 붙어 우리 조합원들을 배신했다. **신승현**

한창 파업할 때인데, 하루는 문경(나는 문경하고 붙은 의성이다) 사람인 부장이 아파트로 직접 찾아왔다. '자기 친척 중에서도 어떤 사람이 노조를 했는데 집안을 말아먹었다' 면서 사람 할 짓이 아니라고 했다. '평생 노동운동 투사 할 것도 아니고 인생 허비하는 거 아닌가. 보아하니 형편도 안 좋은 것 같은데 가정을 생각해야지 차압딱지 들어오면 어떡할 참이냐. 간부들한테 속지 마라. 지회장은 일찌감치 재산 다 빼돌렸던데 알고 있나?' 하고 내 속을 떠보았다. 그래서 '걱정해줘서 고맙다 신경 쓰지 말라' 고 했다. '나는 지회장을 그런 사람으로 안 본다 쓸 데 없는 소리 하지 말라, 다시는 집에 찾아오지 말라' 고 했다.
김한규

이해남은 숨을 고르며 참았다. 조합원들을 허깨비로 여기는 정상민의 주먹코를 날려버리고 싶었다. 하지만 입술을 물고 참았다. 정상민의 교활한 혓바닥에 말려들면 안 되었다. 정상민이 자신을 옭아매려고 별별 수작을 다 부리고 있음을 알고 있었다. 얼마 전에는 사무동 진입투쟁을 하다가 자해소동을 겪기도 했다. 북을 치면서 빙빙 돌던 조합원들은 사무동으로 들어섰고, 관리자들과 몸싸움이 벌어졌다. 10여 분이나 지났을까.

"우리들의 빼앗긴 피와 땀 투쟁으로 되찾으세!"

뒤에서는 노래를 부르고 앞에서는 으샤으샤해가며 밀어붙이는데, 갑자기 카메라를 설치하고 마구 사진을 찍어댔다. 그럴 줄 알고 이해남은 조합원들에게 폭력을 쓰지 말라고 신신당부했다. 관리자들은 일부러 시비를 붙자고 각오를 하고 나온 모양이었다. 조금만 부딪혀도 맞은 시늉을 하며 넘어지기 일쑤였다. 이해남은 대열의 맨 뒤에 있었다.

그때 갑자기 안쪽에서 누군가 피를 철철 흘리면서 외쳤다. "이해남이 나를 찔렀어!" 어디를 어떻게 다쳤는지 몰라도 머리를 부여안은 사내는 계속 피를 흘렸다. 사무동 로비 계단까지 올라갔던 조합원들은 순간 당황했다. 사내는 모두에게 들으라는 듯 쉬지 않고 "이해남이 나를 찔렀다!" 하고 외치면서 날뛰었다. 이윽고, 마치 약속이나 한 듯, 사무실 문이 열리더니 경리를 보는 아가씨가 붕대로 사내의 머리를 친친 감았다. 느닷없는 상황에 북을 치고 투쟁가를 부르던 조합원들도 멀뚱하니 지켜볼 수밖에 없었다. 피범벅이 된 사람을 놓고 밀어붙일 수는 없는 노릇이었다.

잠시 투쟁가도 가라앉고 조용해졌다 싶은데, 조합원들이 뒤를 돌아보았다. 이해남은 피식 웃어주고 말았다. 피 흘리는 사내와 자신과의 거리는 멀어도 한참 멀었다. 그제야 사태를 파악한 조합원들은 웅성대기 시작했다. "저 씨발놈이 사기 쳤어! 지회장님은 저 뒤에 있잖아!" 앞장섰던 유철우가 흥분해서 외쳤다. 그는 발길질로 냅다 유리창을 깼고, 유리조각을 피 흘리는 사내의 목에 대면서 어디서 사기 치냐고, 죽여 버린다고 설쳤다. 이참에는 도리어 유철우의 손에 피가 번졌다. 사기꾼새끼 죽여 버린다고 날뛰는 유철우를 조합원들이 겨우 말리고 나서야 사태는 가라앉았다. 지회장이 자신을 찔렀다고 자해소동을 일으킨 사내는 김문기의 사촌 조카였다.

'노조를 길들이려는 게 아니라 깨자고 작심을 했어.' 이해남은 정상민의 속을 꿰뚫어보았다. '흥정은 안 한다, 백기를 들고 항복하라!' 정상민은 그렇게 내뱉고 있었다. 손배가압류 풀어주면 회사에서 시키는 대로 하겠다고 구걸을 할 수는 없는 노릇이었다. 양쪽에서 하나씩 안을 내놓고 이야기를 풀어나가야 하는데 대화가 안 되었다. 회사는, 손배가압류를 밀고 나가 조합원들 피를 말리고 노조를 이참에 없애겠다는 속내를 드러낸 셈이었다. 이해남은 답답했다. 6월에 들어서면서 어디를 가나 월드컵 이야기뿐이었다. 밤낮을 안 가리고 축구 이야기로 들뜬 세상에서 세원테크 투쟁이 설 자리는 없었다. 사람들은 박수를 치면서 〈오, 필승 코리아〉를 불렀지 생존권을 지키려고 싸우는 노동자들에게는 관심이 없었다. 월드컵 열기로 세상이 달아오를수록 조합원들의 어깨는 처졌다. 조합원들과 이해남은 세상 사람들의 무관심이 야속했다. 월드컵은 악재였다. 월드컵 때문에 세원테크 투쟁은 철저히 묻혔다. 사기가 떨어진 조합원들은 한국이 시합을 하는데도 마당에서 족구를 했다. '꿈은 이루어진다' 며 수백만 명이 광화문 거리에 뛰쳐나와 '오, 필승 코리아!' 를 외칠 때, 세원테크 조합원들은 "인간답게 살고 싶다, 생존권을 사수하자!"라며 몸부림쳤다.

조합원들의 떨어진 사기를 되살려낼 길이 막막했다. 출근 선전전, 아침 집회, 전 조합원 현장 순회, 사무실 항의방문, 중식집회, 철야농성을 하루도 거르지 않았다. 게다가 교육을 하고 뻔질나게 연대투쟁을 했건만 조합원들은 지겨워했다. 기껏 머리를 짜낸 게 가족들 만남의 날과 조합원 회식이었다. 그 정도로는 노조를 등지는 조합원의 발길을 되돌릴 수가 없었다. 가족과 친구들에게 편지도 쓰고 회사를 만국기로 도배하고 대자보 구호쓰기도 했건만, 조합원들은 갈수록 줄어들었다. 그래서 찾은 곳이 경북 영천에 있는 세원물산이었다. 세원그룹에 속한 노동자들끼리 힘을 모아보자고 갔는데 서글픔만 맛보고 말았다. 세원그룹 노동자들의 문제이니

같이 싸워보자고 했더니 물산노조 간부들이 조합원들을 가로막았다. 노동자가 노동자를 막아선 꼴을 보고 이해남은 기가 막혔다. 사정사정해서 유인물을 돌리고 나왔지만 영 개운치가 않았다. 노동자들끼리 현장에 들어가겠다 못 들어온다 철문을 붙들고 씨름하는 풍경이란 한심스러울 따름이었다.

"쟁점을 좁혀서 이야기하죠. 조합원들 징계 문제는 협상을 해서 풀어야 하지 않겠어요?"

구재보가 말했다.

"그렇게는 못 합니다. 노동운동 투사라는 사람들이 뭔 문제를 그렇게 어영부영 풀라고 그래요? 회사가 그리 만만하게 보여요? 규칙은 지키라고 있는 거고, 사원이라면 회사 규칙은 당연히 지켜야지. 하늘이 두 쪽 나도 징계 문제 확실히 매듭지을 거요. 그리고 당신들 9명한테 끝까지 책임물을 거요. 그 정도 용기도 없이 회사한테 잘못을 저지르셨어?"

비웃음을 머금은 정상민이 히죽히죽 웃으며 말을 이었다.

"죽기 살기로 싸운다고 할 때는 언제고 이제 와서 아쉬운 소리 하면 안되지. 손톱만 한 거라도 양보할 수 없으니 그리 아쇼. 회사는 원칙을 지킬거요. 불법행동을 한 사람은 그 책임을 져야 한다는 걸 이번 기회에 단단히 머리에 심어주겠다 이거요!"

"지금 우리가 힘이 없다고 배짱부리는 거요?"

이해남은 버럭 고함을 질렀다. 사무장과 대외협력부장, 회계감사가 한꺼번에 얼굴을 들었다. 다들 무슨 말을 하고 있는지 알고 있냐고 묻는 듯했다. 그제야 이해남은 아차, 싶었다. 해서는 안 될 말이었다. 노조의 힘이 없다고 스스로 털어놓다니! 그러나 기왕 쏟은 말, 주워 담을 수는 없었다. 여기서 무릎 꿇으면 다음을 기약할 수가 없었다.

"화내실 거 없어요. 지회장, 회사는 약속한 대로 밀어붙일 테니까. 회사 손실이 이만저만이 아니라니까. 원청에서 클레임 걸지 사원들은 잔업 거부하고 파업하지. 피해가 얼만지 알아요? 회사가 살아야 당신들도 살 수 있는 거요."

"알았어. 당신들 속셈이 뭔지 알았어! 우리가 그렇게 우습게 보여? 당신들이 우리 목숨을 쥐락펴락하겠다고? 착각하지 마! 더는 할 이야기 없어!"

이해남은 자리에서 일어섰다. 그것으로 협상은 막을 내렸다.

2002년 6월 29일 법원은 회사가 낸 출입금지 가처분신청을 받아들였다.

'이해남, 구재보, 이용덕, 전영웅과 파업자 72명은 사무동과 현장에서 꽹과리 등을 비롯한 민속 악기를 치는 행위, 호루라기를 부는 행위, 노동가와 장송곡 등을 부르는 행위, 노동구호를 외치며 고성방가를 하는 행위, 작업현장에서 작업방해 및 사무실에서 업무방해를 하는 행위, 복도와 로비를 점거한 후 집회를 하는 행위, 수위실을 점거하거나 LPG저장소를 출입하는 행위, 회사 내에서 경영진을 비방하는 내용의 유인물을 제작하여 배포하거나 회사 내의 모든 시설물에 직접 쓰는 행위 등 경영진의 명예를 훼손하는 행위, 시위를 하기 위하여 회사 소유의 사무집기, 생산관련장비 등을 무단으로 사용하는 행위를 하여서는 안 된다.'

비가 내리고 있었다. 파업 농성장인 천막에도 빗줄기가 떨어졌다. 이해남은 뿌연 빗줄기 너머 공장 구석구석을 훑어보았다. '근조 김문기', '이제부터 전쟁이다!', '정상민의 심장에 민주노조 심어주자!' 사무동, 기숙사, 공장은 갖가지 구호를 적은 플래카드로 어지러웠다. 조합원들의 염원과 투쟁 의지를 적은 벽보는 비에 젖었고 만국기는 허리가 잘린 채 널브러졌다. 회사는 법원 결정문을 들이대며 현장, 사무실, 경비실 어느 곳도 못 들어가게 막았다. 심지어 파업에 참여한 조합원들은 기숙사에서도 쫓겨날 판이었다. 더는 물러설 곳이 없었다. 막다른 골목에 몰렸다고나 할까. 탈출구를 찾아야 했다.

공장점거! 그 길밖에 없었다. 해 볼 건 다 해보았다. 파업을 했음에도 공장이 돌아가는 한 회사는 여유 만만했다. 10~20퍼센트 생산량으로 공장을 돌리는 시늉만 한다지만 어쨌든 공장은 돌아가는 거였다. 허구한 날 구호를 외치고 노동가를 불러대도 물량을 다른 데로 빼낸 회사는 눈도 깜짝하지 않았다. 지루한 파업은 모두를 지치게 만들었다. 임금인상을 따냈지만 회사가 공격해 들어오면 노조는 공중분해 될지도 몰랐다. 그렇다고 앉아서 당할 수는 없었다.

이해남은 공장을 점거하는 수밖에 없다고, 빗줄기를 맞으며 혼잣말을 중얼거렸다. 하나마나한 파업을 질질 끌고 갔다가는 손에 쥔 모래처럼 조합원들은 야금야금 새어나갈 터이고, 어느 날 다들 뿔뿔이 흩어질지 몰랐다. 그건 정상민이 노리는 바였다. 정상민에게 호락호락하게 무너질 수는 없었다. 어떻게 만든 노조인가. 수백 명이나 되는 용역깡패를 지역 노동자 2000명이 힘을 모아 물리치고 지켜낸 노조가 아닌가. 도움을 준 노동자들에게 부끄럽지 않기 위해서라도 노조는 지켜야했다.

공장을 점거한다. 이해남은 거듭 곱씹어보았다. 과연 성공할 수 있을까. 이해남은 간부들을 기다리는 참이었다. 의문투성이긴 하지만 오늘은 결단을 내릴 참이었다. 더는 시간을 허비할 수가 없었다. 조합원들은 하루가 다르게 떨어져나가고 있었다. 아침에 눈을 뜨기가 무서웠다. 그만큼 조합원들은 날만 새면 1~2명씩 사라졌다. 지회장으로서 이해남은 일주일 전에 본 조합원들 얼굴을 볼 수 없다는 현실이 끔찍했다. 전날 조합사무실에서 분임조로 나눠 잠을 잤는데, 이튿날 인사를 하려니 어제 이야기를 나누었던 조합원의 얼굴이 안 보였다. 더는 그 공포를 배겨낼 재간이 없었다. 노조가 밑에서부터 꺼지고 있다는 두려움, 이제껏 세상을 살면서 느끼지 못했던 섬뜩한 공포였다. 남아 있는 조합원들을 바라보는 것도 고통스럽기는 마찬가지였다. 공장점거 이야기가 나온 뒤로 조합원들은 패가 갈려 입씨름을 벌였다. '그것밖에 없다', '뒷감당을 어찌 할 건가' 간부들은 간부들끼리, 조합원들은 조합원끼리 끊임없이 말다툼에 휘말렸다. 해결책을 제시하지 못하고 바라만 봐야 하는 이해남으로서는 차라리 눈과 귀를 막고 싶었다. 하루하루가 괴로웠다.

공장을 점거하자는 이야기는 6월 들어 부쩍 심해졌다. 되는 일도 없고 안 되는 일도 없는 무기력한 파업이었다. 조합원들은 지쳐갔고, 자연스레 공장점거가 간부들의 입에 올랐다. 지회장인 이해남도 귀가 솔깃했다. 지리멸렬한 파업을 되살리기 위해서는 뭔가를 해야 했다. 그러나 한 가닥 불안감이 없지 않았다. 점거했다가 잘못되기라도 한다면? 그 물음을 던지면 혼란스러웠다. 무엇보다도 조합원들에게 불상사라도 닥치면 어떻게 한다? 그 생각만 하면 잠이 안 왔다. 가뜩이나 손해배상 청구와 가압류 때문에 기가 죽은 조합원들이었다. 월급은 둘째 치고 집이 날아가고 전셋집에서 쫓겨난다면 당장 거리에 나앉을 판이었다. 간부들이야 각오를 하고 있지만 조합원들이 구속이라도 된다면? 이해남은 그 점이 가장 염려스러웠다. 머리를 싸매고 생각을 굴려 봤지만 뾰족한 답은 나오지 않았다. 조합원들의 인생이 달린 문제였다. 지회장이랍시고 맘대로 결정할 문제가 아니었다. 조합원 중에는 총각들도 많지만 가장들도 여럿이었다. 그들에게 구속은 전과자가 됨을 뜻했고 앞으로 살아갈 일이 막막해질 게 뻔했다. 조합원들이 거느린 식구들한테까지 생각이 미치면 이해남은 가슴이 철렁 내려앉았다.

두 패로 갈린 간부들의 의견을 수습하는 것도 골칫거리였다. 전영웅과 이용덕을 비롯한 몇몇 조합원들은 공장점거를 줄기차게 주장했다.

"20퍼센트인 제품 생산을 막아야 한다. 집회하고 연대투쟁하는 것으로는 해결이 안 된다. 비록 20퍼센트밖에 안 되는 생산량이지만 기계를 멈춰야 한다. 그러자면 공장을 점거하는 수밖에 없다."

구재보와 몇몇 조합원들은 점거에 반대했다.

"그건 아무 소용없다. 비조합원들이 생산하는 것은 완전히 폼만 잡는 거다. 보다시피 파업을 해도 실제로 일을 하고 회사는 임금을 준다. 우리 현장에서는 기계 돌리는 척만 하고 회사가 물량을 전부 다른 데로 빼돌렸을 수도 있다. 20퍼센트 돌리는 기계를 잡는 것은 아무런 효과가 없다!"

점거를 반대하는 조합원들은 점거를 해도 타격을 못 준다고 거듭 강조했다. 그리고 조합원들의 안전을 염려했다.

"점거하면 공권력이 바로 칠 거다. 간부들 5명은 불구속 상태니까 수배가 떨어질 거다. 간부들이 일선에서 사라지면 누가 조합원들을 다시 모으나? 지금 조합원들 상태를 몰라서 그러나? 간부들이 피신한 상태에서 조합원들을 어떻게 끌어모으나. 공권력 한번 맞으면 조합원들 재집결은 불가능하다."

"지금도 두산중공업, 갑을금속, 콜트악기는 공장점거를 하고 있다. 그리고 다들 알다시피 해강휄스타도 백석동 공장을 점거하고 있다. 우리하고 이웃한 한국노총 사업장인 동양철강도 점거 중이다. 물론, 다른 사업장하고 달리 우리는 공권력이 칠 가능성이 높다. 하지만 투쟁을 확대하고 연대를 넓히기 위해서는 최선을 다해 싸워야 한다. 투쟁 수위를 높여야 한다."

이용덕은 공권력 침탈을 걱정하는 조합원들에게 말했다.

두 패로 갈라진 조합원들과 간부들은 팽팽히 맞섰다. 점거해봤자 다른 회사에서 생산하고 있기 때문에, 납품을 완전히 막을 수 없을 거란 조합원들의 의견은 옳았다. 핵심간부들이 구속되면 노조는 흐지부지될 터였다. 20퍼센트만 돌아가는 물량도 끊어서 회사에 압력을 넣어야 한다는 생각도 옳았다. 이해남으로서는 의견의 옳고 그름이 문제가 아니었다. 무엇보다 사기가 땅에 떨어진 조합원들에게 희망을 심어줄 수 있어야 했다. 그게 지회장으로서 할 일이었다.

의리 때문에 겨우겨우 남아 있는 조합원들이, 지도부가 날아가면 그 핑계를 대고 모이지 않을 거라는 구재보의 지적은 노조 현실을 까발린 셈이었다. 그럼에도 이해남은 공장점거로 쏠리는 자신을 어쩔 수 없었다.

점거 계획을 짰음을 알고 찾아온 지역 간부들에게 이해남은 몹시 화가 났다. 그들은 약속이나 한 듯 점거는 안 된다고 입에 거품을 물었다. 한둘이 아니라 여러 명이 한꺼번에 찾아와서 이해남을 앉혀 놓고 점거가 얼마나 무모한 행동인지를 설득하려 들었다. 이해남은 자신을 말리는 지역 간부들도 못마땅했지만 점거 계획이 새나간 것이 더 불만이었다. 노조 간부들끼리만 논의한 일을 다른 사람들이 훤히 들여다보고 있음을 알자 분노가 치밀었다. 그뿐만이 아니었다. 12 · 12를 함께 겪은 동지인 줄로 알았던 지역 간부들에게 몹시 서운했다. 공장점거를 하려는 자신과 조합원들의 절박한 심정을 이해하기보다는 피해만을 강조하는 그들이 야속했다. 후퇴할지 타협할지를 숱하게 고민했던 터였다. 징계도 일단 수용할 수 있다고 치자. 노조를 인정하지 않는 것은 어쩔 건가? 그것도 장기적으로 풀어나간다? 단협을 안 지키는 것은? 그것도 장기적으로 풀어나간다 치자. 손배가압류는 무슨 수로 풀어나가나? 시간을 두고 풀어나갈 수도 있으리라. 그러려면 퇴로가 있어야 했다. 하지만 퇴로는커녕 사방이 막혔다. 오직 싸워서 퇴로를 열어야 한다. 후퇴란 있을 수 없다. 최선을 다해 싸워야 한다. 쓰러지더라도 힘 닿는 한 싸워야 한다. 점거를 앞두고 세원테크노조는 외톨이가 된 셈이었다.

간부회의에서 이해남은 이용덕의 의견을 지지하고 있음을 밝혔다.

"대협(대외협력부장) 이야기가 맞다. 우리가 물러서면 안 된다. 우리가 투쟁해서 만들어내야지 양보해서는 안 된다."

1달 넘게 점거다 아니다로 논쟁만 일삼는 조합원들을 내버려두었다가는 내분이 생길지도 몰랐다.

이해남은 지회장으로서 노조의 방침을 결정했음을 공식회의 자리에서 선언했다. 그것으로 공장점거를 둘러싼 갈등은 가라앉을 줄 알았다. 하지만 점거 날짜가 다가왔음에도 준비된 게 하나도 없었다. 공장을 점거하자면 필요한 물건이 한둘이 아니었다. 50명이 넘는 조합원들이 먹고 자야 하고 공권력 투입에 대비해서도 갖춰야 할 물품이 많았다. 그 모든 것은 사무장이 책임지고 물품을 챙겨야 했다.

"나, 지회장 사퇴하겠어!"

마침내 이해남은 참았던 화를 터뜨렸다.

"사무장이 지회장하라고 해! 점거하기로 결정했음에도 추진된 게 하나도 없잖아! 지회장이 무슨 말을 하면 사무장이 따라줘야 할 거 아냐. 점거 반대했다고 해도 공식회의에서 한 이야기를 무시하면 무슨 일을 할 수 있겠어? 내가 왜 지회장을 해야 해? 이러려면 사무장이 지회장하라고 해!"

이해남은 늦은 밤 이용덕에게 퍼부었다.

"내가 책임진다고 했잖아. 파업이 이대로 가선 안 되잖아. 노조 이름으로 점거 결정을 내렸는데, 실무진이 나 몰라라 해서 되겠어? 사무장이 지회장하라고 해!"

노조가 무기력해졌음을 눈으로 확인한 사건이었다. 그럼에도 이해남은 그 사실을 인정하고 싶지가 않았다. 확대간부회의에서 점거 준비를 잘 하기로 다짐하고 나서야 이해남은 화를 풀었다.

빗속을 뚫고 간부들이 모였다. 이해남은 천막에 들어앉은 간부들을 죽 둘러보았다. 바깥은 어둑어둑했다. 비는 여전히 추적추적 내리고 있었다. 간부들은 지회장이 무슨 말을 하려는지 안다는 듯 다들 입을 다물고 있었다. 이대로 노조의 숨이 끊어지는 걸 두고 볼 수만은 없었다. 공장은 돌아가고 손배가압류를 풀 수 있는 방법은 없다. 깨질 때 깨지더라도 최선을 다해 싸워야 했다. 그래야 앞날을 기약할 수 있을 터였다. 무거운 침묵이 흘렀다. 마침내 이해남은 입을 열었다.

"3번이나 논의를 하고도 결정을 못 했습니다. 오늘 이 자리에서 확정합시다! 공장, 점거합시다!"

밤이 깊어

누구도 꿈꾸지 못한 사랑이

하늘 끝자락 별로 떠서 빛날 때

나는 당신을 생각하며 밤길을 걸을 것이다

「찬별」에서

9 하늘 끝자락 별로 떠서 빛날 때

2002년 7월 8일 23:40

"공장점거 들어간다!"

정문을 통과한 조합원들은 공장에 남아 있던 김한규와 동료들에게 다급하게 알렸다. 세원테크 조합원들은 연대하러 갔던 해강휀스타에서 점거를 결정하고 막 공장에 들이닥친 참이었다. 긴장한 탓일까. 조합원들은 누가 먼저랄 것도 없이 차에서 내리자마자 공장을 향해 뛰었다. 그만큼 공장점거는 절박했다. 진입로 오르막을 거친 숨을 토해내며 달렸건만 조합원들은 하나같이 바짝 긴장했다. 입술이 타기는 이해남도 마찬가지였다.

2002년 7월 9일 00:01

"정각 12시부터 점거파업에 들어간다!"

마침내 이해남은 정식으로 노조가 공장을 점거했음을 선언했다.

"하태수, 폐타이어 준비하고! 오민성(1979년생)이는 광수하고 정문 밖에 팔레트 쌓아! 빨리! 빨리! 서둘러!"

이해남은 공장 안팎을 돌며 조합원들을 다그쳤다. 구사대나 경찰이 눈치 채기 전에 점거를 마쳐야 했다. 해강휀스타에서 짠 계획대로 조합원들은 발 빠르게 움직였다. 공장을 지키고 있던 김한규와 조합원들이 경비와 관리자들을 내쫓았다. 다행히 관리자들은 몇 사람밖에 없었다. 물량을 빼돌리고 파업에 들어간 뒤로 야간작업은 거의 이뤄지지 않았다. 주간에 생산하는 물량도 시원찮은 터여서 현장에는 사람이 없었다. 당직을 서는 몇 사람들과 충돌했지만 그들도 조합원들의 기세에 눌려 회사를 빠져나갔다. 기숙사에 있던 이주노동자들과 비조합원들은 쫓아내지 않아도 알아서 나갔다. 텅 빈 현장과 달리 영업 사무실에는 3~4명이 있었다. 그들도 군말 없이 차를 타고 어둠 속으로 사라졌다.

결국, 공장을 점거했다!

이해남은 가슴이 쿵쾅거렸다. 진입로 오르막을 달려와서만은 아니었다. 각자 맡은 임무를 완수하느라 이리저리 뛰는 조합원들도 자신과 같은 심정일 터였다. 막상 점거를 결정하고 실행에 옮기고 있지만 불안감은 가시지 않았다. 정말로 해 볼 거 다 해보고 감행한 공장점거였다. 노조는 오갈 데 없이 밀렸다. 그야말로 옴짝달싹 못하는 처지에서 물불 안 가리고 뛰어든 셈이었다. 점거투쟁이 어떻게 진행될지도 몰랐다. 다만, 극단으로 치닫는 선택을 한 것만은 분명했다. 조합원들이 두려워하고 있음을 잘 알았다. 어쩔 수 없이 조합원들이 점거에 동참했음도 알았다. 이해남은 조합원들을 이해했다. 자신뿐만 아니라 그 누구도 공장을 점거해본 사람은 없었다. 두렵지만 지도부가 결정을 했으니 조합원들은 따라준 셈이었다.

이해남이 7월 8일 들이치기로 한 것은 박원희, 김우섭, 배점봉, 가선호를 비롯한 구사대와 한바탕 싸움을 벌이고 나서였다. 파업에서 떨어져나갔던 그들은 갑자기 오전에 나타나서 조합원들을 들쑤셨다. 마치 약속이나 한 듯 공장에 들어가서 일을 하겠다고 막무가내로 시비를 걸었다. 회사와 한통속이 된 그들의 속셈은 뻔했다. 회사 살리기 모임에 앞장선 그들에게 공장을 통째로 넘겨줄 수는 없었다. 몸싸움이 붙었고 온갖 욕지거리가 난무했다. 다행히 다른 지회 노동자들이 몰려와서 구사대를 쫓아냈다. 사람이 많아서 물리치기는 했지만 언제라도 다시 쳐들어오고도 남을 놈들이었다.

이해남은 그 길로 조합원들을 해강휀스타로 이끌었다. 해강휀스타는 여전히 백석동 공장을 점거하고 있었다. 조합원들은 늘 그래왔듯 연대투쟁을 하러 가는 줄 알았다. 하지만 이해남은 공장점거를 머릿속에 담아두고 있었다. 그 사실을 조합원들에게 알릴지 말지 무척 고민했다. 조합원들에게 공개를 했다가는 회사의 귀에 들어갈 위험이 컸다. 간부들과 상의해서 점거 계획을 조합원들에게 알리지 않기로 했다. 그리고 공장에서 파업을 계속하는 것처럼 보이기 위해 김한규와 조합원들 몇은 공장을 지키게 했다.

해강휀스타 조합원들이 차려준 저녁을 먹고 나서야 이해남은 공장을 점거하기로 결정했음을 조합원들에게 알렸다. 순간, 떠들썩하던 50여 명의 조합원들은 하나같이 입을 굳게 다물었다. 무거운 침묵이 흘렀다.

백석동에 있는 해강휀스타에 갔는데, 집회를 하다가 저녁에 갑자기 회의를 한다고 모이라고 했다. 그 자리에서 느닷없이 공장을 점거한다고 해서 무척 놀랐다. 그때 유철우가 동진이 형한테 전화했다. '형, 무서워요!' 겁먹은 목소리로 말하자, 신동진은 '뭐가 무섭냐' 고 되물었다. 그러자 철우가 '형 몰랐어요? 오늘 공장 점거한대요' 라고 기어드는 목소리로 말했다. **이광수**

회사 분위기가 워낙 조용해서 나는 공장점거하는 줄 몰랐다. 철우한테 전화 받고 알았다. 밤에 공장점거 들어갔다. 처음에는 무서웠다. 점거가 뭘 뜻하는지 감을 못 잡은 조합원들도 있었다. 갈 데까지 가는구나 싶은 게 기분이 엉망이었다. 임금 올려주고 복지시설 해주는 게 회사는 이렇게까지 싫은가 보구나. 날마다 입만 열면 세원가족, 세원가족 하더니 이 정도로 우릴 하찮게 여기는구나 싶었다. 공장을 운영하려면 복지시설을 갖춘다든지 임금을 올려주는 건 당연한 일 아닌가. 우리는 집에 있는 시간보다 공장에 있는 시간이 더 많다. 우리는 일만 하는 기계가 아니다. 운동도 하고 놀기도 하는 사람이다. 어느 정도냐 하면, 농구 골대를 들여놓고 공을 안 사준다. 탁구대는 설치했다가 자재 쌓는다고 없앴다. 늘 이런 식이다. 세원테크는 참 지독한 회사였다. 점거를 앞두고 기분 참담했다. **신동진**

"최후의 선택을 한 겁니다."

먼저 입을 연 건 이용덕이었다. 그는 지회장과 간부들이 점거를 앞두고 오랫동안 고민했음을 털어놓았다. 이어 이해남이 조합원들 앞에 섰다.

"징계, 손배가압류, 공장출입금지 가처분 결정……. 이 자리에서 회사가 저지른 만행을 길게 말하지 않겠습니다. 오늘만 해도 회사에 매수당한 놈들이 관리자들과 구사대랍시고 쳐들어왔습니다. 우리가 목숨을 걸고 지키는 파업 현장을 치겠다고 쳐들어왔습니다. 경찰이 뻔히 보는 앞에서 놈들은 폭력을 휘둘렀습니다. 동지들! 우리는 오늘 하루 종일 죽기 살기로 싸웠습니다. 다행히 지역 동지들 덕분에 구사대 놈들을 물리쳤습니다. 문제는 앞으로 구사대 침탈을 어떻게 막을 건가 하는 겁니다.

점거투쟁! 그것밖에 없습니다. 그렇지 않고서는, 경찰이 지키는데도 공격하는 구사대를 막을 방도가 없습니다. 여기저기서 점거투쟁을 반대하는 사람들이 있다는 거 잘 알고 있습니다. 공권력 투입되면 모두 잡혀갈지도 모릅니다. 저와 간부들은 구속될 수도 있습니다. 그렇더라도 이대로 당할 수는 없습니다.

조합원 동지들! 죽을 수는 있어도 무릎 꿇을 수는 없습니다. 투쟁 없이 쟁취 없다! 투쟁으로 쟁취하자!"

이해남은 불끈 쥔 주먹을 휘두르며 구호를 외쳤다.

비장감이 서린 조합원들을 뒤흔든 건 이용덕이었다. 그는 재빨리 점거 계획을 설명해나갔다.

"들어가자마자 팔레트로 바리케이드를 칩니다. 공장에 남은 사람들이 경비들을 쫓아낼 겁니다. 팔레트를 밀고 내려가서 진입로 입구에 1차, 진입로 입구와 정문 사이 2차, 정문과 현장동 사이에 3차, 삼중으로 바리케이드를 쳐야 합니다. 차 1대만 다닐 수 있도록 바리케이드 칩니다. 각자 쇠파이프 잘 챙기십시오. 잊지 마세요. 들어가서 20분 안에 바리케이드 치고 곧장 점거에 들어갑니다!"

첫날, 5명이 복면을 쓰고 사무실에 들어갔다. '지금부터 전화하지 말라!' 고 소리쳤다. 누군가 전화하려고 해서 전화기를 깨 버렸다. 납품 전화가 오면 코드를 뽑아 버렸다. 물량이 못 들어오게 막아야 했다. 사무실 직원들을 다 쫓아냈다. 다행히 직원들은 우리를 기억하지 못했다. **하태수**

세원테크노조, 아산 시민사회단체 주선으로 7월 9일 회사 앞 식당에서 회사와 마주앉다. 수배 중인 지회장 이해남 대신 회계감사 권세가 대표로 나가다. 회사는 공장점거를 먼저 풀라고 했고, 노조는 그럴 수 없다고 맞서다. 회사는 점거를 풀면, 정식으로 교섭을 하자는 것도 아니고 이야기를 해 보자고 나오다.

회사는 교섭할 생각이 없는 게 분명했다. 기껏 마련한 자리에 나와서 문제를 해결할 방법은 제시하지 않고 이야기나 해 보자니. 결국, 구속을 각오하고 싸울 수밖에 없다. 이해남은 공장점거를 밀고나가기로 결심을 굳혔다. 지부 운영위원회의 결정에도 흔들리지 않을 참이었다. 지부 운영위원 회의에서 이해남은 찬밥 신세를 면치 못했다. 세원테크까지 찾아온 지회장들은 거의 다 공장점거를 반대했다. 금속노조 중앙에서 내려온 간부나 지부 간부들도 반대하기는 마찬가지였다.

"그래서? 징계도 안 풀고 손배가압류로 조합원들 숨통 끊어놓겠다는 회사야. 노조 없이 노예로 살라구? 우리더러 어떻게 하라구?"

이해남은 힘이 되지는 못할망정 점거를 못마땅해 하는 사람들에게 따졌다. 섣부른 결정이었다, 지부의 지침을 따르지 않는다고 성토하는 지부 간부들이 야속했다. 정작 싸워야 할 때는 안 싸우던 사람들이 점거하니까 대화로 풀라구? 노조를 깰 생각밖에 없는데다, 교섭도 안 하겠다는 회사와 대화를 하라니! 사정을 몰라도 너무 몰랐다. 이해남은 점거를 풀라는 지부의 지침을 따를 수 없었다. 최악의 사태가 벌어지면 옥상에서 목숨을 걸고 싸울 각오를 한 터였다. 옥상에 준비한 식량은 장식물이 아니었다. 15개 지회 중에서 힘을 실어준 곳은 해강휀스타, 유성, 베스콘이었다.

이해남은 싸움을 피하려는 지부 운영위만 생각하면 울화가 치밀었다. 그에 비해 금속노조 법률원 변호사는 차라리 시원시원했다. 사무장 구재보와 자신이 수배되었음을 알게 된 것도 변호사를 통해서였다. 수배는 7월 7일에 진작 떨어진 터였다. 그것도 모르고 점거에 들어간 셈이었다. 경찰은 수배를 피하느라 점거를 했다고 우겼지만 결코 그런 건 아니었다. 7월 9일 경찰이 출동하고 변호사가 찾아와서 일러줄 때까지 까맣게 몰랐다. 그제야 이해남은 조합원들에게 점거하기를 잘했다고 우스갯소리를 했다. 그리고 변호사에게 사정을 설명했다.

"공장점거밖에는 할 게 없었습니다. 나중에 구속되면 그때 변호사님 잘 부탁합니다."

"염려 말아요. 이런 정도로 실형까지 살겠습니까. 회사가 악독하게 나오는데 어떻게 합니까. 방법이 없잖습니까. 나중에 봅시다."

변호사는 공장점거를 대수롭지 않게 여겼다. 지부 간부들은 점거를 풀라고 난리인데 변호사가 더욱 열심히 싸우라니, 뜻밖이었다.

구사대와는 하루도 거르지 않고 싸웠다. 구사대는 조합원들의 속을 긁자고 아예 작심하고 나섰다. 먹을 물도 없어서 허덕이는 조합원들 앞에서 생수와 '쭈쭈바'를 먹으며 약을 올리지 않나, 마치 출근해서 작업하는 것처럼 줄을 맞춰 체조를 해댔다. 눈엣가시처럼 오락가락해가며 현장에 들어가서 일하고 싶다고 악을 써댔다. 그렇게 한나절을 보내고 해가 저물면 술집으로 몰려갔다. 이해남은 그들이 안쓰러웠다. 구사대랍시고 회사가 시키는 대로 안 하면 관리자들한테 찍힐 터였다. 먹고살자고 억지로 떠밀려나온 사람들을 이해 못하는 건 아니었다. 하지만 회사편으로 완전히 돌아선 이들은 배신자로 낙인찍지 않을 수 없었다. 파업에 참여한 조합원들이라고 해서 왜 힘들지 않겠나. 씻지도 못하고 잠도 못 자고 모기에 뜯기면서 조합원들은 싸웠다. 몇몇 조합원들은 심지어 부모님이 찾아오기까지 했다. 조합원 박순원은 고령의 부모님이 찾아와 설득했건만 끝까지 싸우겠노라고 부모님을 돌려보냈다. 그 아픔이 오죽하겠나.

구사대들은 공장 맞은켠에 있는 아파트에서 조합원들을 감시했다. 산이고 어디고 구사대는 공장에 쳐들어올 기회를 엿보았다. 구사대를 한 발짝도 공장에 들여서는 안 되었다. 공장 담을 둘러싼 수목 사이에도 씨오투와이어를 그물처럼 쳤고, 볼트, 너트, 패널, 파이프와 완제품으로 정문과 식당 언덕에 방벽을 쌓았다.

사방에서 공장을 침탈하려는 구사대를 잡으러 조합원들이 공장 밖으로 나간 적도 있었다. 10일이었다. 공장 뒷산 나무에 걸어놓은 조합원의 조끼가 없어졌다. 이상했다. 조끼에 다리가 달렸을 리 없었다. 산에는 구사대 침탈에 대비한 근무자를 세웠다. 근무자는 아침에 산에 올라가면 저녁에야 내려왔다. 누룽지와 라면으로 끼니를 때우며 하루 종일 산에서 구사대의 동태를 살펴야 했다. 나무 그늘 밑에서 근무를 선다지만 땡볕에 죽을 맛이었다. 손석철하고 최병호가 근무였는데 조끼만 감쪽같이 사라졌다.

나무 언저리를 샅샅이 뒤지고 나서야 누군가 남긴 쪽지를 찾아냈다. '전투식량 몇 개 옷 몇 벌'이라고 쓴 종이였다. 생라면을 가지고 전투식량이라니, 웃음도 안 나왔다. 그것만으로 구사대가 침범했음을 분명히 알 수 있었다. 조합원들의 판단은 옳았다. 저만치 조합원들을 본 구사대 3~4명이 산을 타고 내빼고 있었다. 김한규를 비롯한 조합원들은 구사대들을 악착같이 뒤쫓았다. 공장 밖, 세교리 굴다리에 가서야 조합원들은 구사대들을 붙잡았다. 수면 부족에 긴장하고 살았던 조합원들은 눈에 보이는 게 없었다. 구사대는 배신자에다 회사 앞잡이일 뿐이었다. 조합원들은 회사 끄나풀이 된 구사대들하고 멱살을 잡고 뒹굴었다. 파업을 하며 아기를 잃은 한명신은 구사대를 붙들고 절규했다.

"우리는 이 더운 날 씻지도 못하고 똥구멍에 구더기가 끓도록 싸운다. 회사 종노릇하는 너희가 사람이냐? 동료를 배신하고도 목구멍에 밥이 넘어가? 우리만 잘살자고 하는 것도 아니잖아? 우리하고 맞서 싸워서 도대체 뭘 어쩌자는 거야! 너희가 인간이라면 이래선 안 돼!"

조합원들은 다들 격앙된 상태였다. 조합원들을 더욱 바짝 조인 건 노조 탄압 시나리오였다. 이제나저제나 공권력이 치고 들어올까 봐 예민해진 조합원들에게 사무실에서 찾아낸 시나리오는 더욱 경계심을 불러일으켰다. 시나리오를 돌려본 조합원들은 회사가 노조를 깨려고 치밀한 준비를 해왔음을 비로소 알게 되었다. 김성백이 작성한 조합원 성향파악자료에는 조합원들마다 행동을 어떻게 했는지 상세히 적혀 있었다. 조합원들의 일거수일투족을 감시한 사진도 나왔다. 조합원들이 누구와 무슨 이야기를 했는지 무엇을 했는지 공장과 밖에서 누가 누구를 만났는지 상세히 기록되어 있었다. 비로소 조합원들은 회사가 노조를 깨려는 음모를 꾸미고 있음을 실감했다. 하지만 이 무렵에는 워낙 다급했던 터라 시나리오를 찬찬히 뜯어볼 겨를이 없었다.

팽팽한 긴장감에 짓눌린 조합원들은 구사대의 행동 하나하나에 날카롭게 반응했다. 정문 가까이 다가온 구사대가 "공장에서 물러가라!" 하고 외치면 조합원들은 이내 대거리했다. "들어오려면 들어와 봐! 공장에 한 발짝만 들여놔 봐! 가만 안 둘 테니까!" 조합원들은 감옥 갈 각오하고 들어왔음을 밝혔다. 조합원 김진호는 '공장에서 죽어도 안 나가겠다! 여기서 끝장을 보겠다!'고 결의를 밝혔다. 지게차를 운전하는 그는 여느 때는 순박하기 그지없는 사람이었다.

연대 온 철거민들의 투쟁은 달아오른 화약고 같았던 조합원들에게 불을 댕긴 셈이었다. 9일 저녁에 구사대와 붙은 싸움으로 난장판이 되었다. 세원테크 소식을 인터넷에서 알게 된 철거민들 120명이 수련회를 다녀오는 길에 들렀다. 그들은 버스에서 내리자마자 득달같이 구사대에게 달려갔다. 몸싸움이 격렬하게 벌어졌다. 팔다리에 상처가 났고, 안경이 깨졌다. 뒤엉켜 싸운 사람들은 논바닥에 굴렀다. 어둠이 짙어가면서 부상자가 속출했다.

싸움 와중에 이해남은 한명신 조합원의 절규를 생생히 들었다.

"나 여기서 싸우다 죽을 거야! 나 여기서 죽게 내버려 둬!"

이해남은 기숙사 옥상으로 올라갔다. 현장을 돌며 조합원들을 만나는 참이었다. 연대 온 사람들이 정문 밖을 지켜주기에 틈을 내어 조합원들을 살피러 다녔다. 기숙사 옥상에는 나이 든 조합원들과 젊은 친구들이 어울려 있었다. 밤낮 구사대를 감시하느라 다들 눈에 핏발이 섰다. 꼴이 말이 아니었다. 무슨 말로 위로가 될까. 이해남은 조합원들의 눈에 드리운 불안의 그림자를 읽었다. 전쟁을 하자고, 공장을 날려버리자고 점거를 한 건 아니었다. 점거투쟁이 어떻게 막을 내릴지도 몰랐다. 어떤 성과가 있을지 혹은 파국으로 치달을지 아무도 몰랐다. 조합원 개개인이 어떤 피해를 입을지 장담 못했다. 꽉 막힌 조합원들의 속을 후련하게 뚫어줬으면 좋으련만 지금은 길이 안 보였다. 그렇다고 주저앉을 수는 없었다. 기왕 공장점거를 했으니 조합원과 자신은 한 몸이었다. 한 배를 탄 이상 주눅 들기보다는 용기를 북돋아야 했다. 조합원들이 서로를 자기 몸처럼 보듬을 수 있다면 공장점거투쟁이 헛되지는 않을 터였다. 이해남은 혈육이나 다름없는 조합원들에게 거듭 속내를 털어놓았다.

"왜 우리가 공장을 점거했냐 하면, 물량을 20퍼센트라도 붙들어야지 회사를 압박할 수 있다. 노동자들의 연대투쟁으로 번진다면 점거는 헛되지 않을 거다."

기숙사 뒤에 있는 산업용 가스저장고에 원래는 근무조가 없었다. 거기서 근무 서는 조합원이 담배를 피우자, 저 멀리서 구사대들이 사진을 찍었다. 사진 찍는 데 워낙 예민한 때였다. 사진 찍는 놈 죽인다고 쇠파이프를 들고 설쳤다. 나중에 보니까 빈 카메라로 구사대들이 장난친 거였다. 어떤 형님이 경찰 무전기를 엿들었는데, '구사대가 침탈 못하는 건 우리가 엘피지탱크를 터뜨릴까봐 그런다'고 했다. 그럼 좋다, 거기에 타이어를 박아놓자고 여차하면 터뜨릴 것처럼 위장했다.

가스저장고에서 갑자기 쏙쏙쏙 하면서 가스 빠지는 소리가 난다. 누가 가스를 튼 줄 알고 놀랐다. 알고 보니까, 수증기가 차서 자동으로 빠지는 소리였다. 가스저장고는 기숙사와 공장 건물 사이에 있어서 밖에서도 훤히 보인다. 한성아파트나 골프장 쪽에서 구사대들이 우리를 다 본다. 일부러 가스통에 얼씬거리면서 들어올 테면 들어와보라고 위협한 거다. 나중에 가스통에 타이어 처박은 사진을 내보이며 우리가 폭발시키려고 했다는 주장은 경찰이 꾸민 짓이다.

후생복지부장 조성호를 비롯한 나이 든 분들이 옥상에서 구사대를 감시하는 일을 맡고 식당에서 밥도 했다.

긴장 풀자고 시간 나면 장난도 쳤다. 5킬로그램 묶음 용접용 씨오투 와이어는 줄이 꼬이지 않게 안에 유리구슬이 있다. 그걸로 새총을 만들어서 쏘려고 했다. 후생복지부장한테 애들 면 기저귀 찰 때 쓰는 고무줄을 사달라고 해서 새총을 만들었다. 빨간 고무줄이 너무 얇았지만 백미러 세워놓고 맞추기도 했다. 장미손수건이 한 장씩 있었다. 그것으로 복면하고 수건으로도 썼다. 접어서 목에 매거나, 뚫어서 담배구멍도 만들고. 프레스용 몽키는 엄청나게 크고 무겁다. 그 놈을 테이프로 감아서 들고 다녔다. 쇠파이프에도 테이프 감았고. 대학생들이 왔을 때는 만약에 벌어질 싸움에 대비한다고 드럼통을 조경석 위에 쌓았다. 1차에서 뚫리면 버텨줘야 하니까. 그 정도로 각오가 대단했다.

단전단수 상태였다. 맨홀에 있는 물을 끌어다 썼다. 물이 찔끔찔끔 나왔다. 발전기로 조금씩 끌어올려서 썼다. 현대에서 연대 온 사람들이 순대 국밥 60그릇을 배달해 주었다. 한낮 땡볕에서 맛나게 먹었다. 라면, 된장국, 찌개만 먹다가 어찌나 맛있던지! 근처에 골프장이 있어서 밤에 그리 어둡지는 않았다. 그래도 촛불을 켰다. 땀에 찌든 냄새가 고약했다. 옷도 꼬질꼬질하고 빳빳했다. 아내가 임신 중이었다. 하지만 조합원들과 끝까지 싸우는 것을 당연한 것으로 알았다.

모닥불을 피운 밤이었다. 삼성에서 노조 만들려다 해고된 삼성해고자복직투쟁위원회 위원장 김성환이 경기지역 노동자들하고 찾아왔다.

그런데 갑자기 지회장 이해남이 내 이름을 불렀다. 우리 조합에서 선봉대를 맡아 고생한다면서 나더러 경과보고를 하라고 했다. 정말로 깜짝 놀랐다. 일어서긴 했는데, 할 말이 없었다. 금속노조가 뭔지 민주노총이 어찌된 건지 체계도 모르는 판인데 이야기를 하라니 난감했다. 그런 말은 이용덕이나 구재보가 했었다. 고생한답시고 나를 시킨 것까지는 좋았는데, 뭘 알아야지. 그래서 와줘서 고맙다고, 끝까지 싸우라고 격려해줘서 고맙다고 했다. 김성환이 해준 말이 놀라웠다. 노조 만들려고 했다고, 음식점과 술집을 계속 돌아다니고 여관에서 잠을 재우고 억지로 술을 먹이며 협박하고 애원하고 사람을 말려 죽인다고 했다. 회사가 강제로 어용노조 위원장으로 만든 사람은 동료들 원성에 시달리다가 회사와 짠 대로 도피했는데, 회사가 1년 내내 감시를 했고, 배신감에 삶을 포기한 그 사람은 삼성 본관을 3차례나 차로 들이받고 구속시키라고 했단다. 불법 복제한 휴대폰으로 위치추적을 해서 24시간 사람을 감시하고 돈다발을 안기면서 외국으로 강제 발령을 낸다고 했다. 삼성에도 노조가 있냐고 물어봤다가 끔찍한 이야기만 들었다. 아무리 돈이 많다고 해도 그런 일이 생길까? 무서웠다. 막말로 '오늘 잡아서 묻으면 어떻게 하나' 하는 생각이 다 들었다. **김한규**

조합원들이 잠을 못 자니까 초긴장 상태였다. 바닥에서 자다가 식당에 들어가서 자면 식탁을 두 개 붙여서 잠을 잤다. 새벽에 추우면 커튼을 뜯어 와서 덮었다. 끓지도 않은 물을 넣어 컵라면을 먹었고, 설익은 밥을 먹었다. 나는 땀을 많이 흘리는데, 땡볕에도 땀이 안 났다. 옷에 소금기가 버석거렸다. 하도 긴장해서 땀이 안 났다. 얼굴은 늘 벌겋고. 우리 엄마가 세원테크 홈페이지에 들어가서 내 사진을 보고 안쓰러워했다. 구재보, 이용덕, 전영웅이 누구냐고 물어보고 '그거 언제까지할 거냐'고 물었다. **신승현**

긴장한 조합원들은 바닥에서 일주일 내내 잠을 못 잤다. 비가 안 왔고, 모기와 싸웠다. 경찰과 구사대가 침탈할까봐 늘 대기했다. 기아와 현대 자동차가 번갈아 연대 왔다. 현대아산 활동가 수십 명이 2박 3일

동안 사수대를 했다. 정규직 노동자로서 중소사업장 노동자들의 삶을 처음으로 알았다고, 열악한 처지에서 힘들게 싸우는 걸 알고 감동을 받았다고 고백했다. 기아자동차 화성공장 노동자들은 선봉대가 중심이 되어 파업 전에도 여러 차례 연대투쟁을 왔다. 학생들과 이주노동자들도 지지방문을 왔다. 지역에서 온 노동자들은 우리를 쉬게 해주고 사수대를 했다. 연대를 많이 오니까, 식당에서 직접 밥을 해먹었다. 물이 나오지 않아 지저분해진 화장실도 나이 많은 조합원들이 도맡아 청소했다. **조성호**

　밤이면 모닥불을 피웠다. 은하수가 펼쳐진 밤하늘을 동료들과 보며 잠을 청했다. 비록 모기 때문에 잠들지는 못했지만 잠자리 바로 옆에 손을 뻗으면 닿는 차디찬 쇠파이프와 풀숲에 가지런한 화염병만 없었다면 행복한 나날이었으리라. 이슬 내리는 새벽에 푸드득거리는 새 소리에 놀라고 가스탱크에서 바람 빠지는 소리에 초비상이 걸리기도 했지만 동료들과 나란히 누워 잠들 수 있어서 행복했다. **김인태**

　해가 저물 무렵, 지역 대표들이 세원테크에 모여 회의를 하다. 연대투쟁 온 현대와 다른 지회 노동자들이 삼삼오오 둥글게 모여앉아 끼리끼리 이야기를 나누다. 공권력이 투입된다는 소문이 돌다. 이해남은 이진숙을 잠깐 보자고 부르다. 공장 벽을 돌아 기숙사 아래에 있는 식당에서 두 사람 마주 앉다.

이해남 : 공권력 쳐들어오면 끝까지 맞선다. 조합원들 끝까지 싸운다.
이진숙 : 마음은 알지만 너무 위험하다. 왜 극단으로 치닫나? 조합원들이 어찌 될지 생각해봤나?
이해남 : 달리 길이 없다. 회사는 아무것도 안 하겠다고 나온다. 완전히 배째라는 식이다.
이진숙 : 알다시피 지회장은 노동운동 경험이 없다. 이용덕과 구재보의 이야기를 너무 듣는 게 아닌가? 점거투쟁은 여러 의미와 가치를 둘 수 있어야 하는데, 이건 아니다. 노조 결성했으면 차분하게

나가야 한다. 너무 위험하다.

이해남 : 나도 안다. 하지만 이 판단을 믿을 수밖에 없다. 아무 걱정 마라. 혹시 잘못되면 뒤를 잘 봐 달라. 조합원들을 추슬러 달라.

이진숙 : 협상을 해서 길을 찾아봐야 한다. 다른 전술을 썼으면 좋겠다.

이해남 : (빙그레 웃으며) 힘들다.

이진숙 : 점거투쟁은 정말로 위험하다. 노조가 적당한 선에서 싸움을 해봐야지. 진도가 너무 빠르다. 지역 간부들과 이야기해보고 다른 사람들 이야기도 들어보라. 솔직히 노조 내부 성원들의 입김이 너무 크다. 지역 간부들이 비집고 들어갈 틈이 없다. 지회장이 마음을 열고 다양한 의견을 들어봤으면 좋겠다.

이해남 : 솔직히 말해줘서 고맙다. 기왕 말 나온 김에 나도 말해보자. 민주노총이나 금속노조가 우리한테 너무한다. 조직이 큰 데는 신경을 많이 써주고, 세원처럼 작은 데는 홀대한다. 자신들과 뜻이 맞는 데는 연대하고 집중하는데 안 그런 데는 신경을 덜 쓴다. 이건 옳지 않다. 모든 노동자의 고통은 같다. 공장이 작다고 내버려두는 건 옳지 않다. 그리고 노동운동이 너무 관료화됐다. 지도부가 조합원들과 떨어져 있다. 그들만의 잔치 같다. 진정성이 안 보인다, 뭔가 바꿔야 하지 않나? 사심 없이 싸워야 한다. 의지만으로 다 되는 거 아니라는 거 안다. 힘이 없어서 못하는 것과 힘이 있고 할 수 있는데도 조직하지 못하는 것은 다르다.

이진숙 : 지회장은 너무 원칙만 따진다. 지회장이 노동교육 받은 것과 실제 벌어지는 일이 다르니까 답답한 줄은 알겠다. 교육 받은 것과 현실이 왜 다른가? 한번 생각해보자. 하기 싫어서 안 해주는 게 아니라 힘이 그것밖에 안 된다. 노동운동 역량이 고작 그 정도다. 그거 인정했으면 좋겠다.

이해남 : 그래도 섭섭한 건 어쩔 수 없다. 알다시피 현장에서는 상식이 안 통한다. 노동자들을 억압하는 게 현실이다. 인간답게 살겠다고

문제제기하고 부닥쳐보니까 세상이 가진 자들 멋대로다. 사법부도 노동부도 노동자들을 도와주지 않는다. 우리나라에서는 최소한의 정의조차 지켜지지 않는다. 그래서 답답하다. 더욱 놀라운건, 이렇게 사회가 엉망인데도 멀쩡히 굴러간다는 사실이다. 정말 이상하다. 이해할 수가 없다.

이진숙 : 좀 빗나간 이야기가 될지 모르겠다. 지회장도 연대 오는 지회는 살갑게 대해주고, 그렇지 않은 지회는 빈정대며 홀대하지 않나. 세원테크는 금속에서 지시하는 대로 한 번도 안 움직였다. 이것이 금속노조의 발목을 잡는다. 지회장은 나긋나긋하지 않고, 다른 지회장들을 은근히 따돌리고. 투쟁하는 사업장에서야 지회장을 이해하지만 다른 데는 다가가기가 힘들다. 공장점거는 아무래도 정상민이 짜놓은 시나리오에 말려든 것 같다. 밖에서 보기에 구덩이에 몰아넣어서 무너뜨리려는 게 보인다.

이해남 : 물량이원화부터 지금까지 외톨이가 된 기분이다. 하여튼, 나중에라도 조합원들을 부탁한다. 솔직하게 이야기해줘 고맙다.

2002년 7월 14일 20:00
세원테크지회, 공권력 침탈에 대비한 집회를 열다.

공권력이 쳐들어올 거라는 소식이 날아들었다. 점거투쟁에 연대 온 노동자들이 공장을 빠져나가고 있었다. 노조는 즉각 조합원들을 불러 모았다. 식당에서 산 위에서 옥상에서 정문에서 조합원들이 모여들었다.

"아무도 알아주지 않겠지만 우리는 공장을 지켰습니다. 하루에도 서너 차례 구사대를 막는다고 뒷산을 오르내렸습니다. 잠을 못 자서 다들 눈에 핏발이 섰습니다. 동지들, 고생 많습니다. 이 자리에 갑자기 모이라고 한 것은 오늘 밤에 경찰이 쳐들어올 거라는 소식을 전해드리기 위해서입니다."

이용덕의 말에 조합원들은 잠시 술렁거렸다. 그러나 이내 얼굴이 굳어졌다. 다들 드디어 올 것이 왔구나, 하는 표정이 역력했다.

"그렇다고 너무 놀라지 맙시다. 조합원 동지들, 고생이 많습니다. 점거투쟁 내내 겪었던 모든 일 하나하나, 영원히 잊지 못할 겁니다. 나는, 우리 자신이 자랑스럽습니다. 누가 뭐라 하든, 우리는 민주노조를 지키려고 싸웠습니다. 우리가 포기하지 않는 한 이번 싸움은 끝나지 않을 겁니다."

이용덕은 앞으로 어떻게 할 건지는 상황을 보면서 결정하겠다고, 20분 만에 집회를 마쳤다.

조합원들은 각자 근무를 서던 곳으로 발걸음을 돌렸다. 경찰이 쳐들어오면 어떻게 될까. 다들 그 물음에 사로잡혔을 터이고 두려웠으리라. 그럼에도 조합원들은 지도부의 결정을 묵묵히 받아들였다. 이해남은 돌아서는 조합원들을 보며 가슴이 먹먹해졌다.

20:30
이해남, 경찰 침탈에 대비해 결사항전을 할 것인가 공장에서 탈출할 것인가, 고민하다.

지회장과 화염병이며 물량(폐타이어 따위 각종 방어용 물건들)을 다 퍼붓고 옥상으로 갈 것인가, 공장 밖으로 퇴각할 것인가를 논의하였다. 점거에 들어갈 때 그 전술을 이야기했다. 경찰이 공격하면 결사항전을 생각했다. 지회장은 침탈 이야기가 나온 12일부터 내내 긴장했다. 경비실에서 지회장은 몇몇 간부들한테 어떻게 했으면 좋을지 의견을 물었다. 워낙 다급한 상황이어서 조합원들하고 일일이 이야기할 틈이 없었다. **이용덕**

정문에서 전열을 갖추고 남은 조합원으로 공장을 지킬 것인가를 이야기했지만, 그건 불가능했다. 도주 계획을 짜놓고, 끝까지 해보려는 조합원들도 있었다. 하지만 무모했다. **조성호**

정문 바리케이드 앞에서 있다가 순찰을 한 바퀴 돌던 참이었다. 전화를 받고 경비실로 갔다. 지회장과 여러 사람이 경찰 침탈을 앞두고 회의를 하고 있었다. 연대 온 기아자동차 노동자 4명도 보였다. 왜 불렀냐고 물어보니까, 퇴각 결정을 해야겠으니 근무조를 다 철수하라고 했다. 퇴각로를 정해놓고 차로 이동할 것인지 이야기가 오갔다. 결국 나중에는 조별로 흩어졌다. **김한규**

21:00
이해남, 퇴각 결정을 내리다.

공장 저 건너편에서 경찰 탐조등이 빛을 쏘아대고 있었다. 경찰이 옥죄고 있음이 실감났다. 이해남은 어둠에 묻힌 조합원들 앞에 섰다. 노조 지도부만 믿고 따라준 조합원들이었다. 차마 입이 떨어지지 않았다. 그러나 이대로 허망하게 무너질 수는 없었다. 그는 배에 힘을 주고 입을 열었다. "힘들게 싸우는 동지들에게 안타까운 소식을 전하게 되었습니다. 지금 밖에는 경찰이 진을 치고 있습니다. 오늘 밤 공장을 침탈하겠답니다. 우리는 싸울 수도 있습니다. 하지만 어떤 불상사가 벌어질지 모릅니다. 앞날을 생각해서 피해를 줄여야 합니다. 오늘만 싸우고 말 게 아닙니다. 조합원 동지들! 눈물을 머금고 오늘 밤 퇴각하기로 결정했습니다!"
이해남은 겨우 말을 마쳤다. 몇몇 조합원들은 술렁였다. 어찌된 거냐고 서로 물었다. 늦게 온 조합원들은 영문을 모르겠다는 표정이었다. 이해남은 쓸어안듯 조합원들을 눈에 담았다. 그는 노래를 선창했다.
"휘몰아치는 거센 바람에도 부딪쳐오는 거센 억압에도 우리는 반드시 모이었다 마주보았다!"
이내 조합원들의 합창이 물결쳤다.
"살을 에는 밤 고통 받는 밤 차디찬 새벽서리 맞으며 우린 맞섰다!"
갑작스러운 퇴각 결정이었다. 조합원 한 사람 한 사람에게 찬찬히 설명도 못했다. 조합원들이 어리둥절해하는 것도 무리는 아니었다. 퇴각 결정을 받아들이지 못하는 조합원들도 있었다. 그러나 시시콜콜 토론할 시간이 없었다. 간부들만 논의할 수밖에 없었다.

"사랑 영원한 사랑 변치 않을 동지여!"

조합원들이 울먹였다. 어느새 합창은 흐느낌으로 변하고 있었다. 이해남은 조합원들의 마음을 알았다. 조합원들의 울음엔 분노가 섞여 있었다. 허탈하리라.

"이럴 거면 뭐 하러 점거했나. 끝까지 버티자. 본관 옥상에 볼트, 너트, 가스통도 쌓아뒀다. 끝까지 싸우자! 바리케이드 날아갈 때까지 경찰하고 끝까지 싸우자! 옥상에서 하루 이틀이라도 버티다가 무릎 꿇자. 본관 앞 철제 팔레트와 박스에 기름도 뿌렸다. 입구 중앙에 플라스틱 박스도 쌓아뒀다. 이대로 물러설 수 없다!"

이해남은 조합원들의 울부짖음을 고스란히 들었다. 비록 쫓겨나지만 후회는 없었다. 조합원들의 목숨을 걸고 벌인 싸움이었다. 고통스러운 결단을 내려야 했다. 일주일이 1년 같았다. 조합원들과 노조를 걱정하느라 한숨도 못 잤다. 점거를 둘러싸고 조합원들끼리 숱하게 싸우기도 했지만 잘 헤쳐 나갔다. 떨어져나간 조합원들도 있지만 점거에 뛰어든 조합원들이 자랑스러웠다. 고통스러웠지만 살면서 가장 아름다운 순간을 맛보았으리라. 이해남은 울음바다를 이룬 조합들에게 말했다. 당신들을 사랑한다고!

21:30

세원테크노조, 퇴각을 서두르다. 조합원들 4명, 5~6명, 7~8명, 10명씩 퇴각조를 짜다.

기아자동차 노동자가 월급에서 전해준 투쟁기금 100만 원을 이동할 때 쓰라고 조별로 10만 원씩 나누어주다. 각 조별 책임자를 뽑다. 마지막 공장사수조를 이용덕이 책임지겠다고 하자, 조합원들 반대하다. 마지막 사수조를 모집하자, 김한규를 비롯한 조합원 10명이 스스로 나서다.

22:00
이해남, 지회장으로서 끝까지 남겠다고 결심하다. 간부들, 어차피 수배 중이니 밖으로 나가라고 이해남을 강력하게 설득하다. 연대 온 기아 노동자들에게 이해남을 부탁하다. 이해남, 기아 노동자들에게 둘러싸여 공장을 빠져 나가다.

24:00
마지막 사수조만 남고 조합원들 공장을 나가다

활동비 10만 원 받고 우리 조는 어디로 갈까 고민했다. 4명이 한 조였다. 이수영이 KTX 철길을 타고 가자고 했다. 안전하고 걸리지 않을 거라면서. 철길에 오를 때는 쉬웠는데, 한참 밤길을 가다보니까 엄청나게 높았다. 천안에서 서울로 향하는 고속철길이다. 가도 가도 철길에서 나갈 구멍이 안 보였다. 철길에서 빠져나갈 수가 없었다. 무작정 걷다 보니 2시간 넘게 밤길을 걸었다. 땀을 삐질삐질 흘리면서 미칠 노릇이었다. 물론, KTX가 운행하기 전이다. 다행히 철길에 센서가 있었다. 무작정 가는데 저 멀리서 경비가 라이트를 비추며 다가왔다. '누구냐!'고 묻기에 우리도 깜짝 놀랐다. 나가는 길을 몰라서 헤매고 있다고 사정사정했다. 고맙게도 경비가 나가는 문을 따줬다. **양한희**

2002년 7월 15일 01:30
마지막 사수조, 폐타이어와 구재보의 구형 고물차 박살 난 것 그리고 쇳덩이를 끌어 모아 바리케이드를 설치하다. 정문 저 멀리 정보과 형사들이 오락가락하다.

마지막 사수조, 여느 때처럼 보이게 한답시고 10명이 바리케이드 앞에 섰다가 앉기도 하며 경찰의 눈을 붙들어두다. 경찰은 아파트 단지에서 공장에 탐조등을 비추다.

조합원들이 도피할 수 있도록 시간을 끌던 마지막 사수조, 2개 조로 나뉘어 공장을 빠져 나가다. 마지막 사수조가 퇴각하고 나서 바로 경찰 진입하다.

정문에서 왔다 갔다 하며 1시간 30분을 버텼다. 새벽 2시 30분쯤이었다. 회사 앞 논 있는 쪽으로 달렸다. 논두렁을 뛰었고 산을 기어 올라갔다. 황토로 된 깎아지른 절벽이 나타났다. 손전등을 비추고 걸어갔다. 물이 고인 데가 나타나면 조심하라고 '봐. 봤지?' 하고 길을 만들어주었다. 그런데도 뒤따라오던 조합원들은 물웅덩이에 풍덩풍덩 빠지기 일쑤였다. 그때는 경찰이 우리를 쫓아오는 줄 알았다. 그렇게 들로 산으로 밤중에 몇 시간을 헤매다가 우리 집에 갔다. 돌아가면서 씻었다. 조합원들 작업복이 너무 더러워 다들 내 옷으로 갈아입었다. 씻는 동안에도 나머지 사람들은 잠을 잤다. 아내가 만두를 쪄주었는데 하도 피곤하니까 먹을 생각을 안 했다. 무조건 잤다. 새 옷을 갈아입고 나서야 집합장소인 기아자동차 공장으로 떠났다. **김한규**

바로, 그런 것이었다
사람에게 가장 아름다운 사랑은
그 검게 그을린 미장공의 웃음
또한 사람에게 가장 아름다운 진실은
사람의 눈에서 흐르는 눈물, 짜디짠 눈물

「핑 도는 눈물」에서

10 살아서 돌아오다

드디어 온다, 다들 흩어지지 않고 돌아와!

기아자동차 화성공장의 독신자 기숙사인 카렌스타운 2층에서 창밖을 내다보던 이해남은 감격에 떨었다. 조합원들이 돌아오고 있었다. 간밤에 공장을 탈출했던 조합원들이 약속장소인 카렌스타운으로 돌아오고 있었다. 황재선(1969년생), 김진호, 최병호, 박세원(1975년생), 하태수(1973년생), 강명복, 이수영, 신승현, 양한희, 전중기(1977년생), 한상윤(1976년생), 오민성(1979년생)……. 이해남은 조합원들의 이름을 하나하나 불러보았다. 목숨을 건 투쟁을 함께한 동지들의 이름이었다. 무엇하고도 바꿀 수 없는 소중한 이름들이었다. 동지들, 고맙다! 살아서 돌아와 정말 고맙다! 그리고 반갑다! 이해남은 가슴이 벅찼다.

"야! 멀쩡하게 돌아왔어! 잘 찾아왔어!!"

조합원들은 얼싸안으며 환호성을 질렀다. 먼저 와서 쉬고 있던 조합원들은 카렌스타운 정문에 동료들이 들어서기가 무섭게 달려 나갔다. 고작 15~20시간 떨어져 있었을까. 간밤에 헤어지고 다시 얼굴을 본 셈이었다. 그러나 조합원들은 마치 석 달 열흘은 떨어져 있다 만난 듯 기뻐서 날뛰었다. 사지에서 살아온 기분이 이럴까. 이해남은 조합원들을 한 사람 한 사람 힘껏 끌어안았다.

"고맙다! 돌아와줘서 무조건 고마워!"

"민주노조 깃발 아래 와서 모여 뭉치세!"

누가 먼저랄 것도 없이 조합원들은 〈철의 노동자〉를 불렀다.

"단결만이 살길이요 노동자가 살길이요 ……아아! 민주노조 우리의 사랑 투쟁으로 이룬 사랑! ……너와 나 너와 나 철의 노동자!"

어느새 조합원들은 울먹거렸다. 기아자동차 기숙사에 난데없이 사내들의 울부짖음이 울려 퍼졌다. 기숙사에서 잠을 자던 사람들이 웬일인가 하고 내다보았다. 그러나 이해남은 멈추지 않았다. 눈물을 뿌리며 노래를 불렀다. 기숙사가 떠나가도 좋았다. 가슴이 터져도 좋았다. 조합원들의 뺨에 흐르는 눈물이 가슴을 적셨다.

점거하고 퇴각해서 기아 카렌스타운에서 다시 만났을 때, 가장 가슴이 뭉클했다. 조합원들이 몇 달이나 못 본 사람처럼 반가웠다. 퇴각하다가 잡히거나 그냥 집에 간 사람도 있을 줄 알았는데, 한 사람도 안 빠지고 다 왔다. **김인태**

우리가 무사히 기아 카렌스타운에 도착하자, 함께 싸웠던 조합원들은 다들 같은 마음이었을 거다. 내가 잠자고 있을 때 지회장은 잠을 안 자고, 옷이라도 덮어줬으리라는 감정을 느꼈다. **한명신**

새벽에 조별로 탈출해서 걱정을 많이 했다. 공권력 때문에 흩어진 조합원들이 과연 다시 모일까. 걱정했다. 우리 조합원들이 많이 떨어져나갈 거라고 생각했다. 그런데 카렌스타운에 갔더니 한 명도 안 빠지고 다 왔다. 12·12 때가 생각났다. 고마워서 울었다. **구재보**

잠을 깨고 일어나서, 사무장이 도피자금으로 준 10만 원 수표를 꺼냈다. 비상금인데, 2개 조가 나눠가졌다. 우리 조는 한 푼도 안 썼다.

나중에 다른 조들이 다들 돈을 쓴 것을 보고 괜히 안 썼다고 후회했다. 물론, 우스갯소리로 하는 농담이다. 여관에 가서 잠을 자면 여관비로 4만 원은 들지 싶었다. 아침을 먹자면 돈을 다 써서는 안 되겠다 생각했다. 칼국수집에 들어가니까 회계감사하고 사무장이 아침을 먹고 있었다. 아산만 방조제 가는 길목이었다. **손석철**

마지막 사수조였다. 퇴각할 시간이 다가오자, 바리케이드로 썼던 사무장 차에 신나를 넣고 기름을 끼얹었다. 거기에 기숙사 이불을 쑤셔 넣고 기름을 뿌렸다. 타이어, 담요도 넣었다. 그 너머에는 모닥불을 피워놓았다. 막상 퇴각 시간이 닥치자, 누군가 코란도에 불을 지르고 떠나자고 했다. 불을 지르자 그냥 가자 잠시 실랑이를 하였다. 퇴각 앞두고 실랑이를 하는데 느닷없이 유철우가 차에서 기어 나왔다. 어처구니없게 차 안에서 곯아떨어진 거였다. 그 난리를 쳤는데 잠을 잤다니 놀라웠다. 막내인 유철우는 모기한테 엄청 물렸다고 씨부렁거리며 나왔다. 만약에 확인 안 하고 불을 질렀으면 어찌되었을지 상상만 해도 오싹하다. **이광수**

한참 어둠 속을 달려가는데 어디에선가 승용차가 반짝거렸다. 퍼뜩 경찰차로구나 싶었다. 그래서 어떻게 할까 고민을 했다. 외딴길이었다. 무조건 차를 지나가야 했다. 전부 작업복으로 복면을 하고 얼굴을 가렸다. 그리고 쇠파이프를 들고 뛰쳐나가 차를 에워쌌다. 경찰이면 제압하고 도망칠 셈이었다. 그런데 뜻밖에도 차 안에는 남녀가 얼싸안고 있었다. 한창 뜨거운 사랑을 나누던 두 사람은 기겁했고, 화들짝 놀라기는 우리도 마찬가지였다. '야, 꼴사납게 됐다. 저 사람들이 신고할지도 모르잖아!' 조합원들은 허탈해했지만 어쩔 수가 없었다. 차 안에서 벌거벗고 끌어안은 두 남녀는 눈이 휘둥그레져서 바들바들 떨었다. 난데없이 나타난 우리 때문에 잔뜩 겁을 먹었지만, 우리도 난처했다. 그렇다고 벌거벗은 사람들을 끌어내어 뭐라고 할 처지도 아니었다. **유윤호**

회사 정문에 경찰이 진을 치고 있었다. 그때는 경찰이 골목마다 조합원들을 뒤쫓는 줄 알았다. 그래서 잔뜩 긴장한 채 도망치던 중이었다. 새벽 3시 넘어서 차를 몰고 기아자동차로 가야 하는데, 워낙 피곤해서 그만 차 안에서 곯아떨어지고 말았다. 경찰은 계속 왔다 갔다 했고 그러다가 날이 밝았다. **강종구**

15일 아침 세기마이크로텍지회가 천막농성을 하는 곳으로 오라고 했다. 그날 비가 많이 왔다. 둔포에 있는 세기마이크로텍에 가서 한 조를 10시쯤에 만났다. 천막 농성하는 사람들하고 인사를 하고 기아 화성공장으로 들어간다고 해서 길을 떠났다. 아산만에 있는 조개구이 집으로 가니까 거기에 우리 조합원들이 칼국수로 아침을 먹고 있었다. 기아노조 집행부와 대의원들을 만나고 공장 밖에 있는 카렌스타운으로 갔다. **이상호**

전경 출신이어서 연대 뒷산에서 학생들을 뒤쫓을 때가 생각났다. 경찰이 틀림없이 뒤쫓을 걸로 알고 죽도록 도망갔다. 공장점거는 머리털 나고 처음 해보는 거였고 산에도 골목에도 경찰이 진을 치고 있을 것만 같았다. **김한규**

천안역에 있는 여인숙에 갔더니 방이 꽉 찼다. 나중에 보니까 다른 조들이 거기에서 잠을 잤다. 시골 구석에 처박혔다가 목욕탕에 가서 씻었다. 입을 옷이 없어서 지하상가에 가서 청바지를 사 입었다. 카렌스타운으로 오라는 휴대폰 문자가 와서 택시 타고 날아갔다. **황재선**

산 너머 초원아파트 앞에서 빵을 사먹었다. 배는 고프지 다리는 아프지. 에라, 잡아가려면 잡아가라는 심정이었다. 여관을 뒤졌는데 방이 없었다. 그날따라 일요일이어서인지 빈 방이 없었다. 다들 집구석에서 잠을 안 자는지 가는 곳마다 방이 다 찼다고 했다. **최병호**

조합원들은 일주일이나 잠을 못 잤음에도 자신이 겪은 일을 쏟아내느라 정신이 없었다. 기아자동차 노동자들이 기숙사 옥상에 조촐한 술자리를 준비했다.

이 무렵, 기아 화성공장 '노동해방선봉대'와 '현장의 힘' 그리고 현대 아산공장 대의원들이 많은 도움을 주었다. 조합원들은 이들과 어울리며 노동자는 하나임을 느꼈다. 아울러 정신없이 돌아가는 현장 라인을 보면서 대공장 노동자들이 열악한 작업환경에서 일하고 있음도 알았다. 대공장 노동자들을 노동 귀족이라고 헐뜯는 보수언론은 거짓을 일삼는 셈이었다. 그리고 조합원들은, 부품사·비정규직 문제를 해결하기 위해서는 대공장 노동자와 함께 싸워야 한다고 생각했다.

조합원들은 수박이며 과일을 우적우적 씹으며 신나게 지껄였다. 소주잔을 주고받으며 웃고 떠드는 조합원들은 언제 공장을 점거하고, 언제 경찰에 쫓겼나 싶었다. 이해남은 무용담을 자랑하는 조합원들에게서 힘을 얻었다. 사실 간밤에 기아노동자들과 함께 일찍 빠져나올 때는 앞날이 캄캄했다. 조합원들을 기다리는 내내 속이 새카맣게 타들어갔다. 과연 조합원들은 약속장소로 올 것인가. 이 핑계 저 핑계를 대고 사라지지 않을까. 경찰에 쫓겨 뿔뿔이 흩어진 조합원들이 그 길로 영영 사라지는 건 아닐까. 밤새 잡생각에 시달렸다. 공장점거를 했건만 손에 쥔 건 없지, 막상 퇴각은 했지만 앞날이 어찌될는지 알 수가 없었다. 조합원들의 투쟁의지만 믿고 강행한 점거투쟁이었다. 충남지부를 비롯한 지역 동지들의 반대를 무릅쓴 투쟁이었다. 아무 것도 얻은 것 없이 쫓겨나왔으니 답답할 따름이었다. 조합원들 볼 면목도 없었고 도무지 기운을 차릴 수가 없었다. 그렇다고 기죽은 모습을 보일 수도 없고 난감했다. 그래도 왁자지껄 떠드는 조합원들을 대하니 살 것만 같았다.

시나브로 시간이 흐르고, 촛불이 한 점 두 점 살아나고 있었다. 누군가 불붙인 촛불이 어느새 커다란 원을 그리며 어둠을 밝히고 있었다. 옥상이 들썩이도록 떠들썩했던 조합원들은 수굿해졌다. 마치 약속이나 한 듯 침묵에 빠져든 조합원들 얼굴을 이해남은 새기듯 눈에 담았다. 축 처졌던 어깨가 꿈틀대며 살아나는 느낌이었다. 그는 자리에서 일어났다.

"동지들, 고맙습니다. 우리는 공장에서 쫓겨났습니다. 우리가 죽도록 일했던 세원테크에서 내쫓겼습니다. 저나 여기 앉은 동지들 한 분 한 분 무척 고생했습니다. 그리고 너무 힘든 거 압니다. 동지들, 보십시오! 온통 어둠뿐입니다! 세상이 아무리 깜깜하더라도 우리는, 그 세상에 지지 맙시다!"

이해남은 돌아서서 촛불을 들어보였다. 먹빛 밤하늘이 세상을 물들이고 있었다. 그리고 별빛이 쏟아지고 있었다. 취기 탓일까, 별이 와르르 소리를 내며 흘러내리는 듯했다.

"자, 우리 오랜만에 다 함께 별을 봅시다. 나는 동지들이 별이라고 생각합니다. 그만큼 동지들은 소중한 존재입니다. 오늘 밤 나에게, 여기 모인 동지들은 별입니다. 앞으로도 오늘처럼 굳세게 뭉쳐 헤쳐 나갑시다. 공장에 들어가서 일하는 그날까지 힘차게 싸워 나갑시다!"

이해남은 목이 메었다. 촛불에 번들대는 조합원들 얼굴이 연등처럼 환했다. 비록 일주일이었지만 목숨을 걸고 싸운 조합원들이었다. 서로 믿고 의지한 나날이었다. 타인에 불과했던 우리가, 운명을 함께하는 동지라는 이름으로 다시 태어나는 순간을 맞게 해준 조합원들이었다. 인간이 타인을 위해 목숨을 던질 수도 있음을 깨닫게 해준 조합원들이었다. 마지막 사수조를 자처하는 조합원들의 모습에서 이해남은 세원테크 지회장임이 자랑스러웠다. 목숨이 붙어 있는 한 그 감격을 잊지 않으리라. 이해남은 떨리는 목소리로 말했다.

"여러분들이 자랑스럽습니다! 그리고 사랑합니다!"

핏발 선 눈으로

우리, 꿈도 꿀 수 없으니

이 짧은 휴식의 한나절

못다 핀 꽃들이 우리, 뱃속에서 필 것이다

「자귀나무꽃」에서

11 불타는 여름

휴가를 앞두고 회사가 조합원들을 가만 내버려두지 않으리라는 예상은 했다. 노조파괴 시나리오에 따르면 회사는 조합원들을 들쑤시고도 남았다. 그러나 조합원들을 믿었다. 그것밖에 달리 길이 없었다. 점거투쟁을 겪은 조합원들이 아닌가. 생사를 함께한 조합원들을 믿지 않는다면 기나긴 투쟁은 하루도 버티지 못할 터였다. 그러나 막상 휴가가 끝나자 7명이 이탈했다. 조합원 3~4명은 생계 때문에 아예 발걸음을 끊었고, 누구 누구는 사직서를 썼다는 소문이 돌았다. 전중기, 표준환, 구재보, 이용덕과 더불어 이해남은 수배자로서 공장 탈환에 나선 조합원들과 헤어져 원·하청 연대투쟁을 위해 기아자동차 화성공장에 피신해 있는 몸이었다. 조합원들을 흔들어대는 회사의 수작이 빤히 보였다. 하지만 달리 손을 쓸 수가 없었다. 원청이랍시고 기아자동차에 들어왔지만 눈치가 보이는 건 어쩔 수가 없었다. 하청 노동자의 설움이랄까. 기아노조는 공장에 천막을 치는 것도 부담스러워했다. '노동해방선봉대' 방에서 머물다가 2주가 지나서야 노조 사무실 앞에 천막을 쳤다. '원·하청 자본의 노조파괴를 규탄한다! 민주노조 사수!'라는 플래카드를 내걸었다. 막상 농성을 시작했지만 연대작업이 만만치 않았다. 기아자동차 정규직 노동자들에게 하청 노동자의 어려운 현실을 알리는 데 힘을 쏟았다. 그럼으로써 기아노조 집행부가 연대투쟁에 적극적으로 나서주기를 바랐다.

이해남이 지회장으로서 가장 안타까운 건 조합원들과 떨어져 있어야 한다는 현실이었다. 기아자동차에 머물렀던 조합원들은 민주노총 충남본부 사무실에 둥지를 틀었다. 세원테크노조 비상대책위원회(위원장 이동렬, 사무장 손용규)를 꾸린 조합원들은 20일부터 공장진입투쟁을 벌여나갔다. 수배자들도 기아자동차에서 선전전을 했지만 조합원들은 공장을 탈환하기 위해 날마다 싸웠다. 안팎에서 투쟁을 한다지만 아무래도 갈라져 있다 보니 조합원들과의 소통은 예전만 못했다.

원청인 기아자동차가 휴가에 들어가자 세원테크도 어김없이 공장을 쉬었다. 조합원들도 휴가에 들어갔고, 회사는 그 틈을 놓치지 않았다. 회사의 공작을 알아채고 이해남이 새겨본 건 노조파괴 시나리오였다. 공장을 점거했을 때, 조합원들이 찾아낸 '노조파괴 시나리오'(생산이사 김성백이 짰다. 시간대 별로 조합원들의 움직임을 기록했고, 세모 가위표 따위로 조합원들을 분석해 놓았다. 인쇄한 서류에 김성백은 자필로 조합원 개인의 성향을 품평해 놓았다. 노사문제 총괄은 정상민인데, 두 사람이 시나리오를 작성했다. 나중에 김성백은 노동자 분열작업을 자신이 했음을 노동부에서 인정했다)를 이해남이 자세히 뜯어본 건 기아에 들어와서였다. 정상민과 김성백은 참으로 무서운 인간들이었다. 직책은 생산이사와 관리이사라지만 두 사람의 실체는 노조파괴 전문가였다. 그들의 머릿속에는 오직 노조를 깨겠다는 생각뿐이었다. 조합원 1명 1명 성향분석을 해놓은 걸 보니 소름이 돋았다. 그들에게 조합원들은 함께 일하는 사원이 아니라 소탕해야 할 적이었다. 비로소 이해남은 공장점거가 올바른 결정이었음을 확신했다. 대책이 없다고 머뭇거렸더라면 그대로 당할 뻔했다. 손배가압류다, 징계다 해서 노조를 없애려는 줄은 알았다. 하지만 구사대를 3월부터 키우면서 대책을 세웠음을 알고 나니 끔찍했다. 조합원들도 분통을 터뜨리기는 마찬가지였다. 시나리오를 돌려본 조합원들은 어이없어하다가도 정상민과 김성백의 작태에 흥분을 감추지 못했다. 구사대에게 시나리오를 보여줘야 한다고, 10분 단위로 조합원들을 감시한 두 사람의 만행이 알려지기를 바랐다. 노조파괴 시나리오가 조합원들의 분노만 불러일으킨 건 아니었다. 회사와 맞선 투쟁의 정당함을 조합원들이 알 게 된 건 커다란 소득이었다.

휴가가 끝나자 사직서를 쓴 조합원들이 하나 둘 드러났다. 소문을 듣고 조합원들을 수소문했으나 연락이 안 닿았다. 다행히 이현중은 고향인 거제도에서 먼저 전화를 걸어왔다. 전화를 받은 건 대외협력부장 이용덕이었다.

"형, 고민하느라 잠을 못 자고 있어. 회사 사람들이 하도 괴롭혀서 그만 사직서를 쓰고 말았네. 나 자신이 한심해서 견딜 수가 없다. 갈등이 심해. 억지로 쓰긴 썼는데, 속이 너무 편치 않다. 내가 꼭 배중환 꼴이 된 것같이 미치겠다."

이현중은 황영원, 배중환과 단짝이었다. 배중환은 이현중과 다른 조의 조장이었다. 조합원들은, 배중환은 회사 쪽에 붙은 것으로 알고 노조 가입 권유를 포기했다. 그러나 이현중이 오랜 시간 설득해서 노조에 가입시켰다. 조합원들은 다들 놀라워했다. 그뿐 아니라 배중환은 늦바람이 무섭다고 노조 활동에 열심이었다. 조합원들은 배중환이 조합에 들어와서 다들 힘을 얻었다. 그런데 배중환이 한동안 안 보였다. 그러다가 7월 8일 갑자기 구사대가 되어 나타났다. 회사 협박에 굴복한 거였다. 이현중은 단짝 친구 배중환에게 심한 배신감을 맛보았다.

"그건 너무 심한 말이다. 협박한 인간들이 나쁜 놈들이지, 너무 자책 안 했으면 좋겠다. 사직서 썼다고 다 배신자가 되는 건 아니야. 맘 편하게 먹어라."

이용덕은 조심스레 물었다.

"지금 어디냐?"

"거제도 큰집이야. 하도 괴로워서 칠곡에서 내려왔어. 집에서도 어머니한테도 낯을 들 수가 없어. 참 못난 놈이지. 그리고 지회장님이나 다른 조합원들한테도 면목이 없지만 형한테 참 미안해. 내가 죽일 놈이다."

"너무 그러지 마. 미안해하지도 마. 정상민이와 회사 놈들이 어떤 놈들인지 네가 잘 알잖아. 사람이 실수할 수도 있다. 지금 네 생각은 어때? 그게 가장 중요해. 아무리 놈들이 협박해도 네가 마음만 굳건히 먹는다면 헤쳐 나갈 수 있어."

"생각할수록 분하고 창피해. 어떤 때는 죽고 싶은 생각이 들어. 집에까지 찾아와서 들들 볶는 바람에 어쩔 수 없이 썼지만 미치겠어. 형 생각은 어때?"

"그렇다고 너무 극단적으로 생각하지 마. 그게 다 우리가 떨어져 있어서 그래. 점거할 때 안 느꼈나? 똘똘 뭉쳐 있으니까 허튼 생각할 틈도 없다. 회사 놈들한테 당하지도 않고."

"그 말은 맞아. 물고기는 물에서 놀아야 하는데, 혼자 떨어져 있으니까 놈들 밥이 되고 말았네. 창피스럽다."

"다른 말 안 하겠어. 우리 알지? 조합원들이 다들 어떻게 고생했는지 알지?"

"알지. 그걸 잊으면 내가 사람이 아니지. 죽었다 깨나도 그건 못 잊는다. 조합원들이 보고 싶어. 지회장님도."

이현중은 이튿날도 전화를 해서 괴로운 심정을 털어놓았다. 그렇게 3~4차례 전화를 한 이현중은 칠곡 집에 들렀다 올라왔다.

이해남은 즉시 이현중을 기아자동차 화성공장으로 불러들였다. 전화 통화를 하면서 이현중이 무척 미안해하고 있음을 느꼈다. 이해남은 사직서에 무릎 꿇지 않고 조합원들과 합류한 이현중을 끌어안았다.

"돌아와서 고맙다. 괜찮다. 회사 놈들한테 진 거 아니다. 부끄럽게 여길 거 없다. 정상민, 김성백이가 나쁜 놈들이다."

사직철회요구서

철회사유 : 본인이 사직서를 쓰게 된 것은 7월 31일 오후 5시경 한왕림 과장의 전화를 받고 나서였다. 경북 칠곡에 있는 (구)세원건물 근방 호프집에서 한 과장을 만났다. 술을 시키고 한왕림은 뒷주머니에서 사직서를 꺼내더니 재만이 형님도 썼고, 조직차장도 썼다며 본인에게도 쓸 것을 강요했다. 회사가 조합원들에게 건 가압류가 곧 시작될 거라고 사직서를 쓰라고 회유했다. 사직서만 쓰면 법적인 문제를 묻지 않겠다고 했다. 본인이 쓰지 않겠다고 하자, 얼굴색이 변하더니 사직서를 쓰라고 윽박질렀다. 그래서 어쩔 수 없이 쓰게 되었다. 그리고 벌써 사직 처리를 했다지만 그것은 엄연히 불법이고, 부당 노동행위에 따른 불법해고이므로 법적인 조치를 취할 수 있고, 구제 신청도 가능하기에 사직을 무효화할 것을 요구한다. 만약 이 요구를 거절할 시에는 부당 노동행위로 고발조처할 것임을 알려드린다.

신청인 황영원

8월 2일 오후 4시 30분쯤, 아산시 배방면 휴대리 집에 조장 신성철과 차장 서민교가 무작정 들이닥쳤다. 다짜고짜 사직서를 쓰라고 했다. 파업에 얽힌 사진과 자료들 들이밀며 불법을 저질렀으니 재산과 집을 가압류할 거라고 윽박질렀다. 일단 사직서를 쓰면, 나중에 다시 일하게 해주고 가압류를 풀고 법적인 문제를 면하게 해주겠다고 속달거렸다. 나는 계속 거절했다. 써라, 안 쓴다, 밀고 당기기를 계속했다.

6시에 부모님이 돌아오시자, 두 사람은 집이 가압류되고, 내가 구속될 수 있다고 겁을 주었다. 놀란 어머니가 '정말로 감옥에 가냐'면서 '사직서를 써주라'고 안절부절못했다. 나는 강력하게 거절했다. 부모님은 '가압류 들어오면 집안이 망한다, 네 생각만 하냐'고 화를 냈다. 회사 사람들은, 사표를 쓰면 책임을 묻지 않고, 내가 일하던 곳에서 곧장 다시 일할 수 있게 해주겠다고 부모님을 설득했다. 내게 닥친 모든 일을 노조 탓으로 돌렸고, 두 사람은 각서까지 써서 부모님을 안심시키며 사직서를 쓸 것을 강요했다. 몇 시간이나 두 사람의 회유와 협박에 시달린 나머지 나는 내 뜻하고는 상관없이 7시 30분쯤 사직서를 쓰고 말았다. **이상호, 1983년생**

관광버스를 타고 기아공장에 갔다. 기아 화성공장에서 남편들 얼굴을 열흘 만에 본 셈이었다. 남편들을 오랜만에 만나니까 다들 끌어안고 울고불고, 영화를 찍어도 좋을 장면이었다. 그날 지회장 아내 이은숙과 조합원들의 아내를 처음 만났다.

기아 노동해방선봉대 박홍우 동지를 비롯한 여러 동지들이 세원노조 가족잔치를 해주었다. 선봉대 대장 아내가 음식도 준비했고, 화성공장 운동장에서 축구도 하고.

충남본부 사무실이 30평쯤 되었다. 바닥에 은박지 스펀지를 깔았다. 칸막이를 해서 안에는 조합원들이 자고 주방을 따로 썼다. 가족대책위 여성들은 서울에서 하는 민주노총 행사든 어디든 조합원들이 가는 곳마다 따라 다녔다. 더운 줄도 모르고 계획 잡아놓은 대로 하루하루를 알차게 보냈다. 남편(부지회장 전영웅은 7월 2일 검거되어 구속중이었다) 면회도 가야 했다. 고소장 접수하랴 부상자 치료하랴 연대집회 회의하랴 유인물 배포하랴 밥하고 반찬 하랴, 덥다 짜증난다는 생각을 할 틈이 없었다. 우리가 이렇게 해야 조합원들이 공장으로 돌아가고 남편도 석방되리라 여겼다. 무노동 무임금이었다. 조합원들과 함께 현실을 헤쳐 나가야 한다고 생각했다.

울지 않았다. 내가 여기서 약해지면 안 된다고 마음먹었다. 울었다가는 가족대책위 여성들도 다 쓰러질 테니까. 비대위도 있고 하니까 힘을 실어줘야지 울어서는 안 되었다. 떨어져가는 조합원들도 생기는 참이라 결코 울지 않았다. **정화영**

여성들이 점거 끝나고 기아에 들어간 조합원들을 만나러 갔다. 있을 만한 데도 없고, 노조 사무실 옆방에서 모였는데, 조합원들이 다들 침울했다. 너무 억울했다. 이럴 수는 없다고, 우리가 힘을 모아야 한다며 김한규 아내 김소영, 후생복지부장 손석철 아내 옥선 언니, 유윤호 아내 신윤정, 부지회장 전영웅의 아내 정화영 등이 가족대책위를 꾸렸다. 나는 회사를 그만두고 가족대책위 활동에 나섰다. 처음에는 공권력이 투입되고 나서 떨어져 나간 조합원들을 찾아나섰다. 손석철처럼 나이 많은 사람들과 조를 짜서 조합원들을 만났다. 아파트에 사는 젊은 사람들을 만나서 상황설명을 했다. 어렵더라도 함께하자고 설득했다. 어떤 사람들은 먹고살기 힘들어서 어렵다고 사정사정했다.

충남본부의 생활은 더워서 힘들었다. 남의 사무실임에도 밤에는 에어컨을 마구 틀어놓고 잤다. 시간이 지나면서 조합원들이 힘들다고 싸우기도 했다. 답답하니까. 젊은 애들은 나이든 사람들이 잘 안 움직인다고 불평했다. 2선 지도부가 있지만 조합원들은 지회장을 비롯한 지도부가 현장에서 떨어져 있으니까 의기소침했다.

진입투쟁할 때 우리들이 맨 앞장서서 싸웠다. '인간도 아니다! 니들만 잘 살려고 하나!' 하고 악을 쓰면, 구사대는 '폭력노조는 세원에서 물러가라'고 대꾸했다. 우리는 구사대와 독하게 싸웠다. 다들 일당백이었다. 우리들이 싸우니까 남성들이 나서서 싸웠다.

노동부 소장도 면담했다. '조합원인데 노조 사무실에 못 가게 하는 건 업무방해다 노조 사무실에 가겠으니 우리 신변을 보호 해달라 노조에 조합원이 있는 건 당연하다'고 따졌다. 소장은 '조합원이 사무실에 가는 건 정당하다'고 했다. 경찰서에도 갔다. 진입투쟁을 하다가 부상자가 많이 생겼으니 빨리 수사하라고 항의했다. **김례시라**

2002년 수배 생활할 때 남편은 거의 안 들어왔다. 기아 화성공장에 한 번 가보았다. 천막을 치고 있었다. 엄청 오랜만에 남편을 보았다. 전화도 거의 안 했다. 수배 중에 전화 도청당한다고 전화도 잘 못했다. **이은숙**

서부휴게소에 있던 민주노총 사무실에서 아침에 공장진입투쟁에 나서면 내가 방송차를 운전했다. 노동가를 틀어놓고 구호도 외쳤다. 그날 오후에 구사대들이 말싸움을 걸었다. 김한규 아내한테 담배꽁초를 던지며 막말을 해댔다. 그러다 싸움이 붙었다. 구사대들은 철조망으로

요새처럼 회사를 둘러쳤다. 조합원들이 접근하면 남녀를 가리지 않고 대나무를 무자비하게 휘둘렀다. 경비실 주차장으로 구사대들이 내려왔다. 거기서 조합원들과 붙었다. 구사대들은 주로 조·반장들이었다. 박원희, 김우섭 등 우리가 배신자로 낙인찍은 사람들이 나왔다. 구사대는 10여 명이었고, 막상 실제로 몸싸움이 붙은 사람은 많지 않았다.

나는 도망가다가 넘어졌다. 그 상태로 구사대한테 밟혔다. 기어서 도망쳤다. 넘어지고 깨지고 하며 겨우 벗어났다. 절뚝거리다 다리가 아파서 앉았다. 약간 삔 줄 알고 처음에는 병원에 안 갔는데 십자인대가 끊어졌다.

20살의 어린 조합원들끼리 밤새 쏘다니기도 하였다. 민주노총 사무실에 있으면 갑갑했다. 더 화끈하게 싸우자는 우리 의견도 존중해달라고 해도 억누르고 잘랐다. 회의할 때마다 이야기했지만 통하지가 않았다. **신승현**

2002년 8월 9일. 오전 10시. 공장 진입로에 다다르자 구사대는 쇠기둥에 2톤 쇠사슬을 용접해서 바리케이드를 쳤다. 우리가 노래를 부르며 정문을 향하자 구사대가 조합원들을 밀어냈다. 11시 25분 쯤, 구사대가 유철우를 공장 안으로 끌고 들어갔다. 김재철, 유성종, 지홍섭이 유철우를 집단 구타했다. 관리자와 다른 구사대는 손 놓고 구경만 했다. 몇몇 조합원들은 구사대를 뚫고 들어가려고 몸싸움을 벌였고, 나머지는 경찰과 관리자들에게 유철우를 돌려보내라고 항의했다. 하지만 아무도 안 나섰다. 다시 조합원들이 공장으로 들어가려 하자 갑자기 경찰 1개 중대병력이 우리를 막았다. 유철우는 그때까지 계속 구사대에게 맞고 있었다. 조합원들은 경찰병력을 뚫기 위해 안간힘을 썼으나 역부족이었다. 오랜 항의 끝에 유철우를 경찰이 들것에 실어 데리고 나왔다. 그렇게 나오는 유철우에게 구사대는 또 발길질을 해댔다. 유철우는 치아가 망가졌는지 입 안에서 피가 났고 실신한 상태였다. 고등학교를 갓 졸업한 어린 동료를 두들겨 패고도 구사대는 웃고 있었다. 사람이 만신창이가 될 때까지 경찰은 수수방관했다. **하태수**

2002년 8월 16일 16:30

세원테크 조합원들은 200여 명의 지역 노동자들과 공장진입을 시작하다. 공장 정문에서 진입로 중간에 철골에 철판을 용접한 바리케이드 설치하다. 전체 크기가 가로 7~8미터, 세로 3미터. 철판 위에는 직경 50~60센티미터 철조망을 둘러치다. 5~6일 전에 설치되다. 오른쪽은 전날까지 차량이 통과할 수 있는 공간이 있었으나, 집회 참가자들이 진입로에 들어설 때 담벼락까지 철판으로 용접하다.

17:00

진입투쟁 시작하다. 참석자들은 바리케이드를 철거하기 위해 3각 쇠갈고리를 걸어 잡아당기다. 처음에는 바리케이드 중간 위쪽에 쇠갈고리를 걸어 잡아당기다가 나중에는 오른쪽 철판 위와 아래에 쇠갈고리를 걸어 잡아당기다. 위쪽에 건 것은 움직이지 않았으나, 아래쪽에 건 쇠갈고리를 잡아당기자 아래쪽 철판이 휘어지며 가로 1미터 세로 40센티미터 정도 열리다.

바리케이드 너머 구사대 몇 명이 그 틈으로 소화기를 뿜어대 한치 앞도 분간 못하다. 그 와중에 구사대 몇은 오른쪽 아래에 걸린 쇠갈고리에 산소절단기를 쏘아대다. 노동자들이 바리케이드 왼쪽으로 몰려가 위쪽에 쇠갈고리를 걸어 잡아당기다. 구사대는 소화기를 뿜어대면서 산소절단기로 쇠갈고리 절단을 시도하다. 이때, 바리케이드 왼쪽 끝에서 2미터, 아래에서 1.5미터 높이에 구사대가 산소절단기로 직경 10센티미터 정도의 구멍을 뚫다. 그곳으로 구사대가 소화기 호스를 밖으로 내어 소화기를 뿜어대다. 노동자들은 신발, 나무, 흙 따위로 그 구멍을 막으려하다. 그 구멍에 구사대는 빠루를 넣고 쑤시면서 노동자들의 접근을 막다. 바리케이드 안으로 빠루가 사라지자 노동자들은 쇠갈고리를 구멍에 걸다. 쇠갈고리를 잡아당기자, 구사대는 소화기를 뿜어대고 산소절단기로 절단을 시도하다. 3각 쇠갈고리의 한 고리가 열을 받고 휘어지면서 잡아당기던 노동자들에게 튕겨 나오다. 쇠갈고리는 세원테크 조합원 이광수의 다리에 맞다. 다시 노동자들은 다른 쇠갈고리를 구멍에 넣고 잡아당기다. 구사대가 다시 소화기를 뿜어대면서 산소절단기로 쇠갈고리 절단을 시도하다. 이 쇠갈고리가 절단되면서 노동자들에게 튕겨 나오다. 쇠갈고리는 먼저 세원테크 조합원 이현중의 관자놀이 언저리를 쳤고, 이현중은 쓰러지다. 이어 유성기업지회 조합원 신동열의 눈 옆을 치다. 소화기 분말 때문에 뿌연 상태에서 쓰러진 조합원들을 본 노동자들이 비명을 지르고 집회장은 아수라장이 되다. 시간은 정확하지 않으나, 이 무렵 구사대가 던진 돌에 일진아산지회 조합원 오영근이 맞고 쓰러지다.

소화기 분말가루가 옅어지면서 부상자들이 드러나자, 집회 참석자들은 부상자들의 팔다리를 들고 진입로에 대기 중이던 119 구급차로 달려가다.

현장에 경찰과 노동부 직원이 나와 있었으나 사태가 진행되는 동안 가만히 보고만 있다.

나는 사진을 찍었다. 누군가 다쳤다고 해서 달려갔더니 현중이가 쓰러졌다. 꿀꺽꿀꺽 하는 경련이 일었다. 피가 솟구치고 바닥이 흥건했다. 사람이 저렇게 죽는구나 싶은 게 사람들이 공포에 휩싸였다. 용접에 녹은 쇠갈고리를 찍었다. 경찰은 쇠갈고리가 끊어지는 것을 뻔히 보면서도 말리지 않았다.

현중이 집에 연락을 해야 하는데, 조합원들은 다들 못하겠다고 자신 없어했다. 내가 칠곡 집에 전화를 했다. 현중 씨가 상황이 몹시 안 좋으니까 올라오시라고 하였다. 몸이 안 좋다고만 했지 상황 설명을 도저히 할 수 없었다. **김레시라**

……한때는 우리가 신념과 의리로 뭉쳐 자본에 맞서 진짜 노동자로서 자존심을 지키며 살아오지 않았습니까? ……최저임금을 겨우 넘는 임금수준과 인간다운 삶을 포기해가면서 묵묵히 주면 주는 대로 시키면 시키는 대로 노예 같은 삶을 살지 않았습니까? 배운 것 없어, 가진 것 없어 노동 현장에 내맡겨진 우리들의 인간다운 삶을 위해 죽음을 각오하면서까지 노동조합을 만들고 좀 더 나은 생활을 위해 함께 싸우지 않았습니까? 인생에서 가슴 뭉클한 것은 가장 소중했던 동지와 함께한 투쟁이었고, 지금까지도 함께하고 있는 조합원들이 고맙기만 합니다. ……불가피한 사정으로 파업대열에 참여하지 못한 동지들과 지금까지 계속 참여하고 있는 70여 조합원 동지들 모두가 소중하고 가슴 깊이 기억될 동지들입니다. 파업투쟁이 길어지더라도 우리는 죽어도 함께 죽고 살아도 함께 산다는 뜨거운 동지애로 승리할 수 있다는

신념을 가지고 있습니다. '질긴 놈이 이긴다'는 믿음 속에 우리는 끝까지 악질 자본과의 싸움을 승리로 마무리할 겁니다. ……한 사람의 힘이 소중한 시기입니다. ……어떤 길이 진정한 노동자의 길인가는 동지께서 잘 아시리라 믿으며 부디 하루 속히 저희들과 함께 하셔서 승리의 축배를 나눌 수 있기를 바랍니다.

이해남, 구사대에게 보내는 편지

묻지 마라, 그의 손놀림 앞에서

어찌하여 불구가 되었느냐고

잘린 유리보다 날카롭게 빛나는

똑바로 일직선을 바라보는

저, 숨이 멎는 집념과 집중

오로지 그 눈빛을 바라보아라

「유리공」에서

12 쇠거미줄에 갇힌 불꽃

지난 16일 진입투쟁을 하다가 조합원 이현중이 중상을 입었습니다. 두 개골과 광대뼈가 함몰되고 얼굴 한쪽이 완전히 으깨졌습니다. 중태에 빠진 이현중은 다행히 수술경과가 좋아 목숨은 건졌습니다. 하지만 한쪽 눈은 실명할지도 모른다고 합니다.

고추가 한창 열릴 때다. 그날 비가 추적거렸다. 텔레비전이 갑자기 고장 났다. 그래서 텔레비전을 사왔는데, 현중이가 다쳤다는 전화가 왔다. 뇌를 다쳤는데, 충무병원 중환자실에 누워 있다고, 보호자가 올라와야 뇌수술을 한다고 해서 반바지를 입고 사위하고 부리나케 올라갔다. 애를 보니까 의식도 없고, 얼굴 한쪽은 피투성이에다 피를 입에 물고 있기에, '저래 갖고 살겠나' 싶었다. 사흘 만에 깨어났는데, 나를 붙들고 울었다. '엄마 무섭다, 나는 안 죽지, 엄마 사람이 막 죽어나간다, 나는 안 죽지' 하면서 내 손을 붙잡고 울었다. **강복자, 이현중의 어머니**

조합원 여러분, 지회장으로서 동지들의 투쟁을 보고만 있어야 하는 현실이 가슴 아픕니다. 여러분의 부상 소식을 듣고 참담한 심정을 가눌 길이 없습니다.

그렇다고 마냥 슬픔에 젖어 있을 수만은 없습니다. 몸은 비록 기아에 묶여 있지만, 지난 8월 22일 일일주점에서 동지들을 만난 감격을 되새기며 힘을 내고 있습니다. 우리 싸움은 끝이 안 보입니다. 금속노조에서 투쟁사업장 기금 100만 원을 받았지만, 투쟁기금도 벌써 바닥났습니다. 일일주점에서 만난 우리 조합원들은 구사대 폭력에 다치고 손배가압류에 시달렸건만 기죽지 않았습니다.

서부휴게소 지하에 있는 연회장을 빌렸다지요. 땡전 한 푼 없이 잔칫상을 차렸다지요? 첫 파업 때 모아둔 돈은 일찌감치 바닥났습니다. 나중에는 쌀 살 돈이 없어서 수제비를 끓여먹었습니다. 다행히 상록리조트를 비롯한 지역 노조에서 많이 도와주었습니다. 부상당한 조합원들 치료비도 우리는 많은 도움을 받았습니다. 베스콘 지회장 박종필 동지의 도움이 컸다고 들었습니다. 지부 운영위에서는 일주일에 한 차례 쌀을 갖다 주고 반찬은 기아 식당에서 가져다 먹었습니다. 우리 조합원들은 연대 온 학생이나 노동자 동지들과 늘 함께 밥을 해먹었습니다.

조합원 김한규는 다친 목에 보호대를 했음에도 술과 냉장고를 담당했더군요. 술이 얼마나 팔리는지 계산을 했습니다. 아픈 몸으로 말이지요. 조합원 여러분들이 메뉴도 짜고, 만 원 티켓을 여기저기 온갖 곳을 다니며 팔았다지요. 우리 세원은 열심히 싸운다는 소문이 전국에 널리 알려졌기 때문에 그 덕을 톡톡히 보았습니다. 많은 손님들이 왔지요.

일일주점을 하는데 가족대책위 여자들이 일등공신임을 누구도 부인하지 못할 겁니다. 싸움에서도 앞장 선 여자들은, 지하 웨딩홀 연회장을 돈 한 푼 없이 떼를 써서 빌렸습니다. 파전, 부침개, 골뱅이무침, 오징어 마른안주, 김밥에 이르기까지 맛난 안주를 직접 만들어냈습니다.

조합원들뿐만 아니라 민주노동당 충남도당 학생위원회 소속인 호서대 학생들이 술과 음식을 날랐습니다. 예전에 식당을 했던 경험이 있는 조합원은 카운터에서 표 계산을 척척 해냈지요. 실내장식은 우리 사무장 구재보의 애인인 재희 씨가 대학생답게 사진과 그림으로 지하공간을 멋진 갤러리로 꾸몄습니다. 술도 외상으로 가져왔지요. 도매상을 하는 이가 조합원의 친구여서 술을 일단 가져와서 팔고 나머지는 돌려주기로 했지요. 술 장사 뺨치는 장사수완입니다!

민중가수인 박준·지민주·연영석, 지역 노래패, 대학생 노래패, 문화단체 사람들은 노래도 불러주고 공연의 사회도 맡아주었습니다. 조합원 손석철은 노동가수를 처음 봤다면서 가수 박준이 사인해준 하얀 셔츠를 이튿날까지 자랑스레 입고 다녔지요. 박준과 가수들은 공연비를 투쟁기금으로 넣어주었습니다. 그 은혜를 어찌 갚아야 할지 모르겠습니다. 1000명이 넘는 사람들이 표를 사서 일일주점에 왔습니다. 그 많은 사람들이 술 마시고 춤추고 노래하고 하루를 즐겁게 보냈습니다. 가족대책위 여자들은 주방에서 음식을 만드느라 공연 구경도 못했다지요. 다들 일일주점을 가보아도 이렇게 많은 사람들이 모인 건 처음 봤다고 놀랐지요.

이해남은 인터넷으로 조합원들과 끊임없이 소통했다.

글쓴날 : 2002-08-30 17:13:46
글쓴이 : 이해남   조회 : 102
제목 : 파업 100일을 맞이하여 조합원 동지들에게 드리는 글

하루하루를 노동자의 자존심을 지키고자 투쟁하는 자랑찬 세원동지들! 오늘도 아침에 잠에서 깨어나 보니 어제의 동지들이 옆에 있습니다. 내 몸과 마음이 아무리 지치고 힘들어도 옆에 있는 동지가 있어 말할 수 없는 위안이 됩니다. 우리는 죽음도 함께할 수 있는 동지이기에, 고생도 함께할 수 있는 형제이기에 오늘의 내가 존재합니다.

자랑스러운 동지들! 어느덧 오늘이 파업투쟁 100일차가 되었군요. 엊그제 같던 투쟁결의문도, 동지들과의 〈약속은 지킨다〉는 투쟁가를 들으며 삭발하던 기억도, 어언 100일이 지났습니다. 하지만 약속은 지킨다던 많은 동지들이 하나 둘씩 동지들 곁을 떠나고, 심지어 사측의 똥개로 돌변하여 구사대니 회사 살리기 비대위니 하면서 우리 동지들의 가슴에 씻지 못할, 정말 인간으로서 할 수 없는 짓을 저질렀습니다.

사측의 공작에도 생계의 어려움에도 굴하지 않고, 진짜 노동자의 길을 걷는 세원동지들에게서 꿈과 희망을 봅니다. 고생하는 세원동지들! 100일이든 1000일이든, 우리는 끝까지 싸우겠노라고 악질자본 세원자본에게 경고했습니다.

동지들의 투혼에 발맞추듯 전국의 수많은 노동형제들의 연대의 물결이 거세지고 있습니다. 저는 믿습니다. 동지들의 싸움이 승리하리라는 것을! 그리고 앞으로 다가올 시간이 우리 동지들의 편임을 믿습니다. 나이 어린 철우, 승현이, 광수를 비롯한 젊은 동지들의 투혼은 우리 세원테크 지회의 미래를 짊어질 밑거름이 될 것입니다. 승리하는 그날까지 건강한 모습으로 투쟁합시다. 동지들, 사랑합니다!!!

기아 화성공장에서 이해남 올림

해가 뜨면 낮이고, 해가 지면 밤이었다. 민주노총 충남본부에서 먹고 자는 조합원들은 시간이 어떻게 가는지 몰랐다. 오늘이 몇 월 며칠인지, 날짜를 꼽아본 지도 아득했다. 아침 7시에 일어나서 하루를 어떻게 보낼지 이야기하고 밥 먹고 버릇처럼 공장으로 진입투쟁을 나갔다. 으레 차를 타고 3~4명씩 조를 짜서 갔다. 바리케이드와 철조망을 둘러친 회사 앞에서 집회를 했다. 걸핏하면 구사대와 충돌해 부상당했다. 조합원들이 진입투쟁 간다 하면 구사대는 일하다 말고 뛰쳐나와 싸움을 준비했다. 현장으로 들어가자 안 된다, 말다툼을 하다 사람만 다치기 일쑤였다.

잠자리는 어떤가. 수십 명이 스티로폼과 은박지 돗자리를 깔고 잤다. 밤마다 더워 죽겠다고 앓는 소리를 해댔다. 다들 씻지를 못해 퀴퀴한 냄새가 진동했다. 발 고린내는 코를 찌르지 쉰내 섞인 땀내는 얼마나 고약한지! 최병호와 유윤호 조합원의 코 고는 소리는 탱크소리 저리 가라다.

뭐든지 아는 체해서 '안다 박사 박박사'라는 별명을 가진 세원이와 용구, 종구들은 밤새 컴퓨터에 시간 가는 줄 몰랐다. 사무실 근처에 사는 조합원은 일주일에 한 차례 조합원들을 데리고 집에 갔다. 씻고 밥 먹고 옷만 갈아입었다. 다른 조합원들 생각해서 잠잘 엄두는 못 냈다. 집에서는 불안해서 잠이 안 왔다.

그 와중에도 지역을 가리지 않고 연대투쟁도 나갔다. 9월 5~6일 상경투쟁을 했고 5일 오후에는 천지-태광 집중집회 및 간담회, 5일 밤 경희의료원 간부들과 간담회 및 야간규찰, 6일 오전 이주노동자 강제연행을 규탄하는 이주노동자지부 집회 참석, 6일 오후 시그네틱스 투쟁선포식에 참석했다. 지역 동지들 덕분에 지회가 살아났음을 잘 아는 조합원들은 연대투쟁을 겪으며 힘을 얻었다.

그러던 중 경찰서에서 조합원들에게 출두명령서가 날아왔다. 공장점거 탓이었다. 조합원들은 직장폐쇄에 아랑곳하지 않고 공장에 들어가려 했다. 회사는 진작 조합원 전원에게 공장 출입금지 가처분 신청을 냈다. 점거했을 때, 법원에서 공장접근 및 출입금지 가처분 정지명령서가 날아왔다. 출두명령서가 무더기로 날아왔고 진입투쟁에 내몰린 조합원들은 조를 짜서 경찰서에 조사받으러 가야 했다.

'점거를 누가 지휘했나? 어떻게 점거했나? 점거할 때 어떻게 행동했나?' 경찰은 처음부터 조합원들을 범죄자로 못 박았다. 그리고 끊임없이 질문을 퍼부었다. 조합원들은 주눅 들지 않고 답했다. '점거할 때 점거하지 뭐하나?' 경찰은 다시 묻는다. '팔레트는 누가 옮겼나?', '누가 한지 모른다. 조합원들이 옮겼겠지, 나는 모른다', '그러지 말고 옮겼으면 옮겼다고 이야기하라', '나는 모른다, 안 옮겼다', '밖에 나갔다 오면서 타이어 사오지 않았나?', '나는 모른다. 현장에 있으라고 해서 그냥 있었다. 조합원들이 못 미더운지 지도부가 그냥 있으라고 했다.' 시시껄렁한 물음과 답변이 오갔다. 시답잖은 물음과 답변이 적힌 서류에 지장을 찍자, 벌금 200만 원이 나왔다. 경찰은 계속해서 걸고넘어지고 조합원들은 벌금을 짊어졌다. 조합원들의 벌금을 다 합치면 수천만 원은 되리라.

　이해남은 조합원들을 볼 낯이 없었다. 점거에 들어가기 전, 조합원들에게는 피해가 없으리라 장담했다. 법은 그 약속을 물거품으로 만들었다.

　결국 돈이 문제인가. 이해남은 조합원들의 투쟁을 돈으로 틀어막으려는 현실이 서글펐다. 법과 경찰은, 노동자들의 생존권투쟁을 짓밟고도 모자라 벌금이란 무기로 숨통을 조였다. 죽음을 무릅쓰고 살고 싶다고 외치는데도 노동자를 사람취급 안 한다. 월급 몇 푼 더 올려달라는데, 벌금이랍시고 수천만 원을 뜯어 간다. 결국, 살지 말란 말인가.

　그나마 세원테크는 금속노조의 신분보장기금과 연대기금으로 어느 정도 해결했지만 장기투쟁사업장들은 어쩔 것인가. 인간답게 살고 싶다고 외치면 외칠수록 팔다리가 잘리고, 나중에는 울부짖는 입만 남기고 몸뚱이가 다 잘려나갈지도 몰랐다. 회사의 부당노동행위 30여 건을 고발했지만 이 중 6~7건만 받아들여졌고, 그것도 벌금으로 끝내고 말았다. 도대체 이 억울함을 어디에 호소하나. 법, 검찰, 경찰, 노동부가 회사 편을 들어 우리의 생존권을 짓밟는다면 노동자가 설 땅은 어디인가.

　가뜩이나 조합원들은 생계 문제에 허덕이는 참이었다. 조합원들은 파업에 들어간 5월부터 집에 돈 한 푼 못 갖다 주었다. 생활비를 못 벌어주니 집안 형편이 말이 아니었다. 먹고살겠다고 막노동이라도 해서 가정을 꾸려야겠다는 사람을 마냥 붙들 수는 없었다. 생활고로 한 사람 두 사람 떨어져나갈 때 이해남은 가슴이 아렸다. 월급을 안 갖다 주기는 이해남도 마찬가지였다. 아내 이은숙은 남편이 월급을 가져온 날을 거의 기억 못했다. 이은숙은 자신이 혼자 벌어서 애들을 기른다고 생각하며 살았다.

　아침에 눈을 뜨고 동료가 없어졌음을 안 조합원들의 마음은 또 어떤가. 갓난쟁이와 3살 먹은 애기가 있음에도, '나는 분유 값만 있으면 언제까지 할 수 있다'며 회사 사람들에게 끝까지 싸우겠다고 당당하게 말한 조합원도 있었다. 그러나 부인이, 처가가, 자식들 굶겨죽일 작정이냐고 호소하면 조합원들은 속절없이 무너졌다. 생계 앞에는 장사가 따로 없었다. 교섭은 중단되고, 사태해결은 앞이 안 보였다. 진입투쟁은 잠시 중단되고, 조합원들은 불안감과 무기력에 휩싸였다. 생계를 위해 일하자는 측과 지금은 함께 투쟁하고 나중에 다시 판단하자는 측으로 나뉘었다. 날도 추워지는데 인근에 사는 조합원들의 아파트로 숙소를 분산하자는 주장도 나왔다. 조합원들은 열악한 상황임에도 2002년 9월 17일 잠정합의를 거부했다. 합의안 찬반투표도 하지 않았다. 조합원들이 합의안을 거부한 까닭은, 손배가압류는 철회되었지만 강제 사직자들의 복직 문제가 빠져 있었고, 이현중과 부상자들의 치료비를 대출해 준다고 했기 때문이었다. 그리고 이 합의를 주도한 금속노조 지부 집행부에 대한 비판도 거세졌다. 추석이 지나면서 조합원들의 불만이 높아졌다. 4달이 넘게 월급을 못 받자 생활고가 극심해졌다. 그동안 잠재했던 비대위 지도부에 대한 불만이 자주 드러났고, 조합원들 사이에 다툼도 일어났다. 힘겨운 집안 사정과 생활고에 내몰린 조합원들의 인내심은 한계에 다다랐다. 어느 정도 성과를 얻은 다음 현장 복귀가 절실했다.

세원노조 비상대책위는 9월 27일부터 교섭타결 되는 날까지 날마다 진입투쟁을 했다. 물량을 압박하고, 천막농성에 돌입하고, 지역 총파업으로 배수진을 쳤다.

조합원들은 김문기를 지명수배했다. 10월 1~2일, 전 조합원은 대구에 가서 김문기 회장 지명수배 포스터 '이 사람을 수배합니다!'를 붙였다. 포스터에는 김문기 사진을 넣고, 구사대 동원해서 조합원들에게 폭력을 휘두르고 노동자 생존권을 짓밟은 죄목을 밝혔다. 지명수배 포스터 5000장으로 김문기의 아파트를 도배했다.

기아자동차 공장에 머물던 이해남은 조합원들의 투쟁에 발을 맞춰나갔다. 10월 18일, 수배자들과 함께 이해남은 기아에 납품하러 온 세원테크 트럭을 막았다. 기아에 갇힌 그로서는 마지막으로 선택한 행동이었다. 경찰에 잡혀가도 할 수 없는 노릇이었다. 이해남은 운전수를 끌어내리고,

"당장 여기서 꺼지라!"고 트럭 백미러를 박살냈다. 트럭 2대를 그 지경으로 만들자 세원테크 관리자들이 기아자동차 화성공장에 달려왔다. 이해남은 정문에서 그들과 맞서 싸웠고, 기아자동차노조 간부들이 '세원 납품트럭을 빼라'고 하자 관리자들은 '노조에서 빼라면 빼야지요'라고 꼬리를 내리고 돌아갔다.

10월 22일, 전 조합원은 사태가 해결될 때까지 무기한 천막농성에 들어가다. 오전 10시에 시작한 교섭이 오후 4시가 될때까지도 강제 사직자 문제로 어려움을 겪고 있다는 소식이 전해지다. 집중 연대집회를 시작하고 천막농성에 들어가다.

집회를 하는 내내 조합원들은 논두렁에서 울다. 다들 마이크를 잡고 투쟁한 날들을 되돌아보며 한을 풀 듯 이야기하다. 해가 지고 컴컴한데, 잠정합의가 됐다는 연락이 오다. 마침내 154일 파업투쟁이 막을 내리다.

합의 내용 : 기본협약 수용, 손배가압류 취하, 강제 사직자 복직, 기본급 6만 5000원, 호봉승급 7200원 합해서 임금 7만 2000원 인상, 민·형사상 고소고발은 쌍방 모두 취하(수배자는 민사만 취하), 조합원 37명에게 생계비 20만 원 지급, 벌금 600만 원 대출, 부상자 치료비 지급.

타결되고 나서 충남지부 사무실에서 쉬고 있는데, 어머니한테서 전화가 왔다. 아버지가 병원에 입원했다. 농민회 시위하러 서울 갔다가 갈빗대가 부러지는 부상을 당했다. 부자가 농민과 노동자로 시위를 한 셈이었다. 아버지는 그 일을 겪고 나서, 좋은 사람들하고 잘 지내고 열심히 하라고 격려해주었다. **신승현**

스위치를 내리듯 눈과 귀와 입을 닫았다
시간은 정오를 한참 지나고, 백짓장처럼
허연 하늘은 흐려질 기색이 전혀 없다
시시각각 터질 듯한 잠은 부풀어 오르고, 나는
이 한낮의 불면에서 도무지 깨어날 시간을 모른다

「문 밖의 시간」에서

13 문밖의 시간

철벽 바리케이드는 여전히 굳건했다. 이현중이 중상을 입고 숱한 조합원들이 부상을 당했음에도 회사는 바리케이드를 철거하지 않았다. 그 바리케이드를 뚫기 위해 조합원들은 땡볕에서 죽을 고생을 했다. 그 철벽을 부수고 현장에 들어가기 위해 무려 154일이나 싸웠다. 그러나 회사는 바리케이드를 걷어내지 않았다. 교섭을 하고 합의문을 작성했으면서도 바리케이드는 정문을 지키고 있었다. 보는 이를 압도하는 철벽은 조합원들에게는 이가 갈리는 쇳덩이였다. 회사의 꿍꿍이가 뭔지 바리케이드가 여지없이 보여주고 있었다. 바리케이드를 철거하기는커녕 회사는 출근한 조합원들에게 쪽문으로 들어가기를 강요했다. 그건 조합원들에게 항복하라는 뜻이었다. 공장에 들어와 일하려면 말 잘 듣는 개가 되어 기어들어오라는 소리였다. 노조 탄압의 상징물이나 진배없는 철벽에 머리를 조아리라는 건 합의문을 이행할 뜻이 없음을 밝힌 거였다.

2002년 11월 1일, 회사와 합의하고 출근한 첫날, 조합원들은 정문에서부터 회사와 마찰을 빚었다. 조합원들은 아침 7시 30분에 모여 다 함께 출근하기로 약속했던 터였다. 그러나 회사는 쪽문만 열어놓은 채 한 사람씩 들어오라고 했다. 단체 입장은 결코 받아들일 수 없다며 조합원들을 가로막았다. 조합원들은 그렇게는 출근할 수 없다고 맞섰다. 그것만이 아니었다. 대뜸 투쟁조끼를 벗으라고 했다. 조합원들은 반바지를 입든 팬티를 입든 왜 참견하냐고 따졌다. 어떤 옷을 입든 그건 입는 사람 마음이었다. 탈의실에서 작업복을 입고 현장에 들어가면 되는 거지 왜 옷을 입어라 벗어라 명령하냐고 입씨름이 벌어졌다.

회사는 시비를 걸자고 작정하고 나온 게 분명했다. 조합원들은 또 싸우자는 거냐고 항의했다. 정상민과 조·반장들뿐만 아니라 경찰이 지켜보고 있었다. 경찰은 오히려 수배자들을 잡겠다고 조합원들을 한 사람씩 검문했다.

첫 출근날 참 많이 울었다. 집에 있으니까 사람들이 잘 들어갔는지 불안했다. 그래서 회사와 집이 가까운 옥선이가 가보니까 조합원들을 못 들어가게 막고 있다고 했다. 당장 달려갔다. 노동부에도 전화해서 조합원들을 못 들어가게 하니 어떻게 할 거냐고 따졌다. 합의를 했으면서도 출근을 못하게 하자 마침내 철우가 죽어버리겠다고 지게차 밑에 들어갔다. 고등학교 갓 졸업한 애가 그러니 눈에 보이는 게 없었다. '차라리 죽이라고!' 김레시라와 여자들이 발버둥 쳤다. 회사가 얼마나 못 되게 굴었으면 20살짜리가 죽겠다고 했겠나. 마음이 너무 아팠다. 참 많이 울었다. **정화영**

시간이 지나면서 조합원들은 노동부 근로감독관을 불렀다. '이렇게 시간을 질질 끄는데, 근무시간에 포함되는 거냐?'고 물었다. 근로감독관은 '출근을 했으니 근무시간이다'고 답했다.

아침 7시 30분에 시작한 출근이 낮 12시가 되어서야 마무리됐다. 지회장 직무대행인 부지회장 전영웅과 사무장을 맡은 김한규가 교섭에 나섰다. 전임자만 조끼를 입고 조합원들은 퍼런 작업복을 입기로 합의를 보았다.

회사의 탄압은 예상했던 바였다. 올해 안에 민주노조를 없애고 어용 집행부를 세우겠다는 계획은 무산됐지만, 그쯤에서 물러설 회사가 아니었다. 이해남은 회사의 속셈을 알았다. 11월 5일까지 수배자들이 경찰에 자진출두하기를 회사는 목이 빠지게 기다렸다. 그러나 회사가 합의문을 이행하지 않는 한 이해남은 스스로 경찰서로 걸어 들어가지는 않으리라 다짐했다.

수배자 이해남은 사무장 김한규와 연락을 하고 있었다. 정상민이 '어째서 수배자들이 경찰에 출두하지 않냐'고 캐물을 때마다 김한규는 '가능한 그 날짜에 한다고 했지, 못을 박은 건 아니다'고 얼버무렸다. 그리고 '왜 합의문을 안 지키나, 고소고발 취하한다더니 왜 안 하나?' 김한규의 물음에 정상민은 시간이 걸리는 문제라고 발뺌했다.

바닥에 붙은 껌을 떼라고 하면 떼라구? 이해남은 몹시 화가 났다. 출근한 조합원들에게 회사가 내린 명령이었다. 회사가 시키면 시키는 대로, 껌을 떼라면 군소리 말고 껌을 떼라는 거였다. 합의문은 개나 물어가라는 심보였다. 현장에 들어가기는커녕 출근한 조합원들에게 장마철에 무너진 둑을 다시 쌓으라고 했다. 간부들은 조합원들과 상의하겠다고 작업을 거부했다. 그러자 회사는 합의를 했는데 다시 뛰쳐나가면 파업이고 그건 불법이라고 못을 박았다. 조합원들은 자동차부품을 만들려고 현장에 들어왔지, 둑 쌓으러 출근한 게 아니라고 항의했다.

조합원들은 금속노조 충남지부와도 엇박자를 냈다. 지부는, 복귀하면 무엇이든지 하겠다고 바닥에서부터 시작한다고 약속하지 않았냐고 조합원들을 못마땅해했다. 조합원들은 껌 떼는 일 하자고 현장에 복귀한 건 아니라고 맞받았다.

회사는 합의문을 휴지조각으로 만들고 있었다. 이해남은 회사의 수작을 뻔히 보면서도 마땅한 대응 방안이 없었다. 154일 파업을 끝내고 만난 상록리조트에서 조합원들은 얼마나 기뻐했던가. 다들 얼싸안고 춤추고 노래했다. 수배자들 형사고소고발을 취하시키지 못하고, 징계위 철회를 못 이룬 점은 아쉬웠다. 하지만 조합원들은 손배가압류를 철회시키고 노조파괴를 막아낸 건 높이 평가했다. 154일 동안 고생했다고 서로 위로하며 진한 동지애를 맛보았다. 그리고 현장에 복귀하더라도 노조를 지킬 것을 약속했다. 회사의 온갖 탄압을 이겨내리라 다짐했건만 조합원들은 저항할 수단이 마땅치 않았다.

조합원들은 장마에 허물어진 담을 쌓고, 팔레트를 수리하고 색칠했다. 철조망을 철거하고 풀을 뽑았다. 154일이나 투쟁한 조합원들이 기껏 하는 일이라는 게 풀 뽑기라니! 회사는 조합원들의 자존심을 깔아뭉개고 있었다.

회사는 조합원들과 현장 사람들을 철저히 격리시켰다. 조합원들은 식당에서 조회를 따로 했다. 나중에는 탁구장으로 내몰렸다. 도대체 현장 사람들 얼굴을 보거나 이야기할 틈이 없었다. 조회라는 게 사람 수를 헤아리고 누구는 철조망 걷고 누구는 팔레트 칠을 하라고 작업할당을 하는 게 고작이었다. 회사는 조합원들의 자존심에 상처 입히기를 그치지 않았다. 정신교육을 한답시고 154일 투쟁을 촬영한 영상물을 보여주었다. 구사대와 싸우는 장면을 오래도록 보여주면서 회사 말아먹을 짓을 어떻게 했는지 길이길이 남겨야 한다고 조합원들을 괴롭혔다. 그뿐만이 아니었다. 이현중이 부상당한 일도 있으니 흉물스러운 철벽을 치우라고 해도 회사는 조합원들의 요구를 묵살했다. 납품차가 들락거릴 틈만 남겨놓고 끝내 철벽을 철거하지 않았다. 허드레일을 시키는 이따금 회사는 선심 쓰듯 조합원들 한두 사람을 현장에 복귀시켰다. 조합원들을 갈라놓자는 수작이었다. 겨울 내내 조합원들은 현장에 복귀 못했다. 추운 겨울 밖에서 모닥불을 피워놓고 둑 쌓기와 팔레트 칠하고 고장난 것을 고쳤다. 가끔 필요한 에이에스(A/S)라인에 투입될 뿐이었다. 안타깝게도 원직에 복직한다는 내용을 합의서에 넣지 못했다. 잔업이 없으니까 기본급만 받았다.

154일을 싸웠으면서도 조합원들은 정상민과 김성백이 현장에 들여보내지 않으리라는 점을 예상하지 못했다. 게다가 잠잘 곳마저 빼앗을 줄은 몰랐다. 이해남은 회사가 합의문을 이행하기를 바랐다. 하루빨리 수배자 신세를 벗어나려면 그 길밖에 없었다. 그러나 집도 절도 없이 떠도는 조합원들을 두고 경찰에 자수할 수는 없었다.

출근하자마자 조합원들을 거리로 내몬 건 기숙사 문제였다. 회사는 조합원은 기숙사에 머물 수 없다고 알려왔다. 현장 사람들을 조직하려면 기숙사에 들어가야 했다. 그 점을 알아챈 회사는 조합원들을 밖으로 내쫓았다. 조합원들은 졸지에 살 곳을 잃어버렸다. 노조를 깨고 조합원들 숨통을 끊으려는 정상민의 공작은 끝간 데를 몰랐다.

잠 잘 곳이 없어진 조합원들은 전영웅, 김한규, 손석철의 집으로 뿔뿔이 흩어졌다. 한집에서 5~6명이 밥도 함께 먹어가며 파업할 때처럼 북적대며 살았다. 상록리조트에서 민주노조를 지키자고 〈철의 노동자〉를 부른 게 불과 일주일 전이었다. 며칠 사이에 떠돌이 신세로 돌변할 줄은 몰랐다. 이해남은 조합원들의 살 곳을 마련하기 위해 간부들과 머리를 맞댔다. 잠자리만은 회사한테 밀려서는 안 되었다.

그 와중에 극동아파트 탈출사건을 겪었다. 2002년 12월 초였다. 날이 무척 추웠다. 전영웅의 집에서 간부회의를 갖기로 한 날이었다. 저녁 8시, 일반 조합원들은 밖으로 나가고 간부들만 모였다. 갑자기 밖에서 웅성대는 사람들 소리가 나고 우당탕하는 발소리가 들렸다. 전영웅이, 누구냐고 물었다. 문을 조금 열자, 경찰이 수배자를 잡으러 왔다고 했다. 조합원들은 안에서 체포영장을 보여 달라고 외쳤다. 경찰과 대치하는 순간 누군가 불 끄라고 외쳤다. 깜깜해졌다. 계단 등만 보였다. 문 열린 상태로 조합원들은 경찰과 맞섰다. 조합원들은 수색 영장을 보여 달라고 계속 뻗댔다. 경찰은 나와서 보라고 했고 조합원들은 지랄 맞았다고 나가서 보냐고, 맞대거리를 했다. 시간을 끌면서 조합원들한테 비상연락망을 발동했다. 전화를 한 지 20~30분 만에 30여 명이 우르르 몰려왔고, 이웃 사람들과 조합원들의 항의를 받은 경찰은 그제야 대치를 끝내고 돌아갔다. 아파트에 들어온 조합원들은 비로소 이용덕과 구재보, 표준환이 없어졌음을 알았다. 조합원들은 경찰한테 잡혀갔다고 난리를 쳤고, 경찰은 철수했는데 어찌된 일이냐며 소동이 일어났다. 가스관을 타고 탈출했음을 나중에 알게 됐다. 구재보와 표준환은 양말 차림으로 야산으로 도망갔다가 신발을 사 신었다. 한참 만에 연락이 닿은 이용덕은 아파트 뒷산으로 도망갔다. 양말을 신고 가다가 벗겨져서 밤나무 가시에 찔리고 피가 났다. 그 와중에도 시청 앞 상호운수 천막 농성장에 가서 신발을 얻어 신었다.

회사가 내놓은 타협안은 목천 독립기념관 가는 길에 있는 관리자들 숙소였다. 조합원들은 단번에 거절했다. 그 아파트는 산골짜기에 있었다. 그 골짜기에 처박히면 조합원들은 아무것도 못할 터였다. 회사의 뜻대로 유배지에 갇힐 수는 없는 노릇이었다.

조합원들은 사내 기숙사를 내달라고 거듭 요청했다. 그러나 회사는 기숙사 사람들이 조합원들을 무서워한다는 엉뚱한 핑계를 댔다. 그만큼 회사는 기숙사 문제에서 한 발짝도 물러서지 않았다. 황당했지만 조합원들은 자신들을 무서워하는 사람이 누구인지 물었다. 그러나 정상민은 말할 수 없다고 잡아뗐다. 오로지 기숙사에 들어와 살 생각은 꿈도 꾸지 말라는 말만 되풀이했다. 조합원들은 출근했다 하면 기숙사 문제로 회사와 맞붙었고, 이해남은 결코 양보하지 말 것을 지시했다.

"지회장 사퇴하고 들어가겠어."

이해남은 어렵게 입을 열었다. 천안역 언저리 호프집에서였다. 부지회장 전영웅과 이용덕이 함께한 자리였다. 이해남은 지회장을 그만두겠다고 분명히 말했다. 차라리 감옥에 들어가는 게 나았다.

"관두다뇨? 무슨 말씀이세요?"

놀란 이용덕이 물었다.

"현장 돌아가는 것 봐. 아무것도 하는 게 없잖아. 회사가 합의한 거 하나라도 지킨 거 있어? 그런데도 노조는 팔짱만 끼고 있잖아. 싸우기는커녕 이리 가라면 이리 가고 저리 가라면 저리 가고. 노예가 따로 없어. 기껏 풀 뽑자고 154일이나 싸웠어? 그 놈들 종노릇하자고 죽을 고생하면서 싸웠냐고!"

이해남은 전영웅이 빤히 보고 있음에도 불만을 쏟아냈다. 11월 1일 복귀해서 이날까지 노조는 갈수록 무기력해졌다. 출퇴근만 할 뿐이지 강제 노동수용소와 다를 게 없다는 생각까지 들었다. 땅 파라, 풀 뽑아라, 팔레트 녹 벗겨라, 철조망 치워라……. 회사가 명령하는 대로 조합원들은 머슴처럼 움직였다. 12·12 총파업 때를 생각하면 상상조차 못할 일이었다. 노조한테 이래라 저래라 함부로 못했다. 조합원들이 똘똘 뭉쳤을 때는 서울이든 어디든 연대투쟁을 나갔다. 회사 간섭을 안 받았고 자존심을 지키고 살았다. 지역 노동자 2000명이 연대 와서 지켜낸 노조였다. 며칠 밤을 새워 싸워서 사장을 벌벌 떨게 했던 조합원들이었다. 그 자랑스러운 조합원들이 한겨울에 풀이나 뽑고 무너진 흙더미나 쌓고 있다니. 이해남은 조합원들이 겪는 현실을 받아들일 수가 없었다.

"비상대책위가 잘해 나갈 겁니다. 너무 상심 마세요."

이용덕이 말했다.

"언제까지 회사한테 질질 끌려 다닐 거냐구. 고소고발 취하부터 심지어 기숙사 문제도 해결 못하고 있잖아. 한겨울에 잘 데가 없다는 게 말이나 돼? 손발이 맞아야 뭘 할 거 아냐. 정상민이가 사정한다고 들어줄 인간이야? 약해졌다 싶으면 숨통 끊겠다고 덤비는 작자란 걸 몰라? 싸워도 시원찮을 판에 두 눈 멀쩡히 뜨고 당하고만 있으니 답답해서 미치겠어. 지회장이 허깨비야? 이렇게 저렇게 하기로 약속했으면 안에서 실천해야 할 거 아냐! 판판이 깨지면서도 안 싸우겠다면 뭘 어쩌자는 거야!"

이해남은 정말 실망했다고 뱉으려다 참았다. 점거투쟁할 때는 목숨을 걸고 싸웠던 조합원들이 맥없이 주저앉을 줄은 몰랐다. 비상대책위 간부들도 마찬가지였다. 기왕 책임을 맡았으면 뚫고 나가야 했다. 한두 차례 겪는 위기가 아니었다. 합의서 내용을 손에 쥐려면 싸워야 했다. 기숙사에 들어가려면 싸워야 했다. 회사는 거저 주는 법이 없었다. 그것을 모를 리 없는 조합원들이 패잔병처럼 내몰리고 있으니 답답한 노릇이었다.

"지회장님, 부지회장으로서 면목이 없습니다. 변명 같지만 점거 때와는 상황이 너무 다릅니다. 하지만 조합원들을 믿었으면 좋겠습니다."

전영웅이 말했다.

"아닙니다. 차라리 사퇴하고 감옥에나 갈랍니다."

이해남은 솔직한 심정이었다. 비상대책위 간부들은 너무 쉽게 포기했다. 싸우기로 약속을 해놓고 번번이 물러섰다. 지회장으로서 더는 할 말이 없었다. 간부들에게 말이 안 먹히는데 지회장을 할 까닭이 없었다. 그건 지회장 자격이 없음을 뜻했다. 하긴, 무작정 조합원들을 닦달할 수만도 없었다. 7월에 점거가 끝나고 기아로 들어와서 도망 다니는 오늘까지 조합원들과 함께하지 못했다. 4개월이 훌쩍 지났다. 가장 절박한 순간에 조합원들과 함께하지 못했던 현실이 너무 고통스러웠다. 수배자랍시고 도망만 다녀야 하는 신세를 견딜 수가 없었다. 피시방을 떠돌거나 길거리를 걷다가도 내가 왜 이러고 있나 하는 물음에 불쑥 사로잡혔다. 이 고생을 왜 하나 싶었다. 조합원들과 교감하는 것도 아니고 겉돌고 있을 뿐이었다.

수배자 이해남에게 웃음은 거리가 멀었다. 가뜩이나 회사의 합의서 이행 문제 때문에 멀리 피신할 처지가 아니었다. 천안과 평택 근방을 왔다 갔다 하는 게 고작이었다. 이해남은 김한규, 이용덕과 함께 원성동에 사는 이용덕의 친구집을 찾아갔다. 수배자로서 하룻밤 묵을 데가 아쉬웠다. 하지만 이용덕의 친구는 반기기는커녕 시큰둥했다. 아무리 밤이 늦었기로서니 친구를 대하는 표정이 영 아니올시다였다. 겸연쩍었던 이해남은 이용덕이 화장실 간 사이에, "피곤하시면 먼저 주무시라고, 저희는 알아서 자겠다"라고, 친구에게 조심스레 말했다. 그런데 이용덕의 친구는 엉뚱한 말을 꺼냈다.

"저 친구 오늘이 닷새쨉니다. 자진 출두한다고 그런 게 벌써 다섯 차례

예요. 그때마다 뭐 사달라고 해서 꼬박꼬박 먹는 거 대령했어요. 그런데, 다음날이면 또 오는 겁니다. 들어간다고, 자진 출두해서 감옥에 간다고 해놓고 술 한잔 사주면 넙죽 받아먹고 안 들어가는 거예요. 어김없이 그 다음날 또 와서 맛난 거 사내라는 겁니다. 내일도 안 들어가면 제가 회사에 전화해서 제발 노조와 작성한 합의서 좀 지키라고 사정할 참입니다. 안 그러면 우리집 살림 거덜 나게 생겼다고 부탁할 참입니다."

마침 화장실에서 나온 이용덕은 기다렸다는 듯이 "야, 아구찜 좀 먹자. 너도 알잖아. 빵에 들어가면 엄청 매운 음식이 먹고 싶잖아. 시켜봐라. 아구찜 가게 전화번호 저기 있네" 하고 냉장고에 붙은 선전용 스티커를 가리켰다. 천연덕스러운 이용덕을 보며 이해남은 잠시나마 수배자의 고단함을 잊을 수 있었다.

지회장 노릇을 하기에는 조합원들과 너무 오래 떨어져 있었다. 그리고 한뎃잠을 자는 데도 지쳤다. 찜질방을 어찌나 드나들었던지 살이 물러터질 지경이었다. 아내를 피시방에서 몰래 만나는 것도 할 짓이 아니었다. 도청이라도 될까봐 겨우 전화해서 만난 아내에게 돈을 타내는 짓도 가장이 할 짓이 아니었다. 애들과 먹고살기나 하는지 집안 살림은 제대로 꾸려 가는지, 가장노릇을 포기한 지 너무 오래 되었다. 카드빚에 몰리는 판에 더는 가정을 나 몰라라 해서는 안 되었다. 어차피 아내한테도 내년에 임기가 끝나면 그만둔다고 했으니 이쯤에서 정리해야 옳았다.

"그러시면 안 됩니다. 지금은 사퇴할 때가 아닙니다. 지회장님이 물러나면 좋아할 사람이 누구겠습니까? 상록리조트에서도 말했지만 회사와 정상민은 얼씨구나 하고 휘파람을 불 겁니다. 회사가 노조를 깨려는 건 우리가 알지 않습니까? 조합원들을 이간질하려고 오만가지 악선전을 해댈 겁니다. 기숙사도 못 들어오게 하잖아요. 계속 보복을 할 겁니다. 집행부를 깨려고 별 짓을 다하겠지요. 회사는 구사대를 동원해 선거를 하자고 공격할 겁니다. 집행부를 불신임하고 상급단체를 바꾸겠지요. 그걸 뻔히 알면서 당하자는 겁니까? 비상대책위를 믿으세요. 사퇴하면 안 됩니다. 부지회장님과 조합원들을 믿어야 합니다. 서운한 마음이 있더라도 참고 이겨내야 합니다."

이용덕은 지지 않고 대꾸했다.

"아냐. 다 내 탓이야. 물러나는 게 나아. 합의서 실행될 때까지 마냥 기다릴 수도 없잖아. 감옥에 들어가는 게 속편하겠어."

"지회장님, 뭔 일 생길 때마다 관두면 무슨 일을 할 수 있겠습니까? 저번에 지회장님이 '아스팔트는 누구나 가지만 험한 산은 아무나 못 간다'고 했죠? 사람의 가치는 힘들 때 나타난다면서 말입니다."

이해남은 고개를 끄덕였다. 기아 통근버스를 타려고 구재보와 만나기로 한 서울대 농대 캠퍼스에서였다. 그날 눈이 내렸다. 캠퍼스를 거닐며 이용덕과 수배자의 고통을 이야기했다. 그리고 이탈하는 조합원들을 보는 심정을 주고받았다.

"조합원들이 떨어져 나가면 엄청난 짐이 된다고 했죠? 생계 때문에 어쩔 수 없이 떨어져나가는데 붙들 방법이 없잖아요. 생살이 뜯겨나가는 아픔이라고 했어요, 지회장님이. 저는 그래서, 그 사람들 잘못이 아니다 돈이라는 괴물이 그렇게 만든 거다 조합원들 떠났지만 함께 싸웠던 날들을 기억할 거다 언젠가는 돌아올 거라고 했죠. 나쁜 감정 갖기보다는 떠나는 사람을 챙길 여유가 없는 게 안타깝다고 지회장님이 그러셨잖아요."

이해남은 더는 입을 열지 않았다. 다만, 그날 눈을 맞던 서울대 농대 캠퍼스를 떠나 기아노조로 들어갔던 기억은 생생했다. 합의서를 불이행하는 세원테크에 압력을 넣어달라고 하기 위해서였다. 열심히 설명했지만 기아노조 집행부는 알았다고, 심드렁하니 답했다. 그뿐이었다. 이해남은 고생하는 조합원들 생각하니 문득 억울했고, 속으로 많이 울었다.

이해남은 2002년 12월 9일 구재보, 이용덕과 함께 아산경찰서에 출두했다.

접견실 입구 풀밭에는

희고 붉은 접시꽃들이 무더기로 서서

다음 차례를 기다리고 있었다

영치금을 넣는 동안

접시꽃보다 키가 작은 딸은

아이스크림이 먹고 싶다고 꽃들에게 속삭였다

「**접견**」에서

14 풀빛 옷을 입고

수감번호 5514. 이해남은 기가 막혔다. 배우지도 못한 주제에 교도소에 왜 왔냐고? 교도관의 말을 곱씹을수록 울화통이 터졌다.

이해남이 새로 온 계장과 부닥친 건 2003년 3월초였다. 작년 1월에 이어 두 번째 감옥 생활이었다. 보석으로 풀려나고 재판을 받던 와중에 다시 수배돼 구속된 터였다. 이용덕 말대로 석방 날짜에 목매고 있으면 힘만 들지 싶었다. 한 2년 잘 살리라, 편히 지내자고 마음먹었다. 김레시라가 넣어주는 책을 열심히 읽고 느긋하게 지내던 참인데 계장이 속을 뒤집어놓고 말았다. 사동 순시를 하던 계장은 이해남이 머무는 6방에 와서 '양반다리로 앉아 있으라'고 명령했다. 이른 봄이라 3단 접이 매트리스를 깔고 있었다. 2단은 접고 남은 1단만 깔고 그 위에 양반다리를 하고 꼿꼿하게 앉아 있으라는 거였다. 이해남은 그렇게는 못하겠다고 버텼다. '부동자세로 앉아라', '그렇게는 못한다' 한창 실랑이를 벌이던 중에, 계장은 "하여튼 못 배운 것들이 말썽을 피운다. 못 배운 주제에 노동운동이랍시고 죄 지었으니까 여기 들어왔지, 죄 없으면 왜 들어왔나? 당신네들처럼 데모하는 사람들 때문에 나라가 발전이 안 된다. 범법자면 벌을 달게 받을 생각을 해야지, 죄 지은 놈들이 들어와서 더 설친다"고 마구 퍼부어댔다.

범법자라니? 이해남은 열불이 확 치솟았다. "당장 그 말 취소해! 취소해!" 이해남은 냅다 문을 발로 차고 정식으로 사과하라며 거칠게 항의했다.

노동운동하는 사람들 때문에 나라꼴이 엉망이라니! 있을 수 없는 일이었다. 이해남은 할 수 있는 모든 방법을 동원해 싸울 참이었다. 두 아이의 아비로서 범죄자 취급받으며 살아갈 수는 없었다.

> 주중에는 매일같이 조합원들이 면회를 오고 있으며 매주 토요일이면 제 아내와 두 아들이 면회를 옵니다. 큰애가 6학년, 작은애가 2학년이랍니다. 막내 녀석이 면회를 올 때마다 장난치고 농담하면서 구김 없는 모습으로 저를 즐겁게 해주지요. 하루는 옆에 있던 교도관이 "꼬마야! 아빠가 감옥에 있는데 슬프지 않아?" 하고 묻자, 막내 녀석 하는 말이 자랑스럽게도 "우리 아빠는요, 도둑질 강도짓한 게 아니구요 투쟁하다 들어갔어요. 근데 뭐가 슬퍼요?"라고 이야기할 때 가장 큰 보람을 느꼈습니다.
>
> **이해남, 월간 〈아름다운 청년〉에 보낸 편지**

노동자의 자존심이 걸린 문제였다. 혹독한 노동에 시달리지 않고 인간답게 살려고 발버둥쳤을 뿐이었다. 그게 강도짓과 같은 범죄라면 그 따위 법은 없어도 좋았다. 안 지켜도 좋았다. 회사 돈 수천 억 떼어먹은 재벌이나 뇌물 먹은 고위 공무원들은 죄를 짓고도 법망을 잘도 피해간다. 그따위 법은 개나 물어가라! 인간답게 살려는 노동자들의 투쟁을 짓밟는 법은, 더는 법이 아니었다. 돈 없고 힘없는 노동자들을 짓밟는 법은, 더는 정의를 말할 자격이 없었다. 계장이 막말을 해댄 건 노동자를 단순히 얕잡아봐서만이 아니었다. 이해남은 도저히 그냥 넘길 수가 없었다. 개인으로서 자존심이 걸린 문제이고 노동자 전체를 욕보인 거나 마찬가지였다. 무슨 수를 쓰든 계장의 사과를 받아야 했다. 그것만이 짓밟힌 노동자의 자존심을 회복하는 길이었다.

이해남은 조합원들뿐만 아니라 도움을 청할 수 있는 데라면 어디든 편지를 보냈다. 노동자를 비하한 교도관의 행태를 널리 알리고 사회문제로 만들 참이었다.

이해남이 날마다 항의했지만 교도관은 들은 척도 안 했다. 급기야 이해남은 단식에 들어갔다. 그로서는 가장 강력한 투쟁을 선택한 셈이었다. 지난 2월 노무현 대통령 취임식 때도 양심수를 석방하라고 5일 동안 단식을 했다. 법무부는 콧방귀도 안 뀌었지만 이해남은 그때도 남들보다 며칠 더 굶었다. 이참에도 끝장을 보리라 마음먹었다.

그쯤 되자, 이해남은 교도관뿐만 아니라 재소자들 사이에서도 유명인물이 되어 있었다. 교도관들은 성격 한번 대단하다고 혀를 내둘렀다. 한번은 이해남과 같은 사동에 조직폭력배가 특별대우를 해달라고 요구하자 이해남은 그 부당함을 지적하고 항의했다. 조폭과 이해남은 싸울 수밖에 없었고 이해남은 조폭과는 목욕도 함께 하기 싫다고 버텼다. 1방에서 10방까지 방을 따서 목욕을 하는 처지니 교도관들로서도 난감한 문제였다. 결국, 조폭들이 손발을 들고 말았다. 이해남은 조폭과 따로 목욕을 했다.

이해남은 단식을 하면서 면회 온 이진숙을 만났다. 이해남이 이진숙을 불러달라고 해서 이뤄진 만남이었다. 이진숙이라면 문제를 해결할 수 있으리라 믿었다.

"이 국장님, 내가 여기서 죽어나가더라도 이놈들한테 사과를 받아낼 겁니다. 노동운동을 범죄로 몰아서야 되겠습니까. 못 배워서 들어왔다니, 죄 지었으니까 감옥에 들어온 거라니. 그게 말이나 됩니까. 절대로 용서 못합니다. 사과 안 하면 이대로 굶어죽을 겁니다! 노동자들을 얼마나 우습게 봤으면 그랬겠습니까. 계장으로는 안 됩니다. 구치소 소장이 사과해야 합니다."

이해남은 눈을 부라리고 목청을 높였다. 쌍까풀진 두 눈이 휘둥그레진 이해남은 결코 용서할 수 없다고 거듭 씨근덕댔다.

"알았어요. 먼저 밥부터 먹으세요. 싸우더라도 힘이 있어야 하잖아요.

굶지 말고 밥은 먹어가면서 싸우세요. 민주노동당하고 여러 사람들을 만나고 있어요. 사회단체에 협조 공문도 보내고, 인권단체와 함께 싸우겠어요. 그러니 밥은 먹어요."

이진숙이 달랬지만 이해남은 구치소 소장이 사과하지 않으면 결코 단식을 멈추지 않겠다고 뜻을 굽히지 않았다.

민주노동당에서 일했기 때문에 도당 위원장과 함께 갔다. 단식을 하는 이해남을 설득하기 위해서였다. 이해남은 자신이 단식투쟁밖에 할수 없으니 사회문제로 만들어 사과를 받아달라고, 구치소를 압박해달라고 했다. 단식을 안 멈추고 싸우는 이해남을 보면서 아, 이 사람은 타협이 어렵구나 유연하지 못하구나, 하는 생각이 들었다. 자기가 보기에 뭔가 어긋났다 싶으면 어느 선에서 마무리 짓지 못하고 끝까지 갔다. 웬만해서는 멈추지 못하는 성격이었다. **이진숙**

시간이 흐르면서 구치소 측의 태도가 달라졌다. 이해남의 단식투쟁이 이용덕과 구재보한테도 알려지고 차츰 사회문제로 떠오르자, 구치소 측은 이진숙의 이야기에 귀를 기울였다.

"문제 교도관이 미안하게 생각한다고 했어요. 그 사람의 사과를 받는 것으로 이번 문제를 마무리했으면 좋겠어요. 구치소 측도 더는 문제가 커지지 않기를 바라고 있어요. 지회장님이 단식을 멈췄으면 해요."

이진숙의 설명에 이해남은 고개를 끄덕였다.

"알았습니다. 그 정도로 참지요. 인간적으로 교도관을 용서하는 거지 모욕은 잊지 않을 겁니다. 구치소에서 재소자들의 인권을 더 보호했으면 해서 단식투쟁을 했던 겁니다. 이쯤 했으면 앞으로 훨씬 좋아지겠지요. 억울하지만 이 정도에서 마무리 짓겠습니다."

이해남은 구치소 소장 사무실에서 담당 교도관의 사과를 받았다. 그 자리에는 구치소 소장과 교도관들 그리고 민주노동당 충남도당 위원장과 이진숙이 나란히 앉았다. 재소자 인권을 위해 애쓰겠다는 구치소 소장의 답변을 듣고 서야 이해남은 단식을 그만두었다.

이해남은 재판을 받으며, '피고들은 반성하고 있으니 선처를 바란다는 말을 하지 말아달라'고 변호사에게 미리 부탁했다. 판사에게 빌고 싶지 않았다. 투쟁이 정당했으니 떳떳하게 법정에 서고 싶었다. 재판 받으러 가는 날, 호송차 안에서 몸은 비록 묶였지만 익숙한 천안 시내 풍경을 눈에 담으니 마음이 편했다.

법정에 선 조합원들은 세원자본의 악랄함을 폭로했다. 조합원 황재선은 숱한 합의를 어긴 세원자본이 노동자들을 얼마나 업신여겼는지를 눈물로 호소했다. 방청석은 이내 숙연해졌다. 이용덕은 판사가 말리는데도 최후진술을 30분이나 했다. 반면, 신승현은 다리 아파 죽겠는데 진술을 오래 했다고 이용덕에게 핀잔을 주었다. 이해남을 비롯한 세원테크 조합원들은 자신들의 투쟁이 정당했음을 떳떳하게 주장했다. 마침내 판결이 나왔다.

이해남 구형 7년 선고 징역 3년 집행유예 4년. 이용덕, 구재보 구형 6년 선고 징역 2년 6월에 집행유예 3년, 그 밖에 세원테크 노동자들과 지부 노동자들 20여 명 벌금과 집행유예.

이해남은 놀랐다. 공장을 점거하고 화염병도 나왔는데 집행유예가 떨어질 줄은 몰랐다. 변호사가 '노조파괴 시나리오로 노조를 깨려고 했다, 회사 잘못이 크다'고 변론을 했지만 집행유예로 나가리라고는 생각 안 했다.

출소자 대기방에 머물던 이해남은 현대자동차 아산공장에서 벌어진 '식칼테러' 사건을 들었다. 현대자동차 아산공장 하청노동자가 친척 결혼식에 참석하려고 월차 휴가를 내려다가 오히려 관리자에게 죽도록 두들겨 맞고 병원에 입원했는데 사측 관리자는 폭력을 휘두른 것도 모자라 입원한 환자의 아킬레스건을 두세 차례 난자한 사건이었다. 사건을 저지른 사람은 수감되었다. 이 사건을 밑거름삼아 현대자동차 아산공장 비정규직 노동자들은 노동조합 설립을 서둘렀다. 석방을 앞두고 들떴지만 이해남은 분노가 치밀었다. 그리고 석방되는 대로 연대투쟁을 하리라 마음먹었다. 같은 일을 하면서도 형편없는 대우와 임금을 받는 하청 노동자의 처지를 잘 알고 있었다. 휴가 한 번 내기도 힘들 만큼 근무환경이 안 좋다는 것도 알고 있었다. 업체가 하청이지 사람마저 하청 신세는 아니었다. 하청 노동자들이 노조를 만들려고 몸부림치고 있음을 알고 있었다. 이해남은 노동자를 칼로 찌르는 현실이 끔찍했다.

대지는 결국 백기를 든다. 저 투항에는 그 어떤 책임도 죄도

물을 수 없다. 다만 비가 오고, 눈이 내렸을 뿐이다

나는 눈에 보이는 그것만을 기억하며 살 것이다

「겨울초입」에서

15 세상 밖의 행복

　구사대가 노조에서 설치한 천막과 현수막을 철거했다. 20여 명 남짓한 조합원들이 몸으로 막았지만 역부족이었다. 한마음협의회에 속한 구사대는 동료들을 밀어뜨리고 천막을 허물고 현수막을 찢어 버렸다. '합의문을 지키고 교섭에 성실하게 나서라! 해고 철회하라!' 는 외침을 그들은 묵살했다. 이해남의 눈에 구사대는 단순한 회사 앞잡이가 아니라 개로 보였다. 전에는 관리자들이 지휘하는 대로 움직였던 그들이었다. 그러나 이참에는 스스로 알아서 동료들을 짓밟았다. 구사대를 지휘하던 정상민을 비롯한 관리자들은 멀찍이 떨어져 팔짱을 낀 채 구경했다.

　동료들에게 폭력을 휘두르는 구사대를 보며 이해남은 서글펐다. 4월 11일 출소하자마자 출근한 그를 못 본척 하던 구사대였다. 2001년 12월 목숨을 걸고 함께 싸웠던 조합원들이 1년 반 만에 아는 체를 하지 않았다. 회사 측으로 돌아선 그들은 무엇이 부끄러운지 조합원들에게 얼굴을 들지 못했다. 조합원들은 당당하게 얼굴을 들고 다니는 데 반해 그들은 까닭 모르게 움츠러들었다. 도둑이 제발이 저린 양, 눈길을 피하던 그들이 대놓고 조합원들의 뒤통수를 후려쳤다.

　"노조가 또 물량을 끊으려고 한다. 온갖 무력시위를 해대며 회사를 망하게 한다. 회사가 망하면 사원들은 일자리를 잃는다. 그러니 회사를 살리기 위해서는 노동조합은 없어져야 한다."

회사는 여전히 노조 죽이기에 발 벗고 나섰다. 거기에 말려든 구사대는 조합원들을 내쫓는 데 눈이 뒤집혔다. 구사대는 지회장과 노조를 흔들려고 조합원 총회를 요구했다. 구사대는 노조회의나 집회에 참석하지 않았던 터였다. 이때 노조의 요구는 임금인상과 해고자 복직이었다. 연대서명을 벌인 구사대는 총회에서 지회장 불신임안을 내려고 했다. 10월에 선거가 있는데, 노조 집행부는 대비를 못했다. 겉으로는 구사대가 나섰지만 회사가 직접 노조를 탄압한 셈이었다. 이는 노조파괴 시나리오에 나온 그대로였다. 노동자가 노동자를 짓밟는 현실에 이해남은 막막했다. 154일 투쟁하고 감옥에 갔다 온 동안 노조는 빈사상태에 빠지고 말았다. 조합원들과 떨어져 지낸 시간이 길었던 만큼 무력감은 짙었다. 게다가 이해남, 이용덕, 구재보, 전중기는 해고 통보를 받은 처지였다. 회사는 3월 18일 일방적으로 해고되었음을 알려왔다. 회사 관리자가 해고통지서를 들고 구치소를 찾아왔다. 이해남은 면회를 거부했고, 편지도 받지 않았다. 지방노동위에서 해고자 신분을 놓고 법적 다툼을 하고 있음에도 회사는 전임자로 인정하려 들지 않았다. 금속노조 교섭위원임에도 시간을 안 빼주고 월급을 깎았고 연 월차도 안 내주었다. 노조 사무실 바닥에 스펀지를 깔고 먹고 자고 했다. 회사 식당에서 밥을 먹었다. 한 끼 먹을 때마다 돈을 떼었다. 월급날 몇 끼 먹었다고 계산서가 날아오면 조합비로 식대를 지불했다.

이해남은 감옥에서 나온 뒤 현장에 복귀하고 나서 지회장을 맡고 싶지가 않았다. 끊임없이 싸움을 해왔지만 조합원들에게 늘 미안했다. 지회장으로서 조합원들에게 과연 잘했는가, 스스로 물음을 던지면 여간 부담스럽지 않았다. 그렇다고 해서 노조가 힘들 때 나 몰라라 하고 지회장 노릇을 그만둘 수도 없었다. 하지만 조합원들을 향한 책임감 하나로 지회장을 계속 떠맡기에는 회사의 탄압은 몹시 가혹했다. 유철우나 신승현 같은 나이 어린 조합원들에게 너무 일찍 험한 꼴을 보여준 듯해서 안쓰러웠다.

목숨을 잃을 뻔한 이현중에게는 죄스럽기까지 했다. 두 차례 한 수술비를 빼고는 회사는 더는 병원비를 댈 생각을 안 했다. 두개골이 함몰되고 안면 뼈가 부서진 탓에 수술을 받았건만 회사는 환자인 이현중을 방치했다. 회사는 아파트 기숙사에 머무는 이현중을 칠곡 집으로 데리고 가라고 가족들에게 압력을 가했다. 천안 충무병원에 있을 때는 영남대학교병원으로 가라고 닦달했다. 날이면 날마다 회사 그만두라고 환자인 이현중을 괴롭혔다. 이현중은 회사의 압력이 극심함을 이해남에게 털어놓았다. 이현중에게 가족들의 뒷바라지가 필요하면 데려갈 수도 있었다. 하지만 이현중은 조합원들과 함께 있겠다고 집으로 가기를 거부했다. 회사는, 더는 이현중의 치료비를 댈 생각을 안 했다. 노조가 사정사정해서 겨우 천안 충무병원에 함께 갔다. 관리자를 앞세우고 찾아간 충무병원에서는 뇌만 찍어보고 특별한 이상이 없다는 진단을 내렸다. 그뿐만이 아니었다. 노조에게 닥친 문제들 중에서 어느 것 하나도 해결된 게 없었다.

"내 목에 칼이 들어와도 절대로 받아들일 수 없다."

정상민은 천막과 현수막을 원상 복구하라는 노조의 요구를 묵살했다. 그는 연대 온 지역 노동자들이 항의하자 정문을 봉쇄했다. 이현중에게 부상을 안긴 철벽을 용접했고, 아예 조합원들을 퇴근도 못하게 막았다. 조합원들의 출입을 가로막고도 정상민은 노조가 회사를 말아먹으려고 한다고 노조 죽이기에 물불을 안 가렸다.

"우리는 아무런 잘못이 없다. 우리가 한 것이 아니라 한마음협의회가 저지른 짓이니까 거기 가서 알아보라."

정상민은 대표이사 장현수, 생산이사 김성백과 함께 항의하는 조합원들에게 뒷짐 진 채 휘파람을 불어댔다. 이해남은 정상민이 노동자들끼리 실컷 싸워라, 하며 콧노래를 부르고 있음을 알았다.

지회장의 분노가 대단했다. 노조 사무실을 농성장으로 꾸미고 나서였다. 이해남은 '김문기 개자식, 가만두지 않겠다'고 이를 악물었다.

이대로 나 혼자 죽지는 않겠다. 김문기 네가 이렇게 나오는 한 끝까지 싸운다. 이해남은 눈에 불을 켜고 별렀다. **김한규**

"와! 엄청나네! 군대가 진격하는 것 같다! 멋지다!"

이해남을 비롯한 세원테크노조 간부들은 연신 감탄했다. 대형 트럭이 끊임없이 몰려들고 있었다. 한보철강 정문을 향하여 트럭 행진은 끝도 없이 이어졌다.

"물류를 멈춰, 세상을 바꾸자!"

전중기가 트럭 짐칸에 펄럭이는 현수막을 보며 외쳤다. 이어 '화물 악법 철폐하자!' 라고 큼지막하게 쓴 깃발이 잇따라 스쳐갔다. 도로 양쪽에는 트럭이 진을 치고 있었다. 도로는 벌써 주차장으로 변했음에도 트럭은 경적을 울리며 달려왔다.

당진 한보철강 앞, 화물연대 투쟁현장이었다. 철강제품을 싣고 밤새 고속도로를 달리던 운수 노동자들이 한보철강을 마주보며 파업을 하고 있었다. 죽도록 일해도 생계비도 못 버는 운수 노동자들이 노동자 대접을 해달라고 트럭을 멈추었다.

"세상을 바꾸자! 멋진 말이야!"

권세가 외쳤다.

"화물연대가 파업을 하니 정부가 엄청 긴장을 하는군. 공장에서 생산을 해봤자 제품이 드나들지를 못하면 말짱 도루묵이지."

이해남이 말했다.

"그렇죠. 평소에 노동자 문제는 거들떠보지도 않던 언론들이 우리 노동자들이 들고 일어나니까 연일 난리네요. 지들도 노동자들의 위력을 실감했나 봅니다. 화물연대만 파업해도 나라가 발칵 뒤집힐 판인데, 금속·공공·건설·보건·화섬 다 멈추면 어떻게 될까요?"

이용덕이 물음을 던졌다.

"한날한시에? 그게 가능할까? 정부가 그렇게 되도록 팔짱만 끼고 있지는 않겠지."

전영웅이 말했다.

"아 물론, 지금은 그럴 때가 아니죠. 그럴 힘도 없고. 하지만 노동자는 세상을 들었다 났다 할 수 있는 힘이 있습니다. 새로운 세상을 만들 수 있는 저력이 있다는 겁니다. 시간이 걸리더라도 그 길로 나아가야죠. 지회장님, 물살에만 의지해서 나아가는 배는 물살이 멈추면 그만입니다. 하지만 엔진이 멀쩡한 배는 물살이 멈추거나 거칠거나 상관 않고 앞으로 죽죽 나아갈 수 있잖습니까! 그러자면, '자기 엔진'을 가진 노동자들이 더 많아져야 합니다!"

"맞는 이야긴데, 현실하고는 거리가 많아. 금속이 선봉이라고 하는데 발전파업 때만 봐도 제대로 안 되잖아. 현대, 기아, 쌍용은 민주노총 총파업 지침도 제대로 안 따랐고. 하겠다는 건지 안 하겠다는 건지 의욕도 없고. 맨날 총파업, 총파업 하는데, 금속만 찔끔, 그것도 싸우는 공장만 파업해서야 어떻게 세상 바꾸는 힘을 모으냐고."

"지회장님, 민주노총에서 총파업 선언해도 현장에서 준비 안 되어 있으면 못 합니다. 현장을 조직하는 만큼 싸울 수 있는 거죠. 현장 조직하는 건 시간이 걸리고 하려는 의지가 있어야 하는데, 관료화된 조합 간부들은 그럴 의지가 없습니다."

"옛날엔 그러지 않았다는데. 끝까지 끌고 가지도 못할 총파업을 왜 때리는지 모르겠어. 그리고 말과 실천이 다르잖아. 바깥에서는 비정규직 철폐 외치는데 현장에는 비정규직들이 넘쳐나고. 현장에서는 못 본 척하는 게 현실이잖아. 심지어 이용해먹기도 하고. 노동자의 진정성은 어디에 팔아먹었냐고. 실망이야. 그러면서 연대는 무슨 연대……."

이해남은 조합원들의 뜻을 저버린, 발전노조 파업을 생각하면 화가 났다. 노조 지도부가 어떻게 조합원들을 무시할 수 있는지 이해가 안 갔다. 천안역에 발전노조 파업에 연대를 갔다가 중간에 파업이 끝났다는 소식을 전해 들은 조합원들은 실망이 이만저만이 아니었다. 그러려면 민주노총이 왜 있냐는 조합원들의 물음에 할 말을 잃었다. 노동운동이 활력을 잃은 듯해서 답답했다. 이해남은 감옥에 갔다 오고 2년 동안 싸웠다. 노동운동이 뿌리부터 병들어 있음을 알았다. 예를 들어, 민주노총 선거가 있다면, 민주노총 집행부를 바꾸는 것으로 그치면 안 되었다. 현장 노동자들의 투쟁을 밑거름 삼아 노동운동이 바뀌기를 바랐다. 2003년, 노동운동을 보는 이해남의 의식은 더욱 깊어졌다. 그 전에는 세원테크만을 위해서 연대하고 파업했다. 발전노조와 현대 사내하청투쟁에서 보듯, 당장 세원과 관련 없어도 연대투쟁에 앞장섰다. 언제까지나 수세에 몰리기만 할 건지, 천만 노동자가 한꺼번에 힘을 모을 수 있는 날이 오기는 할까.

우리가 정신이 헤이해질까 봐 조합원들을 일깨우는 이야기를 한다. 우리가 '용역'이라는 말을 하면, 지회장은 '그건 비정규직을 뜻하는 말이다. 용역이라는 말을 쓰지 말라'며 '같은 노동자다, 비정규직 제도는 자본가들에게나 이로운 거다'라고 일러주었다. 세원에서도 나이 많은 사람들과 여자들이 비정규직으로 일했다

이주노동자들 위해서 뿐만 아니라 전국으로 연대투쟁 다녔다. 금속만 노동자가 아니고 모든 업종을 떠나 내 문제로 받아들였다. 자연스레 조합원들의 의식이 높아졌다. 다른 지회 사람들은 세원테크 조합원들이 치열하게 싸웠기 때문에 노동자 의식이 높았음을 인정했다. 연대투쟁을 바탕으로 154일도 싸우고 2003년 투쟁도 해냈다. 지회장이 올바른 노동자 의식을 조합원들에게 많이 심어주었다. 이해남의 '모든 노동자는 하나'라는 의식은 남달랐다. 조성호

"사업장마다 회사가 노동자들의 요구를 들어줄 리 없잖아? 뭉쳐서 싸워야하는데 갈가리 찢어져 싸우니 힘이 달리지. 답답해."

"그게 쉽지 않지만 싸워야죠. 싸우긴 싸우는데 우리 사업장만 챙긴답시고 노동자 전체의 이익을 포기하면 안 되는 거죠. 그렇게 해서 노동자 생존권을 지킬 수 있을까요? 안 됩니다. 예전엔, 자본이 임금도 올려주고 해

서 노동자들을 달래고 했지요. 하지만 지금은 그렇게 안 합니다. 자본의 위기가 깊어질수록 자본가는 단호합니다. 노동자의 목을 쳐서 위기를 돌파하려고 들 겁니다."

"그럼 어떻게 하자는 거야? 대안이 있어?"

"대안이라……. 노동해방이죠. 자본주의를 엎어야죠. 공장과 사회의 주인은 노동자와 민중이 되어야 합니다."

"노동해방, 노동해방 하는데 그게 정확히 뭔지는 사람들이 이야기를 안 하더군. 왜 이야길 안 하는 거야? 민주노동당이 권력 잡는 게 노동해방인가?"

"민노당이 들어서면 어떻게 될 것 같아요? 노동해방 세상을 만들려면 공장과 사무실, 지역에서 뽑힌 노동자 대표들로 정부를 구성해야죠. 그런 정부여야 노동자 민중의 이익을 제대로 대변할 수 있습니다. 노동자와 민중을 위하는 정부를 만들어야죠. 그리고 자본가들의 생산수단을 몰수해야죠. 사회 구성원들이 필요한 만큼 생산하고 장시간 노동에서 벗어나 인간답게 살아야죠. 공장은 우리 노동자들을 위해 굴러가야 합니다. 자본가들 이윤이 아니라 우리를 위해 말이죠. 예를 들어 노동시간을 줄이면 일자리가 늘어난다는 건 누구나 알 수 있잖아요. 그런데 이윤만을 추구하는 사회에선 이게 안 돼요."

"하여튼 먼 훗날에나 이뤄질 이야기야."

이해남은 노동자가 일하지 않는 게 노동해방이냐고 묻던 김우섭의 빈정거림을 떠올렸다. 구사대로 돌아선 그는, 연대투쟁하러 가는 걸 몹시 못마땅해 했다. 연대투쟁도 안 하고 일하지 않은 적도 더러 있었다. 그건 분명 잘못이었다. 하지만 노동해방이라는 게 자본가의 이익을 위해서 일하지 않고 우리들의 풍요로운 삶을 위해 일한다니 얼마나 멋진가!

"힘들어 죽겠어요. 뭘 해야 좋을지 모르겠네요."

포장마차에 들어서자마자 홍영교는 울상을 지었다.

"뭘 그까짓 거 가지고 그래. 이제 시작이야."

이해남은 홍영교의 등을 두드려주었다. 현대 아산공장에 다니던 사내 하청 노동자들은 집단해고를 당했다. 사내 하청에 다니는 처지에 노조를 만들었다는 게 해고 사유였다. 식칼테러를 저지르고도 노조를 인정하지 않는 자본이었다. 살기 싫다고, 힘들어 죽겠다고 앓는 소리를 해대는 홍영교도 해고자 신세였다. 이해남은 홍영교의 마음을 알았다. 자신도 해고 통보를 받고 싸우는 중이었다.

이해남은 홍영교를 3~4차례 만났다. 홍영교를 보면 자신의 지난날이 떠올랐다. 그래서일까, 각별한 애정이 생겼다. 오늘도 밤 11시에 전화를 받자마자 고물 록스타를 끌고 득달같이 달려왔다.

"조합원들 왕창 잘렸지. 현장에도 못 들어가고 어떻게 해야 돼요? 노조 해본 경험이 없어서 미치겠어요."

"이제 시작이라니까 그러네. 우리도 노조 만들었다가 이겼다 졌다, 지겹게 싸웠어. 회사가 단협 들어준다고 했다가 뒤집기는 예사야. 우리도 2차례나 구속됐잖아. 그 정도는 각오해야지."

"감옥까지 가라구요? 미치겠네. 솔직히 우리가 이 짓을 왜 하는지 모르겠어요. 노동자의 '노' 자도 모르는 놈이 뭔 짓을 하는지 정말 모르겠다니까요. 어떨 때는 다 때려치우고 도망가고 싶어요."

"홍 지회장 기분 충분히 이해해. 내가 왜 모르겠어. 나도 그런 고민 많이 했어. 미친 척하고 자리 지키고 있으면 돼. 죽었다 하고 지회장 자리 차고 있어. 내가 잘나서 노동운동 하는 거 아냐. 인간적으로 힘든 거 알아. 밥은 잘 먹어? 짤렸다고 술만 먹으면 안 돼. 조합원들은 어때?"

이해남은 홍영교를 다그치지 않았다. 그저 들어주기만 해도 그에게 힘이 될 터였다.

"비정규직 신세 참 처량하지. 같은 라인에서 같은 일을 하는데도 차별받고 말이지. 임금도 차이 나지만 복지는 형편없잖아. 세원도 정규직이지만 사외하청이나 마찬가지야. 말만 정규직이지 우리 임금 박한 거 다 알잖아. 세원도 현대차 손에 놀아나는 2차 사업장이야."

이해남은 사내하청과 세원테크가 같은 처지임을 강조했다. 서너 군데 노조에 학생 출신 활동가들이 뒤엉켜 있음을 모르지 않았다. 그네들하고 말싸움을 할 생각은 털끝만큼도 없었다. 학생 출신 활동가와 노동자 사이에 갈등이 있었고, 거기다 잡다한 정파 문제까지 섞이면 골치가 아팠다.

"세원도 학생 출신들이 앞장서서 오로지 '투쟁! 투쟁!'만 해 왔잖아요?"

"내 능력이 그것밖에 안 되는데 누굴 탓하겠어. 대외적으로 세원이 강성으로 알려져서 여간 부담스러운 게 아니야. 선택할 폭이 넓으면 좋을 텐데. 나도 이렇게 저렇게 다양한 활동을 해보고 싶지. 근데 그게 가능할지 모르겠네."

"학출들만 생각하면 머리가 쑤셔요. 사람을 들들 볶는다니까요. 대파, 양파도 아니고 뭔 정파는 그리도 많은지. 지들이 속한 정파에 따라야 한다고 이 사람 저 사람 들쑤시는데 미치겠어요."

"학출이라고 해서 무조건 비난하는 건 옳지 않지. 그 좋은 대학 때려치우고 노동운동에 뛰어 든 이용덕과 구재보를 우리가 편견없이 받아들여야지. 물론 학출하고 노동자들하고 거리를 좁히는 게 쉽지는 않아. 분명히 다른 점이 있어. 세원에서도 처음엔 문제가 없었는데, 나중에 계속 문제가 되고 회사의 공격 대상이 됐잖아. 그리고 정파라는 것도 어떤 정파인가가 문제지 않겠어? 덮어놓고 정파를 나쁘게 봐서는 안 되지. 나는 자세히 모르지만 정파를 나쁘게만 보면 뭔 발전이 있겠어? 목표가 뚜렷하고 사심이 없는 조직이라면, 노동자들의 해방을 위해 싸우는 조직이라면 좋다고 봐. 홍지회장은 현장 노동자의 순수함을 잃지말라구. 정규직이건 비정규직이건 노동자란 사실을 잊으면 안 돼."

"인간관계를 바탕으로 노동운동을 해야 하는 거잖아요. 노동운동도 사람이 하는 건데. 원칙만 내세우면 인간이 설 자리가 없어요."

"학출들의 고뇌도 이해해야지. 대학 졸업장으로 좋은 직장 얻고 잘살 수 있을 텐데, 노동운동에 인생을 걸었잖아. 아무나 할 수 있는 일이 아니야. 나도 홍 지회장처럼 노조의 '노' 자도 몰랐어. 무조건 노조가 있어야겠기에 한국노총을 찾아갔어. 노조를 만들면서 진실을 알게 되었고 변했지. 그리고 원칙만 내세우면 피곤하지만 원칙 없이 흔들리는 건 더 문제야. 원칙이 없으면 겁먹고 도망가거나 관료화된다니까."

이해남은, 지회장은 상황 판단을 할 때 책임지고 결정하면 된다고 말했다. 그러자면 틈만 나면 많이 배우고 행동하자고 격려했다.

"사내하청지회는 세원테크처럼 장기투쟁 안 했으면 좋겠다. 너무 힘들어. 끝이 안 보이는 싸움이야. 나보다도 옆에 있는 사람들이 너무 힘들어. 투쟁을 하자는 말을 꺼내기가 너무 힘들어. 사내하청지회는 지역하고 끝까지 연대했으면 좋겠어. 정문 철벽 바리케이드 투쟁할 때 우리 힘으로 해낼 수 없었어. 연대 온 지역동지들 덕분에 싸운 거 알지? 늘 고마워하고 있어."

이해남은 사내하청지회에 깊은 관심을 기울였다. 6월 23일에 벌어진 민주노조 사수를 위한 집회는, '6·23전투'라고 부를 만큼 으뜸으로 꼽는 연대투쟁이었다. 노동자들이 아산공장 정문 앞에서 집회를 하는데, 사측은 정문을 차로 막았다. 집회를 마치고 충남지부 노동자들은 세원테크를 선두로 밀어붙였다. 하청 관리자들과 서로 두들겨 패는 커다란 싸움이 벌어졌다. 유철우, 이광수, 신승현 등 20살 조합원들이 철조망 담을 타넘고 치열하게 싸웠다. 원래는 간부들만 참석하기로 한 집회였는데, 조합원들이 다 모였다. 사정이 무척 어려운 세원이었지만 조합원들의 연대의식은 살아 있었다. 이해남은, "20대 애들이 열심히 싸운다"고 무척 기뻐했다. 이날, 한창 뒤엉켜 싸우는데 허리 아프다던 김한규가 모래를 뿌리는 관리자의 머리카락을 움켜쥐고 패려다가 가발이 벗겨지는 바람에 깜짝 놀라서 내빼기도 했다.

세원하고는 조합원들끼리도 형 아우하고 지냈다. 투쟁하는 지회상으로서 이해남보다는 일상을 사는 이해남을 더 좋아했다. 가정사를 털어놓으면서 서로 마음을 열었다. **홍영교**

"집에 가면 미안하다. 오래 있을 수도 없고. 아내가 직장을 다니니까 애들한테 신경을 못 써. 집안 꼴 눈으로 보면 뒤집어져. 여름에는 냄새 안나게 애들 옷을 깔끔하게 입혀 보내야 하는데, 우리 애들은 거지새끼처럼 입고 학교 가. 도시락 반찬 들여다보고 용돈 쥐어주면서 가슴이 찢어져. 돈도 못 벌어주고……. 미안해서라도 집에 못 들어간다. 오래 머물렀다가는 미칠 것 같아. 나와 있는 게 편하다. 아내도 내가 집에 있으면 부담스러워해. 나야 사명감 때문에 하지만 아내와 애들이 무슨 죄가 있나?"

2003년 6월 카드빚에 내몰린 이해남은 개인파산을 신청했다. 수임료, 송달료, 인지대, 부채증명서, 벌금비용 따위 파산신청 서류를 마련할 돈 100만 원마저 남에게 빌렸다.

기아에서 천막생활 할 때도 5만 원, 10만 원 달라고 했다. 형수가 일하는 것을 알고 있어서 근근이 살아가려니 했다. 다른 사람들은 우리 집에 가서 밥 먹자는 말을 했는데, 이해남은 단 한 차례도 그런 적이 없었다. 노조 단합대회에도 형수와 애들이 왔는데, 집에 초청한 적이 없었다. 집안 형편이 어렵다는 이야기를 꺼낸 적이 없었다.

이해남이 월급을 가져간 것은 노조 만들고 나서 7~8개월이 전부다. 2002년 5월부터 월급을 못 받았다. 나중에는 노조에 돈 달라는 말이나 조합원들에게 돈 이야기를 못 꺼냈다. 사는 형편을 알기 때문에. 그래서 상급단체 사람들 몇몇에게 돈을 빌리기도 했다.

지회장이 힘들 거라고는 생각을 못했다. 지회장으로서 마땅히 해야 할 일이라고 여겼다. 투쟁이 잘못되기라도 하면, 조합원들한테 피해가 가고 지회장으로서 책임을 져야 한다는 것을 생각하지 못했다. **구재보**

아니야, 우리는 세상을 몰라도 너무 몰랐어

그래서 헛꿈만 꾸었어. 세상에는 얼마나 무서운 욕심들이

도사리고 있는데, 포박당하지 않으려고 묶인 개처럼

모가지를 숙이고 얌전히 걸어도 무엇이 우리를 비켜갔는가

날마다 날선 칼을 품고 번쩍번쩍 빛나는 아침이 오고

「날마다 우울한 아침이 오고」에서

16 만질 수 없는 꿈
─아, 현중아! 현중아

2003년 7월 13일 일요일. 입원한 현중이를 만나러 대구로 가는 길이었다. 운전하는 내내 이해남은 속이 편치 않았다. 암 선고를 받은 현중이를 위로하는 건 마땅히 할 일이었다. 대구가 아니라 부산, 제주도라도 병문안을 가야 했다. 그러나 지회장인 자신이 노조 사무실을 비우고 먼 길을 떠나야 하는지는 여전히 의문이었다. 현중이를 홀대해서가 아니었다. 백번 천번이라도 병문안을 가는 게 도리임을 모르지 않았다. 그러나 어제 노조 간부회의에서 맞닥뜨렸던 간부들의 태도는 영 마음에 들지 않았다.

경북대학교병원에 입원한 현중이 병문안을 갈 사람이 없었다. 이용덕 혼자뿐이었다. 그래서는 안 되었다. 서운해할 현중이를 생각해서라도 간부들이 내려가야 했다. 그러나 누구도 선뜻 나서는 사람이 없었다. 이용덕 혼자 간다면 현중이가 몹시 섭섭해할 터였다. 그걸 모르지 않을 텐데 간부들은 미적거렸다. 이해남은 자신은 바쁘니 다른 사람이 갔으면 좋겠다고 솔직히 털어놓았다. 사정을 설명했음에도 아무도 안 나섰다. 회의를 주도하던 이해남은 노조 간부라는 사람들이 너무 안 움직인다고 기어코 내뱉고 말았다. 회사는 노조 죽이려고 눈이 뒤집혔지, 조합원들이라고 해봐야 30명도 안 되지, 회사에 맞선 투쟁이라곤 일주일에 1~2차례 게릴라 파업이 전부였다. 노조가 위기임을 안다면 간부들이 뼈를 깎는 심정으로 나서야 옳았다. 암에 걸려 입원한 조합원을 버려둔다면 노조는 설 땅이 없었다.

회사 탄압에 지친 탓일까. 노조 돌아가는 형편이 어렵다는 건 알지만 간부들이 그 정도로 허덕일 줄은 몰랐다. 유윤호는 간부 안 하겠다, 힘들어서 노조 활동을 때려치우겠다고 도리어 화를 냈다. 결국, 사무장 구재보와 입씨름을 하는 것으로 회의는 막을 내리고 말았다.

몸은 대구로 향하건만 이해남은 속내가 어수선했다. 이용덕이 설득해서 따라 나서긴 했지만 대구행이 과연 잘한 결정인지 확신이 안 섰다. 연대투쟁만 해도 쉴 틈이 없었다. 아산 중앙병원, 중부도시가스, 베스콘, 현자사내하청, 세정지회와 함께해야 했다. 가뜩이나 회사는 집단교섭에 응하지도 않았다. 그뿐만이 아니었다. 부당해고 구제신청을 처리해야 하고, 파산신청도 마무리지어야 했다. 직업과 소득, 재산 정도, 부양가족 유무, 채무금액을 따지다 보면 과연 자신이 산목숨인지 의심스러웠다. 집안일만으로도 머리가 쑤셨다.

"치료비 마련해야 할 텐데."

이해남은 불쑥 말했다. 자신을 둘러싼 문제에 골몰하다 보면 미칠 것만 같았다. 차라리 현중이 병문안을 가는 길이니 현중이 생각만 하는 게 낫지 싶었다.

"그러게요. 현중이 뒷바라지 못해준 게 자꾸 마음에 걸려요. 권세 방에 가서는 자주 이야기했는데, 현중에 방에는 자주 못 들렀어요. 언젠가 노조에 있다가 기숙사에 갔더니 오전인데 혼자 있더라구요. 그래서 밥 먹었냐고 물어보니까, 그때까지 아무것도 안 먹고 있지 뭡니까. 그래서 음식점에서 시켜 먹었어요. 현중이가 요리를 할 줄 모른다는 걸 진작 알았어야 했는데. 권세 방에 있는 친구들은 청소도 하고 찌개도 곧잘 끓여 먹던데. 현중이는 밥을 해 먹는지 라면이라도 끓여 먹는지 모르겠더라구요.

아마 거의 해 먹지 못하는 것 같았어요. 알아서 챙겨 먹겠거니 했죠. 어느 날 걱정이 되어 갔다가 약 먹는 거나 물어보고……. 병호 형이나 같은 방을 쓰는 사람들이 신경을 쓴다고 했지만 한참 모자랐어요."

이용덕이 근심스레 입을 열었다.

기숙사에 머물던 현중이에게서 전화가 왔다. '누나, 계란국 어떻게 끓여?' 하고 물었다. 아픈 와중에 한 끼라도 먹으려고 애썼다. 내가 만둣국 만들어준 게 기억난다고 만둣국을 어떻게 끓이냐고 또 물었다. '밥은 씹어서 삼키려니까 잘 안 넘어간다'고, '만둣국 끓이는 법 가르쳐달라'고 했다. '머리가 아프니까 약을 먹으려면 억지로라도 뭘 먹어야겠다'며 전화로 물었다. **이미정**

"우리가 너무 방치했어. 난 그 정도일 줄은 몰랐지."

"4월에 약 먹으면서 치료하다가 한번은 귀가 안 들린다고 해서 이비인후과에 갔더니 귀에 뭐가 꽉 찼다더라구요. 그걸 빼니까 귀가 잘 들린다고 현중이가 무척 좋아했어요. 그 전에 일주일에 2차례 정도 충무병원에 갔어요. 현중이는 아프다고 하는데, 의사는 시티 촬영으로는 아픈 데가 없다고 해요. 약으로 치료하자고 해서 약을 먹는데도 계속 아프다는 거예요."

머리가 깨진다고 난리가 났다. 방에서 이리저리 떼구르르 굴렀다.

우리 둘이 단짝이었다. 기숙사인 한성아파트에서 한 방을 썼다. 어느 날, 야간 들어가서 일을 하고 있는데 피가 계속 난다고 현중이한테 전화가 왔다. 아무도 없다면서 다급하게 불렀다. 밤 12시쯤, 한창 추운 겨울 밤이었다. 그때 현중이는 주간에만 일을 하였다. 머리가 너무 아프고 코에서 피가 줄줄 난다고, 안 멈춘다고, 울부짖었다. '옆에 누가 있나?' 물으니까 아무도 없다고 했다. 노조 간부들한테 전화하라고 했더니 '너무 늦었는데 어떻게 전화 하냐'고 울먹였다. 이용덕 대외협력부장한테 현중이 피 났다고, 검사해봐야 되지 않냐고 이야기했다.

암 판정 받은 날도 현중이와 둘이서 천안역 근처에서 밥을 먹었다.

머리가 아프다면서 암 판정을 받았다고 털어놓았다. 이에서 암이 생겼다고, 집에 안 내려간다기에 여기는 걱정 말고 내려가라고 설득했다. 기숙사에 있어봤자 병만 더 심해지니 집에서 완쾌하라고 등을 떠밀었다. **황영원**

　이가 보기 흉하고 안 좋았다. 늘 이가 아파서 찡그리고 다녔다. 그래서 치아 상태를 알아보려고 아파트 근처 치과에 갔더니, 의사가 여기서는 안 되고 단국대학교병원에 가라고 했다. 병원에 가면서 '너무 걱정하지 마라, 별 거 아닐 거다' 라고 위로했다.
　진료실에 들어서자마자 의사가 육안으로 보더니, 나한테 보호자냐고 물었다. 당장 '이건 암이다, 심각하다' 고 현중이가 듣는 데서 말했다. 그러고 나서 뭘 하나 찍었고, 바로 암 진단을 내렸다.
　의사가 '이 사람 집이 어디냐' 고 현중이를 가리키며 물었다. 칠곡이라고 했더니, 경북대병원으로 가라고 했다. 왜 그러냐고 묻자 '가족들이 돌봐야 하니 그쪽으로 가는 게 좋다' 고 했다.
　현중이를 부축해서 겨우 로비에 나왔는데, 대리석 바닥에 그대로 풀썩 주저앉더니 울었다. '미안하다, 울지 말라' 고 달랬다. 그리고 어머니에게 전화를 했고 현중이도 통화했다. 현중이는 울면서 어머니와 이야기했다. 나도 옆에서 울었다. 7월 9일이었다. **이용덕**

"그런 친구를 부산까지 데리고 갔으니……."
이해남은 발등을 찍고 싶은 심정이었다. 지난 6월 27일 금속노조 집회가 부산에서 있었다. 기숙사에서 쉬라고 해도 현중이는 부산에 따라가겠다고 억지를 부렸다. 그전부터 현중이는, 아픈 몸을 이끌고 노조 사무실에 나오거나, 전화로 집회가 있는지 물어왔다. 환자가 어디를 가냐고 말렸지만 현중이의 고집을 꺾지 못했다.
관광버스를 타고 간 그날, 이해남은 1월에 분신을 한 두산중공업 배달호 열사('……해고자 모습을 볼 때, 가슴이 뭉클해지고 가족들은 어떻게 지내는지? 두산이 해도 너무한다. 해고자 18명, 징계자 90명 정도, 재산

가압류, 노동조합을 말살하는 정책에 우리가 여기서 밀려난다면 전사원의 고용을 보장받지 못할 것이다. ……이제 이틀 후면 급여 받는 날이다. 약 6개월 이상 급여 받은 적이 없지만 이틀 후 역시 나에게 들어오는 돈 없을 것이다. **배달호 열사 유서에서**)이야기를 현중이와 나누었다.

이해남은 금속노조에 대한 자부심이 강했다. 세원테크지회가 금속노조 모범지회상을 받았음을 무척 자랑스러워했다. 집회에 나가면 금속노조 깃발을 흔들기를 좋아했다. 그만큼 노동자를 위해 힘겹게 싸우는 금속노조를 아꼈고, 금속을 강성으로 보는 현실을 안타까워했다.

손배가압류에 목숨이 간당간당하기는 한진중공업 지회장 김주익이나 이해남이나 마찬가지였다. 100톤짜리 40미터 크레인에 올라 고공투쟁을 벌이는 김주익은 손배가압류, 부당징계철회, 해고자 복직을 요구하고 있었다. 이해남과 한 치도 어긋나지 않았다.

이해남은 이현중을 비롯한 조합원들과 부산역에서 한진중공업이 있는 영도까지 걸어갔다. 금속노동자 1000여 명이 철조망을 친 담을 타 넘고 공장으로 들어갔다. 한진중공업 식당에서 밥을 먹고, 탈의실에서 쉬었다. 현중이는 그 몸으로 비를 흠뻑 맞으며 집회에 참석했다. 금속노조 간부 1000여 명은 억수 같은 빗속을 뚫고 부산대교를 건너 한진중공업으로 향했다. "현장으로 들어갑시다!" 하는 함성과 함께 노동자들은 쇠창살과 철망으로 둘둘 감은 담을 넘기 시작했다. 수리선 철문에는 수백 명의 노동자들이 철문이 부서져라 두드리고 밀고 잡아당겼다. 함마로 담벼락을 부수는 노동자들도 있었다. 마침내 1500여 명의 노동자들은 깃발을 세우고 김주익이 투쟁 중인 85호 크레인을 올려보며 광장에 모였다. 김주익은 40미터 높이 크레인에서 마이크를 댄 핸드폰을 통해 "저는 문을 뚫고 들어오는 동지들의 모습을 보면서 눈물을 흘렸습니다. 이 자리에서 죽는 한이 있더라도 끝까지 싸워서 이기겠습니다"라고 울먹였다.

이해남은 경북대학교병원에서 수척한 이현중을 만났다. 반쪽이 된 얼굴이 말이 아니었다. 이현중은 기력이 쇠진한 듯 엷은 미소를 지어보였다. 이현중이 힘겹게 입을 열어 말했다.

"지회장님, 용덕이 형하고 우리는 삼총사입니다……."

"그래, 삼총사 맞다. 건강 반드시 회복해서 노조활동 다시 해야지. 지회장도 하고 싶다고 했잖아. 힘내라, 현중아."

이해남은 이현중의 손을 꼭 잡았다. 얼굴을 떨군 채 그는 속울음을 삼켰다. 그날, 이해남은 이현중을 마지막으로 만난 셈이었다.

> 사랑하는 동지들께
> 대구 경대병원에 온 지가 벌써 한 달이 지났네. 동지들 걱정에 난 힘이 나고 아무런 신경도 안 쓰고 오직 내 몸부터 다스리고 있다네. 군 입대 하는 동지들을 한 번 보지 못하고 보내기만 했네요. 동지들 저 때문에 모금하고 집회 하느라 고생이 많지요. 지회 일이 풀리지 않는데도 저를 위해서 고생하는군요. 지회에 도움이 되기는커녕 미안할 따름이네요. 그래서 편지 쓰는 게 쉽지가 않네요. 이번에도 저 혼자 빠져나와 미안합니다. 조합원들이 29명뿐이어서 지회장님이 힘이 빠지는 건 아니겠지요. 사람이 없을수록 더욱 힘을 모아야지요. 저 또한 잘 먹고 힘내고 있습니다. 지고 살 수 없다는 생각을 하며 다른 일은 신경 안 쓰고 있습니다. **이현중 투병일기에서**

이현중이 위독하다는 소식이 세원테크노조에 전해진 것은 2003년 8월 26일 오전이었다. 사무실에 있던 이해남은 비상사태를 선언하고 조합원들에게 조퇴할 것을 지시했다.

> 아침에 일을 하다가 현장을 돌던 사무장한테 소식을 들었다. 현중이가 위독하다면서 '오늘은 부분파업을 합니다!' 하고 외쳤다. **최병호**

출근했는데 현장에 비상이 걸렸다. 반장이 '현중이가 오늘을 못 넘기겠다'고 말해서 깜짝 놀랐다. 잠시 뒤, 대의원들이 '비상이다! 파업이다! 10시에 조퇴다!' 하고 외치고 다녔다. **황영원**

4개 사업장을 탄압하는 데 맞서 검찰청에 항의시위 하러 가는 길에 현중이가 위독하다는 전화를 받았다. **이용덕**

이해남은 황재선, 황영원, 최병호 등의 조합원들을 태우고 부리나케 칠곡으로 향했다. 곁에서는 황영원이 이현중의 누나와 통화를 하고 있었다. '현중이가 진짜로 위독하다', '알았어 누나, 바로 내려갈게', '빨리 온나, 현중이가 기다린다.' 두 사람 사이에 숨 가쁜 대화가 오갔다. 갈수록 현중이의 죽음이 현실로 다가왔다.

일주일 전에, 주간조에서 야간조로 근무조가 바뀌면 칠곡으로 병문안을 가기로 했다. 전화는 계속했다. 뭔가 느낌이 이상했다. 마음이 꿉꿉하고 현중이가 며칠 못 넘길 것 같은 기분이 들었다. 기왕 내려가는 거 조합원들이 왕창 내려가자고 이틀 후에 마지막 전화를 했다. '오늘 못 가고 내일 내려갈게', '빨리 와라', '내려갈 동안 아프지 말고 힘내라.' 결국, 그게 마지막 통화가 되고 말았다. **황영원**

"좋아지고 있다더니, 갑자기 왜 그러냐 현중이가……. 만약에 죽기라도 하면 회사 놈들 각오해라. 가만 안 둔다……."

운전대를 잡은 이해남은 혼잣말을 중얼거렸다. 현중이를 저대로 보내서는 안 되었다. 오늘은 조합원들이 양말과 생수를 팔아서 모은 치료비를 전달하기로 한 날이었다. 비로소 이해남은 몽산포에서 현중이와 함께하지 못했음을 후회했다.

8월 15일 새벽에 김한규와 대구에 내려가 수성하이츠아파트 김문기 집에서 1인시위를 하였다. 할 수 있는 게 그것밖에 없었다. 동대구역에서 유인물을 뿌리고 이튿날 칠곡에 가서 현중이를 데리고 올라갔다. 현중이는 입 냄새가 심했고 상태가 더 나빠졌다. 항암치료를 하느라 머리가 빠졌고 모자를 썼다.

8월 16일 조합원들이 현중이를 위해 몽산포해수욕장에 모이기로 했다. 지회장에게 함께 가자고 전화를 여러 차례 했지만 안 간다고 했다. 통화를 마쳤는데, 심사가 복잡하다는 게 느껴졌다. 그 전에 간부들한테 불만이 있었다. 간부들뿐만 아니라 조합원들도 지회장이 안 와서 섭섭해했다.

몽산포에는 조합원들과 가족들까지 30여 명이 모였다. 민박집에 묵었는데, 개를 잡아서 갔다. 다들 모여서 김치찌개와 보신탕을 먹고, 저녁에는 8절지에다 현중이를 격려하는 글을 조합원들이 돌아가면서 한마디씩 썼다. 조합원들이 쓴 글을 받아보고 현중이가 몹시 좋아했다. 밤에는 바닷가에 나가서 현중이를 즐겁게 해준다고 폭죽을 터뜨리고 사진을 찍었다. 신나게 공도 찼다. 현중이는 담요를 두르고 나왔지만 바닷가에 오래 있지 못했다.

이튿날, 철우와 함께 현중이를 대구로 데려다주었다. 8월 17일, '마음 편하게 지내라, 조합원들 걱정 말고 치료에만 전념해'라고 격려했다. 얼굴이 안 좋아보였는데, 현중이는 방사선치료와 약물치료를 병행하니 몹시 고통스럽다고 했다. 그 와중에 현중이는 지회장과 조합원들에게 미안함을 표했다. '미안하다, 힘내라'고 말해주었다. 그게 마지막이었다. **이용덕**

몽산포에서 현중이는 밥을 못 먹었다. 죽을 해 먹이고 약을 잘 먹나 방문을 열어보았다. 현중이가 약을 먹는데, 입과 코로 그 약이 마구 쏟아졌다. 더는 볼 수가 없었다. 방에 가서 울었다. 오래 살지 못할 거라는 생각이 들었다. **정화영**

칠곡 가톨릭병원에 도착하자마자 이해남을 맞이한 건 이현중의 사망소식이었다. 얼굴이라도 보려고 병실로 가려는데, 이용덕이 "갈 필요 없다. 영안실에 가 보라, 죽었다"라고 침통하게 말했다.

이현중의 누나 이미정이 이해남과 조합원들을 붙들고 울부짖었다..

"왜 이제 왔어……. 1분만 빨리 오지. 그렇게 찾았는데……. 방금 전에 눈을 감았어……."

이현중은 2002년 8월 16일 진입투쟁 중 안면뼈가 부러지고 두개골이 함몰되어 2차례 수술을 받았다. 8월 17일 충무병원 진단결과 '광대뼈 골절, 상악골 위턱뼈 골절, 상악동 위턱뼈 구멍에 혈종'이라고 나왔다. 상악동암은 콧구멍을 중심으로 양쪽 얼굴 광대뼈 속 깊은 곳에 생기는 암이다. 상악동암의 원인은 의학적으로 아직 분명히 밝혀지지 않고 있으나 비강이나 비내점막에서 생긴 염증이 상악동으로 이동하면서 발전되는 것으로 추측하고 있다. 2003년 7월 9일 상악동암 발병 사실을 알았는데, 의사들은 그때의 부상이 이 암과 관련이 있는지 없는지, 다른 원인이 있는지는 정확히 알 수가 없다고 했다. 경북대 의대 혈액종양내과 교수 김종광은 직접적 사망원인은 암이 아닌 심장질환인 심근경색, 심장마비와 관련 있을 것 같다는 의견을 냈다. 상악동암은 아주 심각한 상태이긴 했지만 조금이나마 호전되고 있었고, 수술 여부를 고려하고 있었는데, 갑자기 숨졌기 때문이다. 다만 부상 이후의 뇌수술과 안면수술, 이후 투병 생활로 체력이 약해졌고, 이는 환자에게 심각한 악영향을 끼쳤으리라 보았다.

내가 물의 마음이 되지 않고서야

내가 물의 사랑이 되지 않고서야

그것은 죽어도 알 수 없는 일이기에

내가 물이 되어 땅 끝까지 스며들기로 했다

스스로 가뭄을 견디며 타들어가기로 했다

「물의 마음」에서

17 철벽에 핀 꽃
—이현중, 그 짧은 생애

'범 아가리' 동네에서 태어나고 자라다

"현중이는 아프지도 않고 건강하게 컸다. 들이나 바다에서 일을 할 때는 아기를 고무다라이에서 놀게 했다. 홍역도 수월하게 나았고, 감기 한 번 안 걸리고 착하게 자랐다."

이현중의 어머니 강복자는 4남매를 똑바로 키우려고 온갖 일을 다 했다. 바다일은 늘 손에서 끊이지 않았다. 멍게양식장에서 살다시피 했고, 철마다 미역과 가리비 따위를 따러 다녔다. 산 깊은 골짜기에서는 참나무 표고버섯을 땄다. 냄비그릇 장사로 나서 발품도 팔았다. 박스에다 그릇을 배달해 주면 머리에 이고 집집마다 갖다 주었다. 게다가 밥상장사, 참기름장사까지 자식을 굶기지 않으려고 닥치는 대로 장삿길에 나섰다.

"새끼들 바보 안 만들려고 안 해본 일이 없다. 도둑질하고 남자질하는 거 빼고는 다 했다."

이현중은 2남2녀 중에서 셋째다. 밑으로는 여동생이 있다. 그가 태어난 경남 거제군 남부면 다대리는 바다와 밭이 어우러져 있다. 동네 생김새가 호랑이 아가리처럼 생겼다고 해서 '범 아가리'라고 불렀다.

이현중이 4살 무렵, 아버지는 36개월 원양어선을 탔다. 국내선을 10년 동안 타다가 월급을 더 받기 위해 원양어선으로 눈을 돌렸다. 6개월을 쉬고 24개월짜리 두 차례 배를 탔다. 아버지가 3년 동안 배를 탔어도 생활이 안 되었다. 3년 있다가 들어와서 6개월 놀면서 벌어놓은 돈을 다 써버리기 일쑤였다. 그 무렵 아버지의 월급이 3만 2000원이었다. 3만 원을 저축하고 2000원으로는 애들을 키우기가 버거웠다.

"7남매 맏이인 나는 22살 때 결혼했다. 중매를 했는데, 아버지가 결혼을 잘못시켰다고 땅을 쳤다. 중매쟁이인 아버지 고모가 우리를 속였다. 먹고살 만하다더니 끼닛거리도 양식도 없는 집이었다. 아버지는 너무 없는 집으로 보냈다고 몹시 가슴 아파했다. 아버지는 '저놈 우예하겠노, 그만두라 이혼하라'고, 오죽했으면 애 딸린 딸보고 갈라서라고 했다. '내가 죄인이다, 안 간다는 걸 억지로 보냈으니 애비가 죄인이다'고 탄식하셨다. 우리 어머니가 아버지 원망을 참 많이 했다. 부모 속이 얼마나 아팠으면 친정에서 집을 지어주겠다고 했다. 옛날에는 건축자재를 주인네들이 다 사서 집을 지었다. 말하자면, 친정 곁에 들어와 살라는 거다. 더는 고생하는 꼴 못 보겠다고.

해금강 비포장인 산골짝 도로 공사판에 나가서 일을 하니까 쌀과 보리가 나왔다. 애들하고 먹고살라고 집을 지어줬으니 살아야지. 여기저기 일해서 곡식도 세 가마씩 벌었다. 친정 곁에서 20년을 살았다."

칠곡으로 이사하다

칠곡중학교에 입학했지만 이현중은 공납금을 못 냈다. 아버지는 학비를 안 주었다. 담임선생님이 학비를 대주는 덕분에 겨우 졸업할 수 있었다. 그 탓에 이현중은, 졸업장은 있건만 앨범은 손에 쥘 수 없었다.

"거제도 고향을 떠날 때 아무 것도 모르고 칠곡에 왔다. 눈이 오는 날이었다. 고속버스도 안 다니던 때였다. 남편은 사촌 말만 듣고 처자식도 모르게 칠곡으로 이사 간다고 했다. 그 무렵 큰집이 팔달교 근방에 살았다.

남편 친형님, 그러니까 시아주버님이 남의 집 사글세를 살았다. 원양어선을 타고 들어온 동생한테 시아주버님이 개를 키우라고 꼬드겼다. 개 1마리에 10만 원, 30만 원도 한다면서 돈을 벌 수 있다고 부추겼다. 그 말에 솔깃해서 남편은 우리하고 의논도 안 하고 칠곡 이 골짜기에 집을 덜컥 계약했다. 100만 원이나 들여서. 사람 환장할 노릇이었다. 계약한 집이라고 가보니까 콧구멍만 한 게 숨 막혀 죽게 생겼다. 다 쓰러져 가는 촌집에 100만 원 보증금을 걸어놨으니 꼼짝없이 이사할 수밖에 없었다. 칠곡으로 이사 못 가겠다고 하니까, 남편은 혼자라도 가겠다고 부득부득 우겼다. 대구로 안 갈 테니 생활비를 대달라고 하니까 성질을 못 이기고 항아리를 다 깨버렸다.

친정에서 대구에 가지 말라고 애원했건만 남편은 개를 키우겠다고 뿌리치고 갔다. 그렇게 갔으면 개를 잘 키워야 하지 않겠나. 도사가 16마리 새끼를 낳았는데 돌보지를 않았다. 개 먹이러 왔으면 짬밥도 모으고 해야 할 텐데, 아침 먹고 시내에 나갔다 하면 밤 10시에 돌아왔다.

남편이 거제도 집까지 우리 몰래 친정도 몰래 팔았음을 나중에 알았다. 수백만 원을 받고 팔았다. 거제도 집은 친정아버지가 못 살겠으면 돌아오라고 해서 그대로 두고 떠났었다. 초가집이 아니고 슬레이트집이었다. 전기세 2500원을 친정에서 내주며 관리를 해주었다. 갑자기 새끼들을 데리고 타지에서 개를 먹인다니, 어찌 살 거냐고 친정에서 집을 못 팔게 했다. 어느 날, 고향 동생뻘 되는 애한테서 집을 샀다면서 세금문제로 이야기할 게 있다고 전화가 왔다. 야야, 집을 안 팔았는데 뭔 소리냐고 하니까, 매형이 와서 팔았다는 거다."

한창 공부할 나이의 4남매를 데리고 온 강복자는 5년 동안 친정 문턱도 못 밟아볼 만큼 죽도록 고생했다.

이현중은 대구농림고교(현 대구자연과학고교)에 입학시험을 보았다. 다행히 합격은 했고, 오후에 공납급을 내라고 전화가 왔다. 그때도 아버지는 돈을 안 주었다. 기계과에 됐는데 한사코 농업과로 바꾸라고 닦달했다. 강복자는 동네에서 돈을 꾸어서 아들의 입학금을 부랴부랴 마련했다.

이현중은 학교 근처에서 자취를 안 하고 그 먼 길을 집에서 다녔다. 용돈은커녕 아버지는 버스회수권 몇 장만 주었다. 겨우 학교에 다닐 수 있었다. 보다 못한 강복자는 남편 몰래 쌀을 팔아서 그릇 밑에 감춰두었다가 아들 용돈을 주었다.

고교 2학년에 올라간 이현중은 세원물산에 실습을 나갔다. 말이 실습생이지 일은 현장 노동자들과 똑같이 하고 고작 40여만 원을 받았다. 그리고 성서공단에 있는 '꾸시꾸시' 빵공장에서 2개월, '진주햄' 공장에서도 2개월을 실습생으로 일했다. 실습이라는 미명하에 농림고생 이현중은 어린 나이에 공장으로 팔려나간 셈이었다. 가을 수매를 할 때는 월배라는 시골에 가서 수매등급 도장 찍는 일을 했다.

공장에 몸을 담다

농고를 졸업도 하기 전에 세원정공에 들어갔던 이현중은 그곳에서 8년간 일했다.

> 용접을 하니까 눈이 아프다고 했다. 늘 눈에 핏발이 섰다. 자전거를 타고 회사에 다녔는데, 퇴근해서 오면 사과를 숟가락으로 긁어서 냉장고에 넣었다가 헝겊에 싸서 눈에 덮어주었다. **이미정**

이현중이 세원테크에 입사한 것은 2001년 초였다. 영농후계자로서 가진 재산이라고는 고작 소 2마리였다. 땅이 있어야 소도 키우고 농사도 지을 텐데, 돈이 없었다. 영농자금 2000만 원을 대출받으려고 해도 재정보증을 해줄 사람이 없었다. 그는 살길이 막막했다. 할 수 없이 소는 집에서 키우는 것으로 했지만, 결혼할 엄두가 안 났다. 따로 돈을 벌어야겠기에 중장비 자격증을 4개나 땄다. 그렇더라도 손에 돈이 없었다. 어머니가 시장에 나가 고추를 팔아야 겨우 푼돈을 쥐었다. 그 무렵 세원테크로 올라오라는 전화가 여러 차례 왔다. 세원정공에서 알던 사람이었다. 보너스도 몇 백 퍼센트로 준다고, 함께 일하자고 꼬드겼다. 영천 세원물산, 대구 세원정공에서도 함께 일했던 사람인데, 사람이 필요하다고 월급을 올려줄 테니까 올라오라고 성화였다. 이현중은 고민스러웠다. 어머니 아버지를 생각해서 집에서 소나 키우며 살아갈까 아니면 다시 직장 생활을 할까.

실습생 때부터 세원그룹에서 10년 넘게 번 돈을 봉투째 아버지한테 주었다.

현중이가 갖다 주기 싫어도 아버지가 어머니한테 해코지할까봐 월급을 내놓았다. 아버지가 돈을 안 쓴다고 해서 모아놓은 줄 알았다. 그러나 현중이가 번 돈은 어디로 갔는지 알 수가 없었다. 사고 났을 때도 회사에서 치료비는 안 나오지, 빚을 내서라도 돈을 보내줘야 옳은 데 그러지를 못했다.

광주에 살 때 현중이가 전화를 했다. '파업할 때라 전국으로 연대투쟁을 다니는데 돈이 없다'고 '누나 사정이 이러니 돈을 좀 보내주면 안 될까.' 그래서 신랑 몰래 몇 푼을 보내주었다.

현중이는 기숙사생활을 하고 있어 돈을 허투루 쓸 틈이 없었다. 농사철에는 토요일마다 내려와서 나락 베고 타작하고 들일을 다했다. 언젠가는 집에서 소를 키우는데 하도 외양간을 안 치우다 보니 그만큼 똥거름이 쌓여 소가 허공에 붕 떠서 살았다. 소들이 워낙 오래 다지고 다져서 소똥이 거의 땅 덩어리처럼 딱딱했다. 그걸 어머니하고 삽으로 파내 한 트럭이나 치웠다. **이미정**

어머니와 아들

"우리는 만 원 있으면 아들 5000원, 엄마 5000원을 나눠 썼다. 영감 몰래 쌀을 팔아서 현중이 잘 되라고 나눠 썼다. 현중이는 자식이지만 참 가깝게 지냈다.

집에 왔다가 올라갈 때, 대구역이나 동대구역에서 열차 타는 것을 본다. 현중이가 가는 길에, '엄마 나 따라 갈래?' 하고 묻는다. '시골 찻집

에 가서 커피 사줄까?', '열차가 몇 시 찬데 나 가는 거 보고 갈래?' 그러
다 열차에 오르는 것 보고 집에 오면 영락없이 전화가 온다. 그 사이에도
'엄마가 빨리 왔네?' 하고 안부를 묻는다. 현중이는 엄마하고는 원앙새처
럼 지냈다. 아버지보다 엄마하고는 떼려야 뗄 수 없는 사이다."

이현중은 어머니가 아버지한테 당하는 걸 몹시 싫어했다. 돈이 생기면
어머니가 단 몇 푼이라도 챙기길 바랐다. 하지만 어머니는 번번이 아버지
한테 돈을 빼앗겼다. 아버지한테 손 내밀지 말고 숨겨두라고 신신당부했
음에도 걸리기 일쑤였다. 시장에 가서 고추 판 돈도 아버지 눈에 띄었다
하면 없어졌다. 이현중은 어머니가 눈치 빠르게 살지를 못해 늘 속앓이를
했다.

"장에 가서 고추건 쌀이건 내다 팔면 10만 원이건 5만 원이건 모아야
했는데 그러지 못했다. 농가부채라도 갚으려면 저축을 해야 했는데, 그러
지를 못했다. 그만 남편이 홀라당 까먹고 말았다. 통장을 따로 만들지 못
한 게 한스럽다.

우리 딸이 제주도에 살 때다. 생일이라고 우리 사위가 돈을 10만 원을
부쳐주겠다고, '장모님 통장 있습니까?' 하고 물었다. 그때까지도 통장이
없었다. 사위 말을 듣고 농협에 가서 내 이름으로 그때서야 통장을 만들었
다. 사위가 10만 원 넣어주고, 막내 시누이가 오빠 안 버리고 살고 있다고
'언니야 오빠 몰래 써라' 하며 30만 원 주고, 현중이가 첫 월급을 탔다고
50만 원을 줬다. 한참 지나서 그 돈이 300만 원이 되었기에 현중이 노동
운동하러 갈 때 쓰라고 통장째로 줘버렸다. 현중이가 '엄마 이거 어떻게
모았나' 하고 물었다. 나중에 몇 배로 갚아줄 거라면서 몹시 좋아했다."

이현중은 어렸을 때 어머니가 도망갈까 봐 늘 두려웠다. 아버지한테 당
하고 살던 어머니가 누나와 여동생하고 자신을 버리고 집을 나갈까봐 겁
을 먹었다. 그 쓰라린 추억이 밑거름이 되어 어머니를 떠받들었다.

"초등학교에 다니는 애들을 버리고 나갈 수도 없었지. 현중이하고 막내
딸하고 '엄마 우리 버리면 안 된다, 객지에서 엄마 보고 사는데, 왜 우리

버리고 갈라고 하나?' 애기들이 하우스 안에서 통곡했다. 병아리처럼 울었다. '10년이나 안 버리고 우리 다 키웠는데, 어디로 갈라고 하나?', '야야 안 간다, 엄마가 안 간다'고 우는 애들을 다독거렸다. 우리는 애들이 4남매라고 해도 원앙새처럼 엄마한테 속 깊은 이야기 다 하면서 살았다.

현중이는 '엄마, 맥주 한잔 먹을래?'라는 말을 늘 입에 달고 살았다. 속상한 일 겪으면 자전거를 타고 가서 맥주를 사온다. '엄마, 맥주 한잔 먹으면 속이 탁 풀린다, 바깥에 가서 고함이라도 콱 질러버려라! 엄마 울지 마라, 엄마 우리 버리면 안 된다. 힘들어도 살아라!'"

현중이가 직장생활 할 때, 형의 데이트 비용을 많이 대주었다. 형이 달라고 하면 누나와 여동생은 안 주니까 현중이가 빌려서 형한테 주었다. 우리는 현중이한테 돈을 빌려주었는데 돈 쓴 당사자는 형이다. 현중이는 순진하기 이루 말할 수 없었다. 어리석은 것도 많았고…….

이미정

철벽에 핀 꽃

"부상 후유증이 말도 못한다. 기숙사에서 먹을 것도 못 먹고, 회사가 책임질 테니까 집에 가서 기다리라고 해서 그런 줄로만 알았다. 기숙사에서 라면이나 겨우 끓여먹고 있는 줄은 정말 몰랐다. 하도 독한 약을 많이 먹어서 이가 망가졌다. 재보가 와서 이 문제로 밤새도록 이야기한 적이 있다. 재보는, 현중이를 데리고 가서 병구완을 잘 했으면 살았을 거라고 몹시 후회했다.

칠곡에 내려가면 통원치료도 힘들까봐 회사에서 출근하라고 해서 현중이는 회사에 머물렀다. 완전히 낫지도 않은 상태에서 빈속에 약을 먹지, 밥도 제대로 못해 먹지 머리가 아프지……. 쌀도 보내줬다. 기숙사에서 밥 해먹으라고. 현중이가 내려오면 김치도 가져가고. 그때 잘 살폈으면 살렸을 텐데……. 자식을 어디든 끌고 데리고 다니면서 살렸어야 했는데. 회사는 치료비도 안 대주고 조합원들은 동전까지 다 거뒀고…….

2002년 8월, 의사 발을 붙들고 매달리면서 '우리 아들 수술 잘 해주소' 부탁했다. 애를 보니, 광대뼈가 다 뭉개져 심을 박았고 머리 사진을 여러 차례 찍었다. 충격을 받은 머리에는 주름살이 보였는데, 의사가 생명에는 지장이 없다고 말했다. 결혼하는 데도 지장 없다고 안심시켰다.

현중이는 회사가 치료비를 대서 서울 삼성병원에서 뇌수술을 받을 거라고 알고 있었다. '엄마 걱정하지 마라' 면서, '뇌수술 해준단다, 엄마 나 안 죽지?', '네가 왜 죽어? 머리 다 깨져도 살아난다, 걱정 마라!', '엄마 왜 나를 이렇게 버려두나! 왜 날 이렇게 낳았나? 나, 죽기 싫다!' 고 애가 통곡했다."

칠곡에 내려와 통원치료 할 때다. 현중이는 집에 머물며 어머니와 이야기를 많이 했다. 어머니가 고추를 따고 있으니까, 돌덩이에 앉아서 고추 못 다듬어줘서 미안해했다. '야, 이놈의 새끼야. 머리가 아픈 애가 어떻게 엄마를 도와주냐? 미안하다는 말 자꾸 하지 마라!', '엄마, 나 안 죽지. 나 죽기 싫다', '내 자식이 왜 죽어…', '내 죽으면 엄마 어떻게 살지? 우리 엄마 불쌍해서 우짜지? 왜 내가 죽어야 하지…….' 모자가 붙들고 통곡했다. **이미정**

이현중은 칠곡에서 치료하는 동안, '나쁜 놈들 가만 안 두겠다' 는 말을 입에 달고 살았다. 예비군 훈련날 자신을 구타했던 이재섭이나 해코지했던 관리자들 이름을 입에 올리며 완쾌되면 끝까지 노조 활동을 하리라 다짐했다.

"이재섭이하고, 김진석이 정상민이 우리집에 왔다. 현중이 죽었을 때 이들은 일찌감치 칠곡 집에 찾아와 돈으로 사태를 무마하려 들었다. 현중이가 칠곡에 있는 동안 전화 한 통도 안 하던 사람들이었다. 와서 하는 말이, 바리케이드를 쳐놨는데 조합원들이 쇠갈고리를 걸어서 넘어뜨리려고 해서 산소용접기로 자르라고 했을 뿐인데, 하필이면 쇠갈고리가 이현중이 머리에 맞았을까요? 다른 애한테 안 가고 왜 이현중이가 맞았을까요?

아드님이 노조에 붙은 게 참 안 좋은 거라요. 어디 가서 점이라도 쳐보지 요, 거 왜 안 좋은 노조에 붙었는지 말이지요. 모친이요, 아를 노조에서 빼내야 합니다. 왜 노조 활동하게 놔둡니까? 하면서 내 속을 뒤집어놓았 다. 재수가 없는 걸까요? 착한 사람이 왜 그런 일을 당했을까요? 다 노조 때문이라면서……. 그게 사람 탈을 쓰고 할 소리인가!"

처음에는 관리자 놈들이, 현중이가 순하니까 조합원들 동태를 알아 달라고 했다. 조합원 50명이든 100명이든, 노조에서 벌어진 일을 캐 내오면 돈을 주겠다고 했다. 끄나풀로 쓰겠다는 거였다. 현중이는 돈 을 안 받고 노조에 붙었다. 그 일로 현중이는 관리자 놈들한테 엄청 시 달렸다. 회사는 보상금을 미끼로 회사 앞잡이가 될 것을 요구했다. 노 조에서 오갔던 말을 돈을 줄 테니까 알려달라고 꼬드겼다. **이미정**

"자식 죽이고, 사위(건설노동자인 사위 강우성은 2006년 대구건설노조 총파업 건으로 수배되고 4개월 동안 구속되었다) 고생시키고 그 상처받은 걸 누구한테 하소연하겠나! 그 세월을 생각하면 끔찍하다. 나는 자식을 내가 보냈지만, 사위가 또 그렇게 되는 바람에……. 온 가족이 눈물로 살 았다. 몇 명 안 되는 동네에서 눈에 띌까봐, 움츠리고 살았다. 딸은 김밥 집에 일하러 간다. 사람들한테 업신여김당할까 봐 피눈물을 쏟았다. 사위 를 감옥에 넣어놓고 애간장이 다 썩었다. 찬물을 머리에 뒤집어쓰고 우리 사위 제발 살아나오게 해주소, 날마다 기도를 하였다. 누가 와서 볼라치 면 물바가지를 딴 데다 휙 집어던지고……."

현중이는 아가씨를 만나면 가장 먼저 성이 '강' 씨인지를 확인한다. 아버지가 하도 강씨는 안 된다고 해서. 며느리 강씨, 어머니 강씨, 사 위도 강씨다. 남자는 괜찮은데 여자는 안 된다. 현중이가 강씨만 아니 면 다 된다고 했다.
어느 날, 현중이가 아가씨가 강씨가 아니라고 해서 한참 데이트를 했다. 나중에 알고 보니까, 이름이 예를 들어 박미정이라고 하면, 한자도 알고 하는데, 주민증을 보니까 우습게도 박씨가 아니고 강씨였다. 그래서 아예 그날은 내색도 안 하고 집으로 돌아왔다. 아가씨한테 연락이 와도 전화를 안 받았다.

동생 3명이 있는 아가씨를 만났다. 부모님이 교통사고로 세상을 뜬 아가씨였다. 말하자면 소녀가장인 셈이다. 낮에는 병원에서 간호조무사로 일하고 저녁에는 아는 언니가 하는 단란주점에서 일을 잠깐씩 봐주는 아가씨였다. 아가씨는 부모님을 모시고 살 수 있다고 했다. 주민증도 보고 강씨가 아님을 확인했다. 누나처럼 머리도 길고 해서 좋다고 아가씨 증명사진을 가지고 다니는 걸 봤는데, 어느 날 안 보였다. 현중이 사고가 난 다음에도 연결이 되고 천안에서는 병문안도 왔다고 하였다. 우리는 아가씨를 못 보았다. 현중이 치료 끝나면 결혼을 할 거라고 커플링도 맞췄다. 아가씨와 데이트도 하니까 핸드폰 요금이 많이 나오고 해서 누나 이름으로 핸드폰을 만들었다. 나중에 현중이가 죽고 난 다음에 나하고 통화도 했다. 대구에서 많이 좋아졌다는 말을 들었다고, 호전된 줄 알았는데……

전화기에 그 아가씨 이름이 있기에 전화를 해보았다. 아가씨가, '아, 오빠!' 하고 반겼다가, 누구냐고 묻다가 전화를 끊었다. 현중이 장례식장에서 다시 해보았다. 현중이 누나라고 하니까 말을 잇지 못하고 울었다. 커플링하고 사진 이야기를 했더니 '맞습니다' 하면서 사진도 집에서 없애든지 알아서 하라고 했다.

커플반지는 산소에 묻어주었다. 단란주점은 그 뒤로 안 나갔는데, 아가씨와 연락이 끊어졌다. 막판에는 현중이가 살아있을 때도 연락이 안 되었다. 통원치료 할 때만 해도 집에서는 전화를 자주했다. 연인들이 속삭이는 목소리로 아가씨와 즐겁게 통화했었다.

죽기 전날, 병원에서 엄청 많이 좋아졌다고 했다. 26일 새벽에 사진을 찍기로 예약되어 있었다. 현중이 사망소식에 '무슨 소리냐 오늘 사진 찍기로 했는데' 하고 오히려 의사가 반문했다. 토마토와 감자를 갈아서 이유식도 해먹이고 했는데……. **이미정**

앵두꽃 어루만지고

잘 익은 앵두를 먹고 자란 아이는

죽은 나무의 얼굴로 어른이 되어

쇳조각 빛나는 봄을 깎아내고 있다

「봄을 깎는 사람」에서

18 홀로, 돌아서다

"회사하고는 아무 상관없는 일이라니까. 이현중 씨 죽음을 왜 자꾸 회사와 엮으려고 합니까? 우린, 책임 없어요. 그냥 암에 걸려서 죽었는데 왜 회사더러 책임을 지라는 겁니까?"

세원테크 영업이사 김진석이 불만을 터뜨렸다. 그 말이 떨어지기 무섭게 마주 앉은 이현중의 매형 강우성이 "이런 개자식을 봤나!" 하고 쟁반을 집어 들었다. 이해남은 재빨리 강우성의 손목을 잡았다. 쟁반을 던지려는 강우성을 달랜 그는 건너편에 앉은 김진석에게 거칠게 달려들었다.

"니가 사람 새끼냐? 사람을 죽여 놓고 아무 잘못이 없다니!"

김진석의 멱살을 움켜쥔 이해남은 냅다 주먹을 날렸다. 이내 두 사람은 바닥에 굴렀고, 사람들이 뜯어말리고 나서야 떨어졌다. 김진석은 눈썹이 찢어졌고, 사태 해결을 위해 모인 노동청 사무실은 난장판이 되고 말았다.

대구지방노동청에서 회사와 유족이 처음으로 마주앉은 자리였다. 서로의 안을 꺼내기도 전에 주먹다짐으로 번졌고 김진석은 그 길로 병원에 입원해버렸다. 결국, 교섭은 30분 만에 흐지부지되고 말았다.

"이게 다 현중이가 억울해서 흘리는 눈물입니다……."

장례식장 창문을 타고 흐르는 빗물을 보며 이해남은 중얼거렸다. 김진석의 행태를 생각할수록 분이 풀리지 않았다. 회사가 쳐놓은 바리케이드 때문에 현중이가 죽었는데도, 아무런 책임도 없다는 건 사람으로서 할 짓이 아니었다. 사측의 뻔뻔함을 곱씹을수록 이해남은 유가족들에게 면목이 없었다.

"치료도 제대로 안 해준 김문기가 죽인 겁니다. 노조 말아먹지 못해 발악을 해쌓더니 현중이마저 잡은 겁니다. 할 말이 없습니다. 어떻게든 현중이를 살렸어야 했는데 신경을 못 썼습니다. 무조건 죄송합니다. 치료도 변변히 못해주고……. 조합원들을 대신해서 진심으로 사죄드립니다……."

"지회장님이나 조합원들이 무슨 죄가 있습니까. 그런 말씀 마십시오."

"김문기, 정말 악질이에요. 노조와 모든 합의를 했는데도 치료를 안 해줬습니다. 우리가 싸워야 했는데, 워낙 힘이 달리다보니까……. 빤히 합의서를 손에 쥐고도 맥없이 당하기만 했습니다. 재작년부터 지금까지 너무 오래 싸웠어요. 그러니 조합원들은 지치고 떨어져나가고……. 정말 미안합니다."

"김문기가 그렇게 악질이면 한번 싸워보겠습니다. 우리 노가다 성깔도 만만찮습니다. 한번 마음먹었다 하면 끝장 봅니다. 지회장님 저 결심했습니다. 김문기하고 싸우겠습니다!"

"정상민이가 세원테크지회 박살냈다고 대구 사람들한테도 자랑했더군요. 회사 물량을 이원화해서 노조를 깔아뭉갰다고 말입니다. 충남에서 처음으로 노조탄압 전술을 개발해서 써먹었다고 동네방네 떠들고 다녔더군요! 우리가 그놈한테 당한 거 생각하면 이가 갈립니다."

"정상민이가 현중이 치료를 거부했다고 들었습니다. 칠곡 집에까지 와서 장인, 장모를 괴롭혔지요. 김문기나 정상민이나 하여간 그놈들이 현중이를 죽인 건 분명합니다."

강우성이 내민 손을 이해남은 맞잡았다.

사망소식을 듣고 담양에서 일을 하다 말고 연장을 챙겼다. 칠곡 가톨릭병원에 가니까, 이해남과 세원 조합원들이 있었다. 그 무렵에는 노조를 몰랐다. 도급을 맡아서 사람을 모아 일을 했으니 노조 개념이 없었다. 그랬으니 회사가 책임을 져야 하는지, 현중이가 병 때문에 죽은 건지 정확하게 몰랐다. 나중에 기숙사에 내몰린 현중이 처지를 알고 나서야 회사에 책임이 있음을 알았다. 이해남과 계속 이야기를 하다보니까 노동자 의식이 확고했다. 그래서 그 뒤로 교섭을 함께 했다. 둘이서 오로지 현중이 싸움을 어떻게 할 건지만 고민했다.

대구북부노동청에서 청장의 중개로 교섭을 하였다. 김문기가 나오기로 했는데 안 나왔다. 사측에서는 김진석·세원정공 공장장·김성기(김문기 동생)가 나왔고, 지회장과 내가 노조 대표였다. 쟁점은, 첫째 바리케이드 철거, 둘째 영정을 들고 공장 안 노제를 허용하라, 셋째 보상금 문제였다. 돈 이야기는 없었다. 바리케이드를 없애라고 강력하게 주장하였다. 왜냐하면 현중이가 그것 때문에 죽었으므로. 너희들 손으로 철거하라고 요구하니까, 당장 사측은 유족이 무슨 바리케이드 철거를 꺼내냐고 거부감을 드러냈다. 심지어 노조에서 꼬드겨서 안을 내지 않았나, 유족은 보상금만 받으면 되는 거라고 막말을 해댔다. 보상금은 보상금이고 바리케이드를 철거해야 한다는 뜻을 굽히지 않았다. 왜냐하면 병이 다 나아서 공장으로 돌아가는 게 현중이의 꿈이었기 때문이다. 그래서 공장 안에 들어가서 노제를 지내기를 바랐다. 병원에도 가보고 회사 앞에도 가보니까, 바리케이드는 반드시 철거해야 됨을 알았다. 보상금보다 훨씬 더 중요했다. 현중이가 죽었더라도 바리케이드는 철거해야 마땅했다. 나중에 장례투쟁을 한창 하던 10월, 회사는 조합원들이 소홀한 틈을 타서 바리케이드 안에 레미콘까지 부었다. 결국 바리케이드 문제에 붙들려 협상이 한 치도 나아가지 못했다. **강우성**

이해남은 교섭장에서 말을 아꼈다. 어차피 유족들이 이끌어나가야 옳았다. 그리고 유족들이 원하는 대로 교섭안이 나와야 했고 노조는 거기에 따라야 했다. 하지만 바리케이드 철거를 첫째 안으로 내놓은 데는 고개를 갸웃했다. 강우성의 지적은 옳았으나 이현중의 부모님을 생각하면 보상금 문제를 따지지 않을 수 없었다. 무작정 바리케이드 철거만 고집하기에는 유가족들이 부담스럽지 않을까, 걱정스러웠다. 그렇다고 노조가 나설 수도 없었다. 유족들이 안을 낸 이상 노조는 거기에 따라야 했다.

> 지회장과 교섭을 한창 하고 있는데, 장인어른 동생이 김진석을 몰래 만나 보상금을 합의한다고 나에게 이야기했다. '너무 질질 끌어서 힘만 든다, 삼촌이 합의할 테니 강 서방 너는 빠져라, 노조도 빠져라'고 했다. 너무 황당했다. 그렇게 하면 안 된다고 극구 말렸지만 작은아버지는 회사와 뒷거래에 나섰다. **강우성**

"지회장님, 정말 죄송합니다. 나하고 노조는 빠지랍니다. 어른들이 저렇게 나오니 어쩔 수가 없습니다. 노조도 이참에 발 빼세요. 나도 현장에 가서 돈이나 벌랍니다!"

강우성은 이해남을 붙들고 울었다.

"다른 사람한테 현중이를 맡길 수는 없습니다. 가족들이 그렇게 나오더라도 마지막 가는 현중이를 남의 손에 맡길 수는 없습니다. 우리 조합원들이 현중이를 데리고 가겠습니다. 가족들이 회사와 합의하면 어쩔 수 없지만……. 그래, 매형은 어쩔 겁니까?"

"말했잖습니까. 더러운 꼴 안 보고 돈이나 벌랍니다!"

강우성은 술을 들이켰다. 그리고 거듭 이해남에게 미안하다며 서럽게 울었다. 이해남은 난감했다. 유족들이 회사와 합의하겠다니, 노조로서는 어떻게 해볼 도리가 없었다.

그러나 이해남의 걱정은 오래가지 않았다. 강우성이 울며불며 담양으로 간 사이에 사태는 엉뚱한 방향으로 흘렀다. 이현중의 작은아버지와 합의를 보기로 한 회사는 약속 장소에 나타나지 않았다. 전화를 하니까, 고속도로 휴게소라면서 천안 올라가는 길인데, 다음에 만나자고 약속을 어겼다. 회사한테 유가족들이 놀아난 꼴이었다. 유가족들이야 처음 당했겠지만 이해남으로서는 숱하게 겪었던 터였다.

성서공단 대구은행 사거리 식당에서 마지막 교섭이 있었다. 이해남은 강우성과 함께였다. 김성기가 보자고 한 자리였다. 형사들이 중재를 한다기에 이해남은 나갔다. 그러나 김성기는 엉뚱한 이야기만 늘어놓았다.

"이현중 씨가 참 착했습니다. 노조에 가입만 안 했더라면 참 좋았을 텐데. 왜 노조에 끼어서 그런 사고를 당했는지……."

"그 이야기 하려고 또 불렀어요? 교섭하러 온 거요? 말장난하러 나온 거요?"

강우성이 고함을 질렀다.

"화내지 마시고……, 이럴 게 아니라 매형하고 단둘이 만납시다."

"어른들도 물 먹이더니 지금 노조하고 우리를 이간질시키는 거요. 노조가 끼나 단둘이 만나나 마찬가지요. 아무 상관없어요. 혼자는 안 만날 테니까, 꿈 깨쇼. 나는 노조에 모든 걸 맡겼어요. 잔머리 그만 굴리고 교섭하러 왔으면 교섭안을 가지고 나오라니까! 일일이 김문기한테 허락받아야 한다는 거요? 아무것도 안 가져 나오고 뭐하는 짓이오!"

강우성은 화를 벌컥 냈다. 김성기가 헛소리를 해대는 바람에 박차고 일어났다 다시 앉은 자리였다. 형사들이 자리를 걸겠으니 한 차례 더 이야기를 해보라고 사정해서 마주했건만, 김성기는 성의를 보이지 않았다.

"바리케이드 철거할 거요, 안 할 거요? 분명히 말하는데 이건 유족 안이면서 노조의 공식적인 안이오."

"왜 자꾸 남의 회사 바리케이드를 철거하라는 겁니까?"

"야이 씨발놈아! 생각을 해봐라. 현중이가 그 때문에 죽었는데 그걸 철거 못하겠다는 게 말이나 돼!"

강우성은 상을 엎어 버렸다. 그것으로 교섭은 막을 내렸다.

9월 4일 새벽. 경찰이 사람들을 연행하기 시작하자 세원정공 앞은 삽시간에 아수라장으로 변했다. 세원정공 정문에서는 이현중의 누나, 아버지, 어머니를 비롯한 유족들이 격렬하게 항의하던 중이었다. 강우성은 웃통을 벗고 김문기 개새끼 나오라고 악을 써댔고, 정문으로 차를 돌진하겠다고 나섰다. 급기야 회사는 정문을 막았고, 경찰을 불렀다. 이에 맞서 노동자들이 몰려왔고, 성서공단 세원정공 앞은 노동자들의 절규로 뒤덮였다.

경찰은 64명을 무더기로 연행했다. 그 뒤에도 세원자본과 경찰은 칠곡 가톨릭병원 영안실 복도까지 전경을 투입하여 시신탈취 의도를 보였고, 세원정공 앞 천막농성장에 설치한 분향소를 철거했다.

민주노총 대구지역본부 수석 부본부장인 박배일과 금속노조 대구지부 사무국장 차차원이 경찰에 맞서 투쟁을 지도했다. 그들은 경찰이 유가족을 끌어내려 하자 팔짱을 끼고 누워서 저항하자고 조합원들을 이끌었다.

김성기와 싸움을 하고 식당에서 나와 세원정공 앞으로 가니까 경찰이 에워쌌다. 교섭하기 전에는 경찰이 멀찍이 떨어져 있었는데, 교섭하고 나오니까 경찰이 투입되었다. 구사대가 가족들을 치려고 해서 싸움이 붙었다. 이때 이해남과 헤어졌다. 3차례 연행당했다. 그때마다 정보과 형사들이 유족이라고 해서 잡히면 풀어주고, 다시 싸우고 또 잡혀가기를 되풀이했다. **강우성**

유가족들이 세원정공 정문 앞에 드러누웠다. 회사가 공권력을 요청했다. 구사대가 이현중의 어머니를 끌고 가자, 피가 거꾸로 솟았다. 전경들을 뚫고 몸싸움을 하였다. 그 와중에 전경들이 휘두른 방패에 등을 찍히고 허리를 맞아 그 자리에서 주저앉았다. 허리를 심하게 다쳤다.

경찰버스 3대가 왔다. 둘째 버스에 잡혀갔는데, 금세 풀어주었다. '충남 동지들은 왜 잡아가고 나만 풀어주나, 충남 동지들을 풀어주라!'고 항의했다. 셋째 버스에 올랐는데, 전경이 아무도 없었다. 그래서 그냥 내렸다. 경찰버스에 누가 잡혔는지 일일이 확인하며 세원동지들한테 내리라고 손짓했다. 그러다 다시 잡혔고, 서부경찰서에 잡혀갔다. 허리가 너무 아팠다. 병원에 가봐야 하는데 속으로 미칠 것 같았다.

4일 밤에 수십 명이 잡혀갔다. 금속노조 전국선거를 앞두고 참석했던 후보자들도 다 잡혀갔다. 바닥에 누워서 연좌시위에 들어갔는데, 여경까지 동원해서 여성들도 다 잡아갔다. 그날 잡혀간 사람들 중에서 세원 간부들이 구속되었다. 금속노조 대구지부는 대동공업지회장도 다 오고 곧바로 총파업에 들어갔다.

박철주, 지금은 파산한 국제정공 조합원

사진과 비디오를 찍고 있었다. 도저히 안 되겠다 싶어서 다른 사람한테 맡기고 싸우다가 붙들렸다. 경찰차에 안 들어가려고 발버둥 쳤다. 밤 12시 지나서 차창 밖을 내다보았다. 밤거리에 아무것도 안 보였다. 오가는 행인만 드문드문 있고, 문득 세상이랑 나랑 동떨어진 느낌이 들었다. 내가 다른 세상에 살고 있다는 기분이 들었다.

유치장에서 이틀 있었다. 조사를 받는데, 형사들이 우리 이름을 모르니까, 몹시 헤맸다. 나를 전중기나 강현석으로 알았다. 현석이는 나랑 나이가 비슷한데, 얼굴이 삭아 보였다. 담당형사가 옆에 있는 형사에게 강현석이 사진을 내보이며 '얼굴이 안 닮았지?' 하고 물었다. 그러다 나에게 밭 '전' 자 가운데 '중' 자 맞지? 하면서 전중기로 알았다. 그렇게 헤매다가 회사 사람들이 찔러주고 나서야 신원 확인을 제대로 했다. 경찰서에 들어가자마자 경찰은 이해남, 이용덕, 전영웅, 구재보를 찾느라고 난리였다. 구재보는 그때 대구에 없었는데, 경찰은 한꺼번에 엮으려고 짜 맞추기를 한 셈이었다. **신승현**

대구는 몇 차례 와 봤지만 낯설었다. 어떻게 싸워나가야 할지 막막했다. 많은 사람들이 도움을 주었고, 현중이의 죽음이 헛되지 않게 싸워야했다. 유가족들이 2~3시간 세원정공 앞에서 책임자 나오라고 시위를 했다. 조합원들은 유가족들 뒤에 함께 있었다. 회사는 영업차를 막고 납품을 방해했다고 우기는데 우리는 그런 적 없었다. 세원정공은 정문 말고 다른 쪽에다 차를 대고 납품을 했다. 우리는 폭력을 쓰지 않았다. 10년 넘게 세원에서 일한 노동자의 죽음을 책임지라고 했을 뿐이었다. 그런 우리를 경찰은 연행했고 구속했다. 누구도 예상하지 못했다. 그 밤이 지회장과의 마지막이었다. **전영웅**

이해남은 전경들과 몸싸움을 하는 사람들을 비집고 다니며 이용덕을 찾았다. 걱정이 이만저만이 아니었다. 이용덕이 무사히 피신한 걸 확인하면 자리를 뜰 참이었다. 김성기와 헤어진 저녁 무렵, 이해남은 경찰이 정보를 흘려준 덕분에 자신이 세원정공 앞 시위와 노동청 폭행사건으로 수배됐음을 알았다. 그래서 언제라도 피신할 생각이었다.

"거센 바람이 불어와서 어머님의 눈물이……."

경찰이 공격해오자 노동자들의 대열에서 〈솔아 솔아 푸르른 솔아〉 노래가 흘러나왔다. 노래 물결이 높아지는 쪽에서는 노동자들이 연좌시위에 들어갔다. 노랫소리에 물든 노동자들은 차곡차곡 길바닥에 앉았다.

"가슴 속에 사무쳐오는 갈라진 이 세상에!"

마치 장엄한 제의에 참여한 듯 노동자들은 "민중의 넋이 주인되는 참세상 자유 위하여"를 합창하며 경찰의 폭력에 저항했다. "살아서 만나리라!"를 외치던 여성 노동자들이 하나 둘 경찰에 끌려 나갔다. "샛바람에 떨지마라!"라는 합창만 밤하늘에 울려 퍼진 건 아니었다. 바로 그 곁에서는 노동자들이 경찰과 격렬하게 맞서 싸우고 있었다. 정문에서는 유가족들이 바닥을 구르며 김문기를 데려오라고 악을 써댔고, 경찰버스에 질질 끌려가면서도 현중이를 살려내라고 오열했다. 바닥에 드러누웠던 사람들이 사지가 들린 채 버스에 실리고 있었다. 이해남은 눈에 익은 조합원들이 경찰에 붙들렸다 싶으면 잡아가지 말라고 고래고래 악을 썼다.

"창살 아래 내가 묶인 곳 살아서 만나리라!"

비명과 욕설이 난무하는 난장판에서도 노래는 멈추지 않았다. 과연 조합원들을 다시 만날 수 있을까. 하나 둘 잡혀가는 조합원들이 몹시 안타까웠다. 마음 같아서는 경찰에 붙들린 조합원들을 깡그리 구출해내고 싶었다. 시간이 흐를수록 이해남은 애가 탔다. 경찰은 노동자들을 닥치는 대로 잡아갔다. 멈칫거리다가는 경찰에 연행되기 십상이었다. 현중이 장례투쟁을 생각하면 이를 악물고 몸을 피해야 했다. 그는 경찰과 몸싸움을 벌이면서도 이용덕의 행방을 눈으로 좇았다. 김성기와 교섭을 마치고 나와서 기다리던 이용덕에게 '몸조심하라! 무슨 수를 쓰든 경찰에 잡혀서는 안 된다'고 단단히 일러두었다. 터지고 깨지는 사람들 틈바구니에서 이용덕을 찾기란 불가능했다. 이용덕이 눈에 띄면 당장 도망치라고 외치고 싶었다. 하지만 이용덕은 어디에도 없었다. 다들 1~2차례씩 경찰버스에 잡혀갔다 온 터라 조합원들은 정신이 없었다. 그들에게 이용덕이 안전하냐고 물어볼 엄두가 안 났다.

"시퍼렇게 쑥물 들어도 강물 저어 가리라!"

이해남은 어제 칠곡 가톨릭병원에서부터 이용덕에게 신신당부했다. 집회하다 싸움이 붙으면 몸을 피하라고! 절대로 잡히면 안 된다고! 이용덕은 그렇게 하겠다고 약속했다. 그리고 이해남은, "대협하고 나하고 현중이 장례 문제를 해결해야 한다!"고 다짐하고 또 다짐했다. 사실, 이해남은 오늘 밤에는 이용덕이 나서지 않기를 바랐다. 세원정공 앞에서 집회대오에 휩쓸렸다 경찰에 잡히기라도 하면, 현중이의 장례를 어찌할지 눈앞이 깜깜했다. 그럴 바에야 칠곡이든 어디든, 안전한 곳에 몸을 숨기는 게 현중이와 조합원들을 위한 길이었다. 뒤늦은 후회가 밀려왔다. 세원정공 앞에는 얼씬도 하지 말라고 이용덕을 말려야 했다.

이해남이 이용덕을 본 것은 세원정공 담을 따라 가고 있을 때였다. 세원정공 앞에 친 천막이 무너진 것을 보고 이동하는데 경찰에 연행된 노동자들 틈에 이용덕이 있었다. 마른 얼굴에 투쟁조끼를 입은 게 영락없는 이용덕이었다. 아뿔싸! 일찌감치 피신했어야 할 이용덕이 경찰차에 오르고 있었다. 이해남은 잠시 허둥거렸다. 아찔했다. 현중이 장례와 조합원들은 어찌하라고! 김문기가 하는 짓으로 봐서 현중이 장례투쟁은 길어질 게 분명했다. 저대로 잡혀가면 이용덕은 구속될 터였다. 이해남은 약속을 어긴 이용덕이 몹시 못마땅했다.

잠시 뒤, 차창에 이용덕의 얼굴이 나타났다. 이윽고 잠깐 이해남은 이용덕과 눈길을 마주쳤다. '왜 피신하지 않았나? 약속을 했으면 지켜야지.' 이해남은 원망 어린 눈길을 이용덕에게 던졌다.

"창살 아래 내가 묶인 곳 살아서 만나리라!"

노랫소리에 떠밀리듯, 이해남은 세원정공 담장을 돌아 어둠 속으로 멀어져갔다.

저 혼자 하늘 저편으로 날아가

부리 끝에 어둠을 물고 펄럭이는 잎사귀여

내 가뭇없는 기억 속으로 돌아오라

「11월」에서

19 외로운 늑대

"뭐 좀 물어볼게요. 세원 투쟁에 합류하면서 보고 느낀 건데요. 형도 절실히 느꼈을 텐데, 지역에서 세원 투쟁을 제대로 뒷받침 못 해준 것 같아서요. 같은 금속 노동자로서 참 미안합니다."

박철주가 말했다.

"아니야, 그렇게라도 생각해주니 고마워. 철주 동지 같은 사람들이 있으니까 국제정공뿐만 아니라 다른 노조들도 도와주잖아. 공단노조가 우리한테 얼마나 큰 힘이 되는데."

민주노총 대구지역본부가 세원 투쟁을 알리려고 했지만 적극적이지 않았다고 본다. 대구본부는 빨리 마무리 짓고 싶어했고, 투쟁에 미온적이었다. 이해남은 이런 움직임들이 가슴 아팠을 거다. 투쟁을 하면서 세원 유가족이나 가족대책위나 세원 동지들한테 솔직히 말 꺼내기가 부끄러운 면도 있었다. **박철주**

"형, 원래 그렇게 말수가 적어요?"

"그렇지 않아. 할 말은 많은데 말을 하려니까 가슴이 벅차네."

"형, 동생 하기로 했는데 뭘 그래요. 가슴이 답답하면 툭 털어놓고 뒤돌아서서 웃어버려요. 그러다 주먹 불끈 쥐고 싸우면 되죠. 속에 너무 깊이 간직하고 있으면 병 되잖아요. 밖에 아무도 없는데 욕도 실컷 해보고 고함도 질러보고. 너무 조용히 있으니까 사실 나도 좀 불편하다. 농담도 하고 웃고 해야 나도 편한데, 너무 가만 있으니까 좀 그렇다."

이해남은 빙그레 웃었다. 그랬다. 갑자기 혼자 떨어져 있으니까 입이 잘 떨어지지 않았다. 9월 5일 수배자 신세로 금속노조 대구지부 조직부장 김희정을 따라 나섰을 때도 이렇지 않았다. 김희정이 데리고 간 자동차정비공장에서는 노조 이야기를 신나게 지껄였다. 12 · 12 총파업부터 노조를 만들고 싸운 일들을 날짜까지 들춰가며 무용담을 펼쳤다. 악랄하게 탄압한 김문기한테 맞서 2년이나 줄기차게 싸워왔다고 침을 튀기면, 곁에서 듣던 이들이 "아, 예! 예!" 해가며 추임새를 넣어주었다. 세원정공에서 있었던 집회 때는 공장 앞 도로를 가득 메운 노동자들 앞에서 연설도 했다. 무슨 할 말이 그렇게 많았을까. 정비공장에서는 밤 늦게까지 혼자 떠들어댔다. 막상, 조합원들과 떨어져 혼자라고 생각하니 견딜 수가 없었다. 그렇게라도 자신을 위로하지 않았으면 수배자로서 발걸음이 떨어지지 않았을 터였다. 그 뒤로 이해남은 수배생활 내내 사람들과 후련하게 이야기를 나누지 못했다.

총파업 지침이 내려서 세원정공 앞 농성장에 갔다. 민주노총 지역본부에서 지회장을 피신시키라고 했다. 이현동에 있는 '바로자동차정비'에 머물렀다가, 밤 늦게 성주로 갔다. **김희정**

5일 저녁 늦게 김희정에게서 전화가 왔다. '세원테크노조 지회장이 수배가 떨어져서 너희 집에 있어야겠다'고. 그리고 구재보가 와서 이해남과 이야기하고 돌아갔다. 이해남은 들길 따라 산책을 하고 책을 읽었다. 동네가 조용해서 좋다고 하였다. 저녁에는 남편 이재동과 술을 한잔 했다. 가족관계, 농민 죽이는 정책, 농민회 활동, 쌀 개방 문제, 세원테크 투쟁 따위를 이야기했다. 이해남의 얼굴이 안 좋았다. 너무 말랐다. 이해남은 집안 이야기는 안 했는데 고민이 많은 것처럼 보였다. 이해남은 인터넷을 할 수 있는 데를 찾았다. 우리 집은 인터넷이 없었다. 피시방이 있는가 물었고, 7일 인터넷이 되는 박철주·김은주 부부의 집으로 옮겼다. **전영미·이재동**

"세원 동지들이 나이도 어린 친구들도 많던데, 나보다 참 열심히 하던데요. 지역 사람들보다 뛰어난 것 같아요."

"그래서 걱정이야. 강현석(1982년생)이, 유철우, 신승현이, 이상호, 차동용이, 강종구(1982년생), 손용규(1982년생), 이수영(1982년생) 다들 나이도 어린데 이런 일 겪게 해서 걔들한테 참 미안해. 구재보한테도 미안하고. 재보 동지가 워낙 일처리를 잘하거든. 나는 재보가 있어서 든든해……"

7월 6일. 세원 동지들을 위해서 집들이 아닌 집들이를 했다. 구재보가 연락을 해서 유철우, 신승현 조합원들이 왔다. 이해남은 몹시 반가워했다. 옥상에서 고기를 구워먹는 동안 마당에서 세원 이야기를 했다. '김문기 진짜 나쁜 놈이고 독한 놈이다. 회사는 줄기차게 공격하지 조합원들은 탈퇴하지 노조 상황이 너무 어렵다'고 이해남은 털어놓았다. 나는 '세원 싸움은 이겨야 한다, 김문기는 정말로 때려잡아야 한다'고 맞장구쳤다. 세원 동지들에게 고기 많이 먹으라고 하였다. 일부러 집들이를 한 것은 고생하는 세원 동지들을 위해서였다. 우리 국제정공도 150일이나 천막투쟁을 했다. **조성용, 국제정공 지회장**

그리고 이해남은 비상대책위원장인 조성호가 믿음직스러웠다. 연장자로서 조합원들의 신망을 한 몸에 받고 있는 그가 장례투쟁을 잘 이끌어가리라 믿었다. 5일 집회를 마치고 만난 천막에서도 조성호를 기둥삼아 뭉쳐야 한다고 조합원들에게 부탁했다. '이제부터 수배다. 붙들리지 않도록 애쓰겠다. 용덕이, 부지회장 전영웅, 회계감사 권세도 나오기 힘들다. 당

분간 못 만날 거다. 멀리서라도 여러분들 지켜보면서 응원할 테니까 잘 싸워야 한다'고 조합원들을 격려했다. 이해남은 '형님이 맡아서 잘해 달라, 끝까지 해 달라'고 조성호를 힘껏 끌어안았다.

1979년 해태제과에 입사해서 오늘에 이르렀다. 그 무렵, 서울 영등포 해태제과에서 여성 노동자들이 8시간 노동제, 18시간 곱빼기 노동 철폐, 30분 휴식시간 쟁취, 도급제 폐지를 위해 싸웠다. 나는 그 노동자들이 왜 싸우는지 몰랐다. 세원에 들어와서야 진짜 노동자들의 마음을 알게 되었다. 여성 노동자들이 현장에서 스크럼을 짜고 남성 관리자들과 온몸으로 싸웠다. 우리 노동자들의 요구는 세월이 흘러도 달라진 게 없다. 노동자의 투쟁은 패배하더라도 그 패배를 딛고 계속 이어진다는 생각이 든다.

현중이 죽고 나서 바로 내려갔다. 하루는 칠곡병원 영안실에서 지냈다. 이튿날 세원정공 앞에 천막을 치려는데, 못하게 막았다. 길 건너편에 있다가 며칠 지나서야 정문에 천막을 쳤다. 지회장이 수배되리라는 말이 돌았다. 그래서 비대위 위원장을 뽑아야 했다. 어떻게 비대위를 꾸릴까 이야기하다가, 조합원들 찬반 투표를 하려고 비대위 위원장 추천을 받았다. 만장일치로 추대받아 비대위 위원장이 되었다.

아이들이 고교생이라 돈이 많이 들어갈 때였다. 아내가 힘들어했다. '구사대가 휘두른 폭력에 동료가 죽었는데 모른 척할 수 없다'고 아내를 설득했다. '내 일이 아니라고 빠지면 그건 사람의 도리가 아니다. 가정이 힘들지만 사람이 죽어나가는 일은 다시 없어야 한다. 구사대처럼 살면 당장은 편하지만 양심에 찔리고 늙어서 후회할 거다. 나중에 풍요한 삶을 누릴지라도 인간의 도리를 못한 점은 후회할 거다'라고 아내에게 호소했다. 생활이 어려웠다. 직장생활 안 했던 아내가 직장에 나갔고, 갈등이 심했다. 힘들지만 참고 이해해주었다. 그 후유증은 지금도 앓고 있다. 힘들더라도 인간답게 살고 싶다. 2년 동안 투쟁하면서 평생 배우지 못한 것을 배웠다. 노조활동하면서 나만 생각해서는 안 된다는 것, 남을 배려하는 삶을 알게 되었다. 우리가 연대 다니면서 돈도 없고 굶었지만 다른 조합원들이 음료수도 주고 먹을 것을 줄 때, 고마웠고 마음이 넓어졌다. 그게 삶 공부다. **조성호**

"요즘 담배 많이 피우는데 형이 책임져야 돼. 세원 투쟁 때문에 담배가 너무 늘었어. 내 건강 생각해서라도 웃어봐!"

박철주는 우스갯소리를 하였다.

"그러게 말이야. 갑자기 왜 웃음이 사라졌는지 모르겠어."

이해남은 겸연쩍게 웃었다. 말이 끊긴다 싶으면 박철주는 옆구리를 찌르거나 간지럼을 태웠다. 자신을 배려해서 하는 행동임을 알면서도 박자를 못 맞춰 줘 미안했다.

이해남은 박철주의 집으로 옮기고 나서 하루 종일 컴퓨터 앞에만 앉아 있었다. 오락으로 시간을 보내거나 민주노총, 금속노조 누리집에 들어갔다. 조합원들이 어떻게 지내는지 알지 않고는 배길 수가 없었다.

세원정공 집회에 내가 갔다 왔음을 뻔히 알면서도 이해남은 묻지 않았다. 구재보하고만 연락했다. 구재보가 어느 날 대구 MBC와 인터뷰를 했다. 집에 라디오가 없었기 때문에 이해남은 차에서 라디오를 틀어놓고 들었다.

세원 투쟁에 대해서도 딱히 이야기한 것은 없었다. 나는 이 싸움이 승리했으면 좋겠다는 마음만 앞섰지, 미주알고주알 이야기할 처지가 아니었다. 오로지 세원 자본가한테 이기자는 마음으로 이야기했다. 비대위 위원장이 워낙 잘한다고 자랑했다. 그리고 걸핏하면 조합원들을 사랑한다고 말했다. 그 밑바탕에는 미안한 감정이 깔려 있었다.

이해남은 우리 집에 있는 동안 자신을 잘 안 드러냈다. 한 사람의 투사로 보였다. 인간적으로 친할 틈이 없었다. 내 눈에는 이해남이 원만하지 못한 사람으로 보였다. 노동운동 투사로 남았다. **박철주**

살아 있을 때, 세상을 등진 듯한 느낌을 받았다. 이해남은 단순 명쾌하게, '이거는 바꿔야 됩니다', '안 바꾸면 내가 나서서 바꿔야 합니다.' 항상 밝고 후련하게 이야기했다. 힘들다는 이야기를 안 했다. 그러나 그게 무서웠다. 힘든 현실에서 어떻게 모든 사람을 100프로 배려하며 이야기하나? 찡그리지 않고 어떻게 이야기하나? 이해남의 그런 모습이 걸렸다. **김형계, 금속노조 대구지부 부지부장**

"성주는 가볼 만한 데가 어디야?"
이해남은 괜스레 말머리를 돌렸다.
"별로 없어. '성문밖 숲'이 유명한데 여태 가보지도 못했네. 성주 참외가 유명하지. 시골이라 갈 만한 데가 없네. 그래도 이 동네는 좋잖아?"
"아, 좋지. 마음에 들어."
"형, 우리 세원 투쟁 승리하면 대구에 내려와 낚시 가서 소주나 한잔 하자!"
"좋지!"

9월 7일 일요일이었다. '희년공동체' 모임에 가야 했다. 10가정이 모여서 만든 예배모임이었다. 그 주에 식사당번이어서 아내인 김은주는 모임에 갔다. 그날, 이해남은 아내 이은숙을 만났다. 김희정이 이은숙과 애들을 데리고 왔다. '잘 지내지?', '자기, 잘 지내지?' 대화가 고작 그 정도였다. 부부가 깊은 이야기를 안 했다. 둘이서 마당에서 5분쯤 이야기했다. 이은숙은 1~2시간 머물다 올라갔다. 형수가 돌아가는 뒷모습을 보는 이해남의 눈빛이 쓸쓸했다. 그래서 돌아서면 애들 안 보고 싶냐고 물었다. 이해남은 보고 싶다고 '이 싸움 빨리 끝나면 애들하고 놀러도 가야지' 하고 말했다. **박철주**

이해남이 박철주의 집을 떠난 것은 9월 10일이었다. 추석 연휴 첫날이었다.

비대위 위원장 조성호는 추석을 쇠러 올라가지 않았다. 김희정과 함께 천막을 지키다가 물난리를 겪었다. 추석 때 태풍 '매미'가 몰아쳤다. 그날, 김희정이 밤새 천막을 지켰다. 결국, 천막이 통째로 날아갔고, 저녁에 건설노조 조합원들이 천막을 다시 세워주었다.

길거리에 쥐가 많았다. 쥐가 쌀을 파먹었다. 그래서 쥐덫으로 쥐를 잡았다. 황재선이 손으로 잡아서 사람들을 놀렸다. 다들 한뎃잠을 잤다. 황영원은 그냥 자다가 이불 덮은 데만 빼고 팔다리가 온통 모기에 물렸다. 김한규가 '어? 날지 못하는 모기가 다 있네' 하고 모기를 손바닥으로 치자 피가 터졌다.

전기는 유성에서 끌어 썼는데 물이 없었다. 동협노조에 가서 씻었다. 저녁 먹고 발가벗은 남자들이 문을 열어놓은 채 서로 흉보며 씻었다. 문을 닫으라고 해도 말을 안 들었다.

천막 생활하면서 여러 차례 쓰러졌다. 김희정과 6살 막내와 전기장판에서 잤다. 어느 날 장판에 불이 붙어 탔다. 또 사람이 죽을 뻔했다고 기겁했다. 반찬은 무채 썬 생채와 된장찌개에 고추장으로 비벼 먹었다. 반찬을 1가지 이상 못해먹었다. 154일 투쟁할 때 경험을 살려 40인분 전기밥솥으로 밥을 지었다.

남편 전영웅은 일주일 있다가 대구구치소로 넘어갔다. 면회 가서 엄청나게 울었다. 현중이는 죽고 남자들은 구속되고 잘 데가 없어서 바닥에 비닐을 쳐놓고 자야지, 너무 속상하고 마음이 아팠다. 천막 안에서 법무장관 강금실에게 탄원서 6장을 써서 인터넷에 올렸다. 상주하는 정보과 형사가 '혹시, 애기 엄마, 인터넷에 글 올렸나? 감동이다. 6살짜리 애기 데리고 다니고 길거리에서 자는 것 보면, 나도 마음이 아프다'고 위로했다. **정화영**

천막 농성장에도 촛불과 향로를 놓고 이현중 영정 사진을 만들어놓았다. 농성장에 조합원들이 없었다. 대구지역 여러 노조에서 사수조가 올 만큼 농성장이 초라했다. 영정 사진이 비만 오면 더욱 스산해 보였다. 거기다 태풍 매미가 다 쓸어가 버렸다. 아무것도 남은 게 없었다.

물바다였다. 급하게 중요한 것만 챙겨서 동협에 몸을 피했다. 아무리
살림이 없어도 그렇지 다음날 오니까 폐허였다. **김희정**

"형님, 계세요. 제사만 지내고 얼른 올게요."
박철주는 대구 시내 본가로 떠나며 더 머물러 있으라고 당부했다.
"잘 다녀와. 나는 뭔 일이 좀 있어서 나갔다 올 테니까."
"검문소가 두 군데나 있는데 어딜 간다고 그러세요. 제가 돌아와서 일
처리를 할 테니까 볼일이 뭔지 모르지만 나가지 말고 있으세요. 누가 뭐
라고 하지 않아요. 동네도 조용하고 라면이라도 끓여 먹고 있으세요."
"내 걱정 말고 잘 다녀와."
이해남은 박철주의 집을 떠나며 투쟁조끼를 선물로 남겼다. 노조를 만
들고 나서 투쟁조끼를 한 차례도 벗어본 적이 없었다. 너무 삭막하게 살
았다 싶었다. 박철주에게 선물로 줄 거라곤 그것뿐이었다.

이해남이 금속노조 충남지부 사무실을 찾은 것은 9월 28일이었다. 대
구에서 집안 문제를 해결하려고 올라온 길이었지만 발걸음은 자연스레
금속노조 충남지부로 향했다. 10월부터 출범하는 새 집행부(금속노조 충
남지부 3기 임원 지부장 최용우, 부지부장 박창식, 사무국장 문용민)와 인
사도 나누고 세원테크 상황을 알려줘야 했다. 대구에서 고생하는 조합원
들을 위한 일이라면 무엇이든 다 해야 했다. 새 집행부는 세원테크가 어떻
게 돌아가는지 자세히 모르고 있었다. 이해남은 급하게 당선 축하 인사를
건네고 세원테크의 사정을 털어놓았다.
"현중이 장례 문제가 전혀 안 풀린다. 돌파구가 없다. 사측은 해결할 생
각이 없다."
"조합원들은 몇 명이나 되나? 우리도 내부 정리하고 나면 곧장 내려갈
거다."

세원 조합원 25명이 움직였다. 나머지 50명은 회사의 사주를 받아서 현장에서 일했다. 탈퇴한 조합원들도 있었고 노조 분열이 심각했다.
박창식

"최악이다. 전영웅, 이용덕이 구속됐지. 나는 수배 떨어졌지. 지도부가 없으니 조합원들이 맥을 못 춘다."

그 무렵, 노동계에서 이현중을 열사로 봐야 하나, 말아야 하나 말이 많았다. 세원테크지회는 이현중을 열사로 보고 투쟁을 확산시키려고 애썼다. 그런데 노동계 일각에서 이현중을 열사로 인정하지 않았다. 죽음에 이르는 과정이 과연 노동열사로 볼 수 있나 의문을 품었다. 치료과정에 암이 발견되었고, 의사 소견이 부상으로 암이 전이되었을 수도 있다고 했지, 정확한 진단이 안 나왔다. 공식적인 논의는 안 했지만 일부는 인정하자 일부는 힘들지 않나, 의견이 갈렸다. **박창식**

"대구지부가 나섰다고 들었는데?"
"지부 분들이 많이 도와주고 있다. 성서공단 노조들도 발 벗고 나섰다. 다들 자기 일처럼 천막을 지켜준다. 이현중은 누가 뭐라해도 노동열사다. 회사와 싸우다 죽어갔다. 회사는 그걸 인정 안 한다. 우리가 그래서는 안 된다. 우리의 투쟁이 전국으로 확산되지 못해 안타깝다. 노동계가 이현중을 그렇게 대접해서는 안 된다."
"조합원들은 어떤가?"
"알다시피 노조 탈퇴한 조합원들이 많다. 회사는 지금도 노조 깨려고 한다. 한국노총으로 몰아가려고 혈안이 됐다. 우리 조합원들 도와주기 바란다. 그동안 우리 지회가 지부와 의견이 달랐던 거 인정한다. 서로 오해도 많았다. 그렇지만 열사투쟁은 최선을 다했으면 좋겠다. 적극적인 연대투쟁 부탁한다. 충남지부가 아니면 누가 세원 조합원들 챙기겠나? 꼭 부탁한다."

이해남은 거듭 조합원들을 도와달라고 신신당부했다.

"알았다. 지회장은 어떤가?"

"솔직히 인간적으로 너무 힘들다. 하루 이틀도 아니고. 막말로 노조재정이 넉넉한 것도 아니고 노조 힘이 없으니 교섭도 안 되지, 현중이가 죽은 지 1달이 넘도록 장례도 못 치르지, 수배 생활이랍시고 돈이 좀 많이 드나? 사람들한테 신세만 지고 짐만 지우는 듯해서 힘들다. 미안하고."

"조합원들 봐서라도 잡히지 마라."

"걱정 마라. 현중이 문제 해결하기 전에는 안 잡힌다."

이해남은 딱 부러지게 답했다. 경찰에 체포되어서는 안 되었다. 지회장으로서 있을 수 없는 일이었다. 현중이 문제는 안 풀리고 있었고 대구에서 조합원들은 계속 농성 중이었다. 게다가 회사와 협상은 지리멸렬인 상황에서 체포된다면? 생각하기도 싫었다. 결코 그런 일이 생겨서는 안 되었다. 지회장으로서 마지막 순간까지 모든 사태에 책임을 져야 마땅했다.

"입술도 부르트고 까칠하니 얼굴이 너무 상했다. 밥은 먹고 다니나?"

"밥 세 끼 못 먹겠나? 절집은 밥값이 얼마 안 든다. 여기저기 다니면서 먹고 있다."

"밥 굶지 마라."

지부 간부들은 그 자리에서 주머니를 턴 돈을 이해남에게 건넸다. 이해남은 고맙다는 말을 남기고 약속이 있다고 자리를 떴다.

"사무장, 힘들지? 너무 고생이 많다. 우리 조합원들 객지에 와서 너무 고생한다. 이 먼데까지 와서 천막생활하면서 제대로 먹지도 못하고 새벽부터 밤늦게까지……."

구재보와 통화하던 이해남은 말을 잇지 못했다. 설움이 복받쳤다. 눈물을 흘리지 않으리라 다짐했건만 자신도 모르게 흐느꼈다. 오가는 행인도 없는 공중전화부스 안에서 이해남은 수화기를 붙들고 홀로 울었다.

현중이와 조합원들을 위해 할 수 있는 게 아무것도 없었다! 세상에서 내팽개쳐진 신세랄까. 현중이는 영안실에 누워 있고 억울한 죽음을 밝혀 달라는 조합원들의 호소는 묵살됐다. 회사가 휘두른 폭력에 죽었음에도 아무도 귀 기울이지 않았다. 회사는 책임을 회피하고 노동부는 손을 놓았 다. 경찰은 항의하는 노동자들을 잡아들였다. 멀쩡한 노동자의 죽음을 세 상은 거들떠보지 않았다. 이해남은 숨이 막혔다. 사람이 억울하게 죽었는 데도 귀 막고 눈 감는 이놈의 세상은 뭐란 말인가. 현중이의 죽음을 알리 는 조합원들의 행동은 계란으로 바위치기였다. 아니, 그보다 못했다. 심 지어 노동계 안에서도 현중이의 죽음은 홀대받았다. 노동열사라느니 아 니라느니, 이해남은 현중이를 둘러싼 노동계의 뒷이야기에 피가 거꾸로 솟았다.

"사흘 전에는 대구역에서 선전전하는 조합원들을 봤다. 피투성이가 된 현중이 얼굴이 영상으로 나오더라. 멀리서 봐도 미치겠더만. 대구역 앞에 서 시민들에게 호소하는 우리 조합원들 너무 자랑스러웠어."

이해남은 차마 불쌍해서 못 보겠더란 말은 하지 않았다. 왜 그랬는지 몰랐다. 목청을 높여 현중이의 죽음을 알리는 조합원들이 가여웠다. '우 리는 충남에 있는 세원테크 조합원들입니다' 대구까지 와서 싸우는 까닭 을 호소하는 조합원들의 목소리가 울부짖음으로 들렸다. 피곤에 찌든 목 소리로 악을 쓰다시피 외치며 유인물을 나눠주지만 시민들의 반응은 싸 늘했다. 시민들에게 외면당하는 조합원들이 한없이 안쓰러웠다. 건너편 골목에 숨었던 이해남은 남몰래 울었다. 조합원들이 코앞에 있는데 도움 을 줄 수 없다니 지회장으로서 아무것도 할 수 없다니, 돌아서는 발걸음 이 천근만근이었다.

"출근길 선전전은 아슬아슬해서 못 보겠던데. 어제는 공단사거리에서 했지? 신호등에 걸리거나 차가 밀리면 어김없이 우리 조합원들이 유인물 을 들고 뛰어들더라. 그러다 사고라도 날까봐 가슴이 조마조마했다. 누구 였더라? 멀어서 얼굴은 못 봤는데, 승현이였나? 신호등이 바뀐 것도 모르 고 유인물 돌리다가 하마터면 차에 칠 뻔했잖아."

이해남은 구재보가 시시콜콜 안 물어봐도 섭섭하지 않았다. 선전전 일정을 가르쳐주지 않아도 상관없었다. 구재보하고는 하루에 1차례는 전화를 하고 있었다. 그리고 피시방에서 조합원들의 선전전 일정은 꿰고 있었다. 재보에게 캐묻는다면 도리어 부담만 될 뿐이었다. 국채보상공원, 중앙로, 공평동 네거리, 성서공단 달구벌대로, 칠성시장에 이르기까지 이해남은 조합원들의 움직임을 훤히 들여다보고 있었다. 2003년 9월 23일 이현중 사망대책위 주최로 세원정공 앞에서 1차 결의대회를 했다. 대구 충남 노동자들 300여 명이 참석해 성서 와룡시장 앞까지 가두행진을 했다. 10월 1일 이현중의 매형 강우성이 분신을 기도했으나 경찰이 사전에 저지했다.

"10월 15일 대회가 잘 됐으면 좋겠다. 조합원들이 행사포스터로 대구 시내를 도배하더라. 현중이가 무척 좋아할 거야."

이해남은 기뻤다. 마침내 '고 이현중 동지 정신계승 · 악질 세원자본 박살 · 민주노조사수 · 부당 공권력개입 규탄 전국노동자 결의대회'가 10월 15일로 잡혔다. 장소는 대구 시내 한복판인 국채보상공원이었다. 현중이의 얼굴이 박힌 포스터를 본 순간 이해남은 가슴이 벅찼다. '세원박살'(민주노총 충남본부 누리집에 긴급히 마련한 세원투쟁게시판)에서 조합원들의 선전전 일정을 확인하고 찾아간 공원 게시판에서였다. 이해남은 남몰래 포스터를 훔쳐봤고 손으로 쓸어보았다. 조합원들의 땀 냄새가 묻어나고 현중이가 살아 돌아온 듯했다. 영안실 냉동고에 갇힌 현중이가 비로소 훨훨 날아오르지 싶었다. 현중이를 위한 첫 결의대회였다. 이해남은, 민주노총 위원장 단병호를 비롯한 전국의 노동자들이 구름떼처럼 모이기를 바랐다. 노동자들만이 현중이의 장례 문제를 해결할 수 있었다. 노동부에 대한 기대는 버린 지 오래였다. 한국사회에서, 수배자 이해남이 기댈 데라고는 오직 노동자들뿐이었다.

이해남은 칠곡 가톨릭병원 영안실의 현중이를 생각하면 부끄러웠다.

민주노총, 민주노동당, 전국의 노동단체에서 보내온 그 많은 조화가 시간이 흐르면서 하나같이 말라비틀어졌다. 여러 차례 갈아치웠음에도 현중이에게 바친 조화는 누렇게 변했고 바스라졌다. 이해남은 영안실 조화 무더기를 볼 때마다 현중이에게 미안했다. 이제야 현중이에게 조금이나마 면목이 서지 싶었다. 국채보상공원에서 있을 결의대회 포스터를 보면서 스친 생각이었다.

대구사업장을 아침마다 다 돌아다녔다. 포항, 경주에 가서 선전물을 나눠주었다. 결의대회를 앞두고 조합원들이 대구 시내를 발로 뛰어다녔다. 날마다 세원정공 앞에서 집회를 하였다. 현중이 문제를 해결하기 전까지는 성서공단을 떠날 수가 없었다. 성서공단노조 위원장 김용철이 자기 일처럼 우리를 도와주었다. **조성호**

"지회장님 밥은 먹었습니까?"
"밥? 어떡하나? 빌어먹을, 돈이 떨어졌다……."
이해남은 구재보의 물음에 얼떨결에 답했다. 이제 손 내밀 데라고는 조합원들뿐이었다. 노조에 돈이 있을 턱이 없었다. 이 사람 저 사람한테 전화하는 것도 더는 못 할 짓이었다. 찜질방에서 잠을 자고 피시방에서 뜬 눈으로 밤을 새우는 짓도 버거웠다. 라면이나 자장면으로 한 끼를 때우고 거리에 나서면 사람들이 낯설었다. 가게에서 물건을 사고 지하도 계단을 내려가는 저 많은 사람들 중에 아는 이가 하나도 없었다. 세상에서 나를 아는 사람이 1명도 없다는 현실! 그 생각에 사로잡히면 외로움이 엄습했다. 작년 수배 때는 이용덕, 구재보와 함께였다. 회사가 합의안을 안 지켜 갑갑했지만 혼자라는 생각은 안 들었다. 그러나 2003년 10월, 대구에서는 혼자였다. 수배자 이해남은 대구에서 아는 사람이 1명도 없었다. 세상에서 외톨이가 되었다는 생각에 사로잡힐수록 현중이를 향한 죄책감은 커졌다. 부상을 당하고 1년이 다 가도록 변변한 치료조차 못해주고 죽음으로 내몰았다. 현중이 장례문제를 해결할 사람은 자신뿐이었다. 이용덕,

전영웅은 구속됐고 구재보하고는 전화 통화만 가능했다. 도대체 이야기를 나눌 사람이 없었다. 현중이 죽음을 책임져야 하는 건 분명했다. 누구도 대신할 수 없었다. 수배자 이해남만이 현중이의 죽음을 책임져야 했다. 현중이 문제를 풀 수 있다면 무슨 짓이든 다 해야 했다.

'어렵다, 돈이 좀 있었으면 좋겠다.' 궁색하게 이야기 안 하고 짧게 통화했다. 절에 머물고 있다며 전화한 적도 있다. 밥값이 3000원이라고 했다. 나중에 보니까, 지역에서 여러분들이 많이 도와준 것 같다. 한 번에 100만 원이면 마음이 편할 텐데, 찔끔찔끔 돈을 받으니 이해남이 전화하기가 무척 힘들었을 거다. **방효훈**

10월 초 지회장한테서 돈을 부쳐 달라고 전화가 왔다. 구재보 대신 돈 관리를 했고, 공금 통장을 가지고 있었다. 국채보상공원에서 가까운 농협에서 15만 원을 부쳐 주었다. 마지막 재정사업한 돈이 있었다. 그것이 이해남과 마지막 대화였다. **김한규**

"사무장, 부지회장 전영웅하고 용덕이, 권세 볼 면목이 없네. 현중이 장례는 내가 책임지겠어. 낯설고 물선 데서 우리 조합원들 고생하는 꼴 더는 못 보겠어. 현중이 문제는 지회장인 내가 해결해."

공구리 까는 함마로

하늘을 찍어내면

점점이 드러나는 하얀 못자국

드릴이 뚫고 지나간 흔적 따라

살아온 길 그대로 먹줄을 놓고

안전벨트 외줄에 매달려

아직 지상에 내려앉지 못한

그대의 얼굴을 조각한다

움퍽, 패인 판화를 찍어누르면

금세 손아귀에서 녹아내리는

강철 같은 꿈 한 장

「눈 오는 날의 꿈」 전문

20 최후의 만찬

2003년 10월 17일. 이해남은 가방을 뒤져 펜을 찾았다. 유서를 쓸 만한 종이가 마땅치 않았다. 소지품 중에서 겨우 찾아낸 것은 아산경찰서 민원사건 처리결과 통지문이었다. 이해남은 통지문 뒷면에 유서를 써내려갔다.

유서 1

······노동자가 법에서도 보장된 노동조합 활동을 한다는 한 가지 이유만으로 구속되고, 수배되고, 해고되는 정말로 웃기는 나라에서 더이상 살아갈 희망을 갖지 못할 것 같다. 노동조합 활동을 시작한 이래 투쟁조끼를 벗어본 적이 없다. 나뿐만 아니라 우리 조합원들 모두가 정말로 힘들고 어렵게 민주노조 사수를 위해 투쟁해왔다. ······그동안 어찌됐든 2년여를 노동조합을 이끌어왔지만 지금같이 힘들고 괴롭지는 않았다. 어려운 여건 속에서도 민주노조 사수를 위해 투쟁하고 계신 조합원 동지들에게 정말로 미안하고 사랑하는 나의 가족들도 나로 인해 너무나 마음고생이 많았던 것, 노동조합 활동을 하면서 가족들에게 아무 것도 해준 게 없어 가슴이 아프다. 마지막 바람이 있다면,

내 한 몸 희생으로 노동탄압, 구속, 수배, 해고, 가압류라는 것들은 정
말 없어지기를 바랄 뿐이다. / 사랑하는 조합원 동지들! / 현중이의 한
을 풀 때까지 저의 시신을 거두지 마세요. / 현중이와 함께 노동해방
세상으로 가겠습니다. ……

금속노조 충남지부 세원테크지회 지회장 이해남 올림

이어서 가족에게 보내는 유서를 쓰고 이해남은 피시방에 들렀다. 그리
고 세원테크 누리집을 찾아들어갔다.

2003-10-17 23:27:20

아~ 노동자로 살아가는 지금의 우리 노동자들이 과연 이런 나라에
서 살아야 하는가? 노동탄압, 구속, 수배, 가압류, 해고, 왜 이 나라에
는 이런 것들이 판치는 세상이 되었는가? 우리는 50여 일 전, 세원자
본에 의해 우리의 사랑하는 동지, 이현중 열사를 잃어야 했다. 그리고
악질자본 세원자본으로 인해 49재가 넘은 지금까지 장례조차 치르지
못하고 있지 않은가? 그런데……, 그런데……, 악질자본 한진자본에
의해 우리의 동지 김주익 열사를 또 잃고 말았다. 이게 어디 사람 사는
세상인가?

이런 나라인 줄 애시당초 알았다면 정말로 이 나라에서 태어나지 말
아야 했거늘……. 동지들! 이번엔 제 차례가 될 것 같습니다. 그러
나……, 그렇지만 저 혼자 죽는다고 해서 우리들의 문제가 해결되지
않을 것이기에 방법을 고민하고 있습니다.

세원자본은 들어라! 끝내 우리의 이현중 열사의 뜻을 거역하겠다면
내 기필코 응징하리라. 김문기 씨, 장현수 씨, 정상민 씨, 각오하시오!
정말로 노동운동사에서 초유의 상상치 못할 일들이 벌어질 것이다. 사
랑하는 세원 동지들! 저는 결심했습니다. 김문기가 정말로 사태 해결
의 의지가 없다라고 생각이 듭니다. 살아 숨 쉬면서 참고 견디기에는

너무나도 힘들고 괴롭습니다. 현중이의 한과 동지들의 한을 제가 풀고 가겠습니다. 많은 사람들에게 욕을 먹을 수도 있습니다. 그리고 옳지 않은 방법일 수도 있습니다. 하지만, 제가 지금 선택할 수 있는 방법은 한 가지뿐입니다. 사랑하는 동지들!

길거리에서 잠을 자는 것도 숨어 다니는 것도 이제는 너무 힘들어 할 수가 없을 것 같습니다. 그동안 있으나 마나한 존재로, 아무 쓸데없는 인간이 되어버린 존재로…… 동지들! 정말로 죄송합니다. 저 한 사람의 희생으로 이 썩어빠진 세상이 조금이라도 바뀔 수가 있다면 기어이 그렇게 하겠습니다. 끝까지 투쟁해서 우리 노동자들이 주인 되는 세상, 살맛나는 세상 반드시 이루어냅시다. ……동지들의 이름을 다시 한 번 부르고 싶습니다. 옥중에서 고생하고 계신 전영웅 부지회장 동지, 권세 회계감사, 이용덕 대협부장, 그리고 50여 일이 넘도록 비닐 한 장에 의지한 채 죽을 고생을 하며 투쟁하고 있는 구재보 사무장을 비롯한 간부 동지들, 철우, 현석이, 승현이, 민성이, 병호, 동진이…… / 사랑하는 조합원 동지들! / 끝까지 투쟁의 고삐를 늦추지 말고 반드시 승리합시다. / 그리고 수배 생활에 도움을 주신 많은 동지(세정 지회장님, 베스콘 지회장님, 현대사내하청 지회장님, 인영수 전 부지부장님, 이용길 지부장님, 최용우 지부장님, 이진숙 동지)들께 정말로 감사드립니다. / 죄송합니다. / (조성호 비대위 위원장 동지를 중심으로 끝까지 우리들의 투쟁정신을 잃지 말고 싸워나간다면 반드시 승리할 수 있습니다.)

이해남 올림

이번엔 내 차례다. 이해남은 결심을 굳혔다. 유서를 쓰고, 조합원들에게 속에 있는 말을 다 털어놓았다. 배달호·김주익이 보여주듯, 자본가들은 노동자들을 인간으로 여기지 않았다. 김주익은 40미터나 되는 크레인에 올라 4달이나 투쟁했다. 그러나 김주익의 호소는 먹혀들지 않았다. 여느 노동자들처럼 김주익은 사람답게 일하며 살게 해달라고 몸부림쳤다. 그 김주익을 한진중공업 자본가는 못 본 척했다. 아니, 헐값에 죽도록 일만하라고 내몰았다. 그리고 끝내 10월 17일, 숨통마저 끊어버렸다('내일모레가 추석이라고 달은 벌써 만월이 다 되어 가는데, 내가 85호기 크레인 위로 올라온 지 벌써 90여 일, 조합원 동지들의 전면 파업이 50일이 되었건만, 회사는 교섭 한 번 하지 않고 있다. 노동자가 한 사람의 인간으로 살아가기 위해서는 목숨을 걸어야 하는 나라, 그런데도 자본가들과 썩어빠진 정치꾼들은 강성노조 때문에 나라가 망한다고 아우성이다' **김주익 열사 유서에서**).

이제 내가 나서야 한다! 마치 정해진 순서를 따르듯 김주익은 목숨을 던졌다. 또 노동자가 목숨을 던졌다! 도대체 얼마나 많은 노동자가 죽음의 행렬을 이어가야 하나!

대구 시내 찜질방과 피시방을 전전하며 이해남은 김주익의 죽음을 곱씹었다. 살아도 산 게 아니었다. 과연 김문기와 어떻게 싸울 것인가! 아무리 고민을 해도 해답은 오직 하나였다!

김주익 다음은 나! 바로, 이해남이다!

오냐, 죽어주마! 목숨을 던져야 노동자들의 목소리를 듣겠다면 기꺼이 한목숨 죽어주마! 노동자들의 숨통을 끊고도 눈도 꿈쩍 안 하는 당신들! 악마 같은 자본가들을 위해 이 목숨을 던지마!

이해남은 유서를 쓰며 자신을 벼랑 끝에 세웠다. 현중이 장례는 해결책이 안 보였다. 수배자 신세로는 아무것도 할 수 없었다. 이대로 영영 현중이를 영안실 냉동고에 눕혀둘 수는 없었다. 뭔가 돌파구를 찾아야 했다.

이해남은 세원테크 누리집에 마지막 글을 올렸다. 그건 김문기를 향한 선전포고였다. 그래, 너희들이 원한다면 이 목숨을 던지마!

2003년 10월 18일 이해남은 대전 시내를 돌아다녔다. 대전은 고향이었다. 충남상고(현 대전중앙고)를 졸업하고, 1994년 천안으로 이사 오기까지 대전에서 줄곧 살았다. 이해남의 발걸음은 자연스레 대전역으로 향했다. 고교를 졸업하고 서점에서 일했고, 나중에 출판사 영업활동을 한 곳도 대전역이었다.

무엇보다 대전역에서는 부모님이 사는 용운동이 가까웠다. 1994년 대전시 옥계동에서 야반도주한 뒤로 부모님을 찾아뵙지 못했다. 마음은 벌써 용운동 아파트에 가 있었다. 지금도 아버지는 오래된 그 아파트에 살리라. 당장 달려가고 싶었다. 하지만 발걸음은 대전역 언저리만 맴돌았다. 지난 6월 말이었던가. 부당해고 구제신청 건으로 조사를 받고 나오는 길에 일부러 이용덕, 구재보, 전중기 등의 조합원들과 대전역에 들렀다. 비가 내린 날이었다. 이해남은 칼국수를 먹으러 가자고 대전역으로 차를 몰았다. 대전역 앞 골목에 자리한 유명한 신도칼국수집이었다. 어려서부터 자주 다닌 곳이었다. 여전히 그 자리에 칼국수집은 있었다. 한 그릇에 1500원을 받았던가. 워낙 값이 쌌다. 수십 년 묵은 그릇, 양푼, 양은냄비, 주전자 따위를 전시해 놓았다. 세상에서 최고로 맛있는 칼국수집이라고 조합원들에게 자랑했다.

대전역과 피시방을 떠돌던 이해남은 아버지를 떠올렸다. 어디를 가든 아버지 얼굴이 불쑥불쑥 나타났다. 도저히 지울 수가 없었다. 아버지를 만나야 했다. 무릎을 꿇고 용서를 빌어야 했다. 살아생전 마지막이 될지도 몰랐다. 불효자를 용서해 달라고 빌어야 했다.

이해남은 아버지가 사는 용운동 아파트를 찾았다. 5층 낡은 아파트건물도 화단도 그대로였다. 10년 만이었다. 얼굴을 알아보는 사람은 아무도 없었다. 아파트를 곁에 두고 하릴없이 오르내렸건만 차마 단지 안으로 들어갈 수가 없었다. 몇 시간이나 얼씬대던 이해남은 아버지가 사는 아파트 문을 두드리지 못하고 발길을 돌렸다.

18일 밤, 이해남이 구재보에게 전화를 한 것은 9시가 지나서였다.

10월 18일은 기아노조가 대의원대회를 하는 날이었다. 세원노조 상황을 알려달라고 해서 대구에서 올라가는 중이었다. 천안으로 가다가 김주익이 죽었다는 소식을 들었다. 기아노조 대의원대회에서 연설을 하고 내려왔는데, 김희정한테서 전화가 왔다. 지회장이 세원 누리집에 글을 올렸다고 했다. 곧장 천안 기숙사로 갔고, 아이피 추적을 해나갔다. 한참 시간이 지난 다음에 대전에서 글을 올렸음을 알아냈다. 막막했다. 대전 피시방을 다 뒤질 수도 없는 노릇이었다. 그 전에 노조활동을 하면서 지회장이 주말이면 대전 갔다 올게라는 말을 자주 하였다. 그래서 정말로 주말마다 가는 줄 알았다. 그 생각이 나자 곧장 이은숙한테 대전 부모님 집 전화번호를 물었다. 형수하고도 왜 대전에서 글을 올렸을까 의문을 품다가, 부모님을 만나러 갔다는 데 생각이 미쳤다. 그런데 형수는 대전 집 전화번호를 몰랐다. 나중에 알려주겠다고 했는데, 결국 못 알아냈다. **구재보**

구재보에게 다급하게 전화가 왔다. '형수, 인터넷 봤냐? 빨리 인터넷 들어가 보라. 지회장이 분신할 것 같다'고 해서 아이피 추적에 들어갔고, 대전임을 알아냈다. 그 사이에 지회장이 구재보에게 전화를 해왔다. 김레시라, 구재보, 정화영이 신동진이 운전하는 차를 타고 밤 10시에 천안에서 내려갔다. 신동진이 워낙 빨리 달렸다. 대전까지 1시간도 안 걸렸다. 약속 장소는 대전 고속버스터미널 건너편에 있는 다방이었다. **정화영**

이해남은 다방에 들어서는 일행을 보자마자 조합원들 안부부터 물었다. 인사말이 오가기 무섭게 구재보가 따지듯 물었다.

"노조 홈페이지에 올린 글은 뭡니까? 도대체 뭘 하자는 겁니까? 조합원들 죽을 둥 살 둥 싸우고 있는 거 모르세요?"

이해남은 "조금만 더 고생하라"는 말과 함께 가방에서 꺼낸 유서를 구재보에게 내밀었다. 그러나 구재보는 "안 받겠다"며 손사래를 쳤다.

"유섭니까? 그걸 왜 제가 받습니까? 조합원들한테 들려주라구요? 나, 그짓 못합니다. 조합원들 고생하는 거 뻔히 알면서 죽겠다구요? 지회장님이 죽으면 해결될 것 같습니까? 지회장님이 죽는다고 해서 김문기가 눈 하나 깜짝할 것 같습니까?"

"그건 모르겠어. 하지만 어쩔 수 없어. 이미 결정했다. 내 마음은 홈페이지 올린 대로야. 조합원들한테도 그대로 전해줬으면 해."

"못합니다. 제가 왜 그짓을 합니까? 지회장님이 이렇게 약한 분인지 정말 몰랐습니다! 이러자고 전화했습니까?"

구재보가 화를 벌컥 냈다.

"이제 알았으니 다행이야."

이해남은 긴말을 늘어놓고 싶지 않았다. 이미 각오한 바였다. 누가 뭐라 해도 흔들리지 않을 터였다. 아무리 생각해도 다른 길은 없었다. 며칠째 잠을 설쳤다. 밥도 제대로 못 먹었다. 몹시 피곤할 따름이었다.

"죽을 용기 있으면 함께 싸웁시다! 유서 같은 거 왜 씁니까? 당장 찢어버리세요. 아니면, 간직했다가 힘들 때마다 꺼내서 읽고 힘내세요."

"아니야. 내가 죽으면 다 해결돼. 내가 죽으면 이 싸움 끝나. 고생하는 조합원들이나 현중이를 위해서라도 내가 죽어야지. 나 죽으면 다 해결돼!"

"지금 무슨 말씀하십니까? 말도 안 됩니다. 죽다뇨? 지회장님이 왜 죽습니까? 누굴 위해 죽는다는 겁니까?"

두 사람이 다투는 것을 보다 못한 정화영이 끼어들었다. 정화영은 부드럽게 달래듯 말했다.

"지회장님, 애들 생각해보세요. 인호, 경호 생각해보시라구요. 아빠 없는 애들 만들 참이세요? 안 그래도 구치소에 면회 가니까 우리 아저씨가 그러더군요. 지회장님을 잘 지켜봐야 한다고 신신당부하더라구요. 우리 남편 말이 틀리지 않았네요. 지회장님, 정 안 되면 감옥에 갔다 오면 됩니다. 다들 힘든데, 지회장님이 큰일 저지르면 어떻게 합니까?"

"지회장님이 힘든 거 압니다. 그렇다고 이러시면 안 됩니다. 이러자고 조합원들이 싸우는 건 아니지 않습니까?"

김레시라가 말을 받았고, 신동진도 거들었다.

"지회장님, 이건 아닙니다. 옳지 않습니다. 조합원들이나 비대위 가족들 다 힘듭니다. 지회장님이 이러시면 우리가 누구 보고 투쟁합니까?"

"아무리 생각해도, 나를 버리지 않으면 답이 안 나올 것 같습니다. 누구 하나는 죽어야 결판이 납니다."

"지회장님 이러지 마세요. 없었던 일로 하는 겁니다!"

"알았습니다."

이해남은 짧게 답했다. 그렇다고 결심이 흔들린 건 아니었다. 어차피 목숨을 버릴 각오를 한 터였다. 더는 사람들을 피곤하게 만들고 싶지 않았다.

다방을 나와서도 격론은 그치지 않았다. 이해남은 천안으로 가기를 한사코 거절했다. 혼자 있고 싶었다. 기왕 구재보도 만났으니 조합원들한테 마지막 인사는 한 셈이었다. 굳이 천안으로 갈 필요가 없었다.

"죽어서는 안 됩니다. 천안으로 함께 갑시다!"

"난, 안 간다."

"우리끼리 가면 우리 맘이 편할 거 같아요?"

"안 간다. 다들 올라가요."

"지회장님, 죽어서 해결될 것 같으면 우리 다 죽으면 해결됩니까? 확 다 죽어 버릴까요? 지회장님 소원이 그겁니까? 지회장님이 있어야 조합원들이 따라가지 지회장님이 없으면 무슨 수로 싸웁니까? 죽지 마세요! 누구 좋으라고 개죽음을 합니까! 죽으면 안 됩니다!"

주차장에서 차를 몰고 온 신동진도 고함을 질렀다. 그때, 한길에서 경찰차가 지나가자, 그 와중에도 이들은 벽을 쌓아 이해남을 숨겼다.

날이 더웠는데도 이해남은 거뭇한 군청색 긴소매 잠바를 입고 있었다. 까만 가방을 어깨에 멨다. 길에서도 목청을 높이고 가니, 안 가니 싸웠다. 이해남은 허투루 말하는 게 아니었다. 넋이 나간 사람처럼 보였다. 천안으로 올라가는 차 안에서도 상기된 얼굴이었다. 무언가 단

단히 결심했다는 게 느껴졌다. 아무리 설득해도 끄떡도 안 했다. **신동진**

이해남은 대전에 부모님을 만나려고 다녔다. 그래서 우리도 나중에 부모님을 만나려고 대전에 갔구나 하는 이야기를 나누었다. 그날 밤 이해남은 안 죽겠다는 말을 결코 하지 않았다. 결심을 굳힌 상태였다. 김주익 말고 자신이 죽었어야 했는데, 라고 중얼거렸다. 이해남은 누가 뭐라 해도 흔들리지 않을 얼굴을 하고 있었다. 그날도 '설마 우리가 이렇게까지 닦달했는데 죽기야 하겠는가' 라는 생각을 했다. **정화영**

지회장이 마음을 정리한 것으로 알았다. 허튼 말을 할 사람이 아니다. 자기가 뱉은 말은 지켰기에 믿었다. 차에 오면서도 실랑이를 했다. '못 믿겠다' 고 하자, '진짜 아니다' 라고 이해남은 잡아뗐다. 그날 밤 천안에 올라와 충무병원 근처 여관에서 잤다. 잠을 자면서도 확인을 받았다. 혹시나 해서 문지방에서 지회장을 감시하며 잠을 잤다. **구재보**

유서 2

담배 한 대를 피워 물고 지나온 삶을 되돌아보니 너무나도 숨 가쁘게 살아온 것 같다. 뒤돌아 볼 겨를도 없이, 여유도 없이 앞만 보며 살아온 날들이 삶의 가치를 느낀 적도 있었지만 나를 믿고 여지껏 살아온 나의 가족과 동지들에게 너무나 쓸모없는 존재로 느껴진다. 인간답게 살자고 노동조합을 정말로 힘들게 결성했으나 악질 기업주 김문기 회장은 수억 원을 들여 용역깡패를 이용해 우리 노동자들을 길바닥으로 내몰더니, 이번에는 아예 노조를 없애고자 수십억을 처들여 노조파괴 전문가들을 고용하고, 그것도 모자라 구사대, 공권력을 동원해 우리의 사랑하는 동지 이현중 열사를 죽음으로 내몰았다. 고 이현중 열사의 한을 풀어 달라고 대구에 내려와 농성 중인 조합원들을 공권력을 이용해 불법으로 연행하고 간부 세 명을 구속까지 시켜놓은 세원그룹 회장 김문기를 용서할 수가 없다. ……세원그룹 김문기 회장, 그리고 노조파괴 전문가 장현수 사장, 김성백 이사, 정상민 이사! 사랑하는 아내와 두 아들 그리고 차디찬 길바닥에서 죽음을 각오하고 현중이의 한을 풀기 위해 고생하는 조합원 동지들을 뒤로하고 이 세상을 떠나는 나의 심정을 알 리가 없겠지만 그래도 한 마디만 충고하겠소.

나 한 사람의 희생이 마지막이 되길 바랍니다. 더 이상 제 2의, 제 3의 희생은 막아야 합니다. ……그리고 사랑하는 조합원 동지들! 이 땅의 노동해방을 위해 자신들의 삶과 가정을 내팽개치면서도 악착같은 투혼으로 여기까지 달려온 동지들을 나 죽어서도 잊지 않을 것입니다. 여기까지 왔는데 이제 와서 멈출 수는 없지 않겠습니까?

동지들! 끝까지 질기게 투쟁해서 저의 죽음이 헛되지 않도록 반드시 승리하기 바랍니다. 동지들이 투쟁하는 모습은 배달호 열사, 이현중 열사, 김주익 열사가 지켜보고 있습니다. ……조합원 동지들! 저의 사랑하는 아내와 두 아들 인호, 경호 부탁드립니다. 노동해방 세상에서 만납시다.

이해남 올림

2003년 10월 19일 일요일이었다. 여관에서 잠을 깬 이해남은 홍영교를 여관으로 불렀다. 현대자동차 사내하청지회 지회장 홍영교는 연대사업부장과 함께 왔다. 아침을 해장국으로 먹고, 홍영교의 집으로 갔다. 이해남은 과일과 커피를 마시면서 17일 세원테크 누리집에 올렸던 글은 없던 일로 하겠다고 사람들에게 약속했다.

이해남은 홍영교의 차를 타고 아산중앙병원으로 갔다. 그곳에서 기다리던 신동진을 만나서 차를 갈아탔다. 신동진을 기숙사에 데려다 준 뒤 이해남은 구재보가 운전하는 차를 타고 직산 집으로 가서 두 아들을 태웠다. 이해남은 아내와 만나기로 한 성환터미널로 향했다.

구재보는 농협에서 찾은 돈 10만 원을 이해남에게 주며 신신당부했다.

"22일에 전화 하는 거 잊지 마세요. 꼭 전화 하세요. 서울 갔다 내려가는 길에 함께 대구로 가는 겁니다. 전화 꼭 하는 겁니다.”

거듭 다짐을 받는 구재보에게 이해남은 그러마고 약속했다.

지회장은 약속은 틀림없이 지키는 분이었다. 다시 만날 수 있으리라 믿고 안심했다. 22일 서울서부노동사무소로 조사를 받으러 올라갔고, 하루 종일 지회장 전화를 기다렸다. 하지만 대구로 내려오기 전까지 아무런 연락이 없었다. **구재보**

이해남은 큰아들 경호더러 엄마에게 전화를 걸라고 했다. 아내 이은숙은 토요일과 일요일에도 출근했다. 오후 3시가 퇴근이니 기다리는 동안 애들과 목욕을 할 참이었다. 노조 사무실에서 살다가 집에 가면 꾀죄죄하니 애들 꼴이 말이 아니었다. 땟국이 휘감은 목을 볼 때마다 가슴이 아팠다. 오죽했으면 다른 애들이 거지새끼라고 놀렸을까. 이해남은 목욕탕에 가서 두 아들을 씻겼다. 얼마 만에 아이들과 목욕을 해보는지 기억이 가물가물했다. 노조 만들기 전에는 애들을 데리고 목욕탕에 자주 갔다. 이해남은 좋았던 기억만 건지려고 애썼다. 애들과 하는 마지막 목욕이라는 생각은 하지 않았다. 물장구치고 노는 애들 얼굴을 보며 차마 마지막이란 말은 떠올리기 싫었다. 머리부터 발끝까지 두 아들을 정성껏 씻기는 데만 혼신을 다했다.

목욕탕을 나와 아이들이 놀고 싶은 데로 따라 나섰다. 뭘 하고 싶냐고 묻기가 무섭게 두 아이는 피시방으로 달음박질쳤다. 경호는 자리를 잡자마자 ‘세이클럽’에서 채팅을 했다. 이해남은 막내 인호와 달라붙어 고스톱에 빠져들었다. 신나게 손을 놀리며 깔깔대는 인호와 눈을 마주치며 시간 가는 줄 모르고 놀았다.

이해남이 이은숙을 만난 것은 성환역 건너편에서였다. 인호가 “엄마!” 하고 불렀고 버스에서 내린 아내는 이내 길을 건너왔다. 이해남은 식구들과 함께 근처 감자탕 집으로 들어갔다.

“애들 봐서라도 쓸데없는 생각하지 마.”

이은숙이 당부하자 이해남은 "알았어, 걱정하지 마" 하고 아내를 안심시켰다. 이해남은 감자와 고기를 뜯어서 아이들에게 먹였다. 곧 작은놈의 생일이었다. 이해남은 속으로만 아이의 생일을 축하했다. 감자탕 집에서 나오자 거리는 여전히 환했다. 이은숙은 "몸조심하라"는 말을 남기고 아이들과 시내버스 정류장으로 향했다.

> 딴 생각할 줄 상상도 못했다. 애들도 어리고 해서, 남편이 엉뚱한 생각을 안 하리라 믿었다. 감자탕을 먹고 나왔는데, 돈이 없다고 했다. 경호 이름으로 된 현금카드를 주고, 10만 원을 넣어줄 테니 빼가라고 하였다.
> 6시 30분쯤 헤어졌다. 얼굴이 무척 상했다. 고민을 많이 한 흔적이 뚜렷했다. 그 뒤로 통화를 못했다. 감자탕 집에서 본 얼굴이 마지막이었다. 돌아서는 뒷모습이 너무 쓸쓸해보였다. **이은숙**

이해남은 아내와 아이들이 버스에 타는 것을 지켜보았다. 이윽고, 버스가 떠나자 발걸음을 옮겼다. 이해남은 더는 버스에 눈길을 던지지 않고, 발길 닿는 대로 걸었다.

유서 3

〈사랑하는 가족에게〉

여보! / 가진 것 없고 배우지 못한 못난 남편 만나서 15년 동안 너무나도 힘겹게 살아왔지요? 하루 한시도 가족들에게 가장다운 가장이 되지 못했고, 늘 있으나 마나한 말로만 가장이었던 게 사실이지요. 15년 살아오면서 당신한테 너무 잘못한 일들이 많아 미안하다는 말로는 용서를 받지 못할 것 같구려. / 그래도 용서해주구려. 내가 죽어도 당신 남편, 인호 아빠, 경호 아빠로 남아 있을 테니까 말이오. / 여보! / 나중에 인호, 경호가 크면 이 아빠의 마음을 이해할 거야. 지금은 아직 어리니까 이 못난 아빠를 야속하게 생각하겠지. 힘들고 어렵더라도 두

아들이 있지 않소? / 경호는 듬직하고 의젓해서 믿을 만하고 인호는 개
구쟁이지만 손재주도 많고 영특해서 나중에 잘될 것 같고. / 여보! 나
없더라도 우리 조합원들이 잘 챙겨줄 거야. / 일주일에 한 번쯤은 애들
목욕 부탁도 하고……. / 인호야! 경호야! / 정말 미안해……, 못난 아
빠 용서해주렴. / 그리고 모레가 인호 생일인데, 같이 못해 미안하다.
인호야. / 아빠가 하늘나라에서 너희들 자라는 모습 지켜볼게. 안녕

못난 아빠가

버려진 철근들을 주워 모아

곧은 진실로 펴고 불에 달구어서

백년 동안 녹슬어도 좋을 기둥을 박아둬야지

참으로 어렵게 사람 노릇 끝내는 날

낡은 공구통이 내 관[棺]이 될 그날을 위해

「착공」에서

21 자신을 불사르다

이해남은 광목천(가로 60센티미터, 세로 40센티미터)에 글을 써내려 가며 조합원들의 얼굴을 하나하나 떠올렸다.

　동지들이여!
　2년여를 함께했지만 남은 건 조합원들의 고통과 한숨뿐.
　이제 나머지 짐을 동지들께 남기고 먼저 갑니다.
　나 하나의 죽음으로 동지들의 염원인 민주노조 사수, 노동해방이 앞당겨진다면
　나 편히 눈을 감을 수 있을 것입니다.
　육신은 없어지지만 내 영혼만은 끝까지 동지들과 함께하겠습니다.
　동지들이 너무나 자랑스럽습니다.
　가자! 해방된 세상으로!

이어서 이해남은 동지들과 노무현 대통령에게 보내는 유서를 써내려 갔다.

유서 4

동지들께

하루 종일 대구 시내를 돌아다니고 먼발치서 고생하는 조합원 동지들을 보고 그래도 마음이 조금은 편하다. 이 추운 날씨에도 비닐 한 장에 의지한 채 꿋꿋하게 투쟁하는 조합원 동지들이 있어서 조금은 편히 떠날 수 있을 것 같은데……. 더 이상 추워지기 전에 끝내야 할 텐데, 걱정이다.

채 한 평도 되지 않는 독방에서 고생하고 있는 전영웅 부지회장, 권세 회계감사, 이용덕 대협부장 미안하오. 수배라는 이유로 면회 한 번 가지 못하고 동지들께 무거운 짐만 남기고 떠나는 못난 지회장을 용서하시오.

매사에 침착성을 잃지 않고 일처리를 하고 있는 구재보 사무장 동지! 정말 미안하오. 그런데 어쩔 수가 없었소. 사무장 내 성격 잘 알지요? 나머지 묽은 동지들이 잘할 것으로 믿고 편히 가겠소.

현중이의 장례 문제가 해결되지 않고는 나의 시신도 거두어서는 안 됩니다. 절대로…….

동지들! 사랑합니다. 나의 가족 부탁합니다.

2003. 10. 22 **이해남 올림**

유서 5

……열심히 땀 흘리며 살아가는 노동자들, 농민들, 영세상인들, 그리고 빈민들이 억압받고 핍박받으며 사는 나라, 대한민국 말고 또 어디 있습니까? 대한민국 헌법 1조에 이렇게 되어 있더군요. "법은 모든 국민에게 평등하다." 정말로 웃기는 이야기 아닙니까? 돈 있고 빽 있는 놈들은 수천억을 해 처먹고도 검찰에 출두해서 며칠 콩밥 먹고 나오면 그만이고 가난하고 힘없는 노동자들, 농민들, 빈민들은 생존권 사수를 위해 투쟁했다는 이유로 몇 년씩 구속되고, 수배되고, 가정까

지 파탄되는 지금의 이 나라 현실이 아닙니까? ……저희 세원테크 사태와 관련하여 몇 차례 청와대 신문고에 진정을 했지만 여지껏 묵묵부답이고요. 세원테크 불법폐기물 매립, 부당 노동행위, 부당 해고, 세원그룹의 부당 내부거래 등 수많은 사측의 불법행위들에 대해 고발하고 진정을 해봤지만, 역시 김문기 회장은 털끝 하나 다치지 않더군요. 그런데 저희들이 2년 전에 노동조합을 만든 이후 간부들 전체가 집행유예, 구속, 수배, 손배, 가압류를 당하지 않은 간부가 없으며, 구속 중에 있는 조합원을 해고시키고 또 해고시킨 뒤에 다시 구속시키는 정말로 기가 막힌 일들이 세원테크에서 벌어지고 있습니다. / 제발 바라옵건대, / 이 나라의 법과 법을 집행하는 법원, 검찰, 경찰 등이 모든 국민 앞에 당당하고 공정하게 법을 집행할 수 있는 나라가 되기를 바라겠습니다. / 노무현 대통령님! ……

금속노조 세원테크지회 지회장 이해남 올림

2003년 10월 23일, 이해남은 김문기가 사는 아파트를 멀찍이 떨어져서 바라보았다. 한참이나 맴돌기만 했다. 김문기의 집인 수성하이츠아파트에는 들어갈 수가 없었다. 무엇이 두려웠을까. 김문기는 조합원들에 대해 100미터 안 접근금지 가처분신청을 해놓았다. 노조를 설립했다고 사람을 밤새 감금한 게 김문기였다. 돈으로 깡패를 사서 조합원들을 공장 밖으로 내몬 것도 김문기였다. 동생 김성기도 그에 못지않았다. 사람 목숨을 물건 취급했다. 김문기는 노동자를 인간으로 여길까? 김문기를 생각하면 그 물음이 자연스레 떠올랐다.

공책에 쓴 대로 준비는 마쳤다. 결행만 남았다. 이해남은 잠시, 자신의 삶을 되돌아보았다.

"노름꾼에서 인간답게 살려고 발버둥 친 노동자로……. 그리 나쁘지 않은 인생이야……."

옷을 받아서 1개로 사고 3000원

...에서 ...록 좀 받고   10,000원

성수대교 위로 돌아서 서울정...

넘어가 (몸이 가주을 붓고)

...가서 가정은 ...을 일노수에

...지고 바로 라이타로 ...

○ 여기서가는 차비 700원.

　　옷을　3000원

　　기름 10,000

　　　　　13,700

남은 돈은 ...?

인천 개복서서 부친같으로 낸 ... 인천... 있다...

어떻게 ?

— 인생 무상 — 노동해방을 ...

그는 혼잣말을 중얼거렸다.

서문시장을 거닐던 이해남은 '제우스 피시방'으로 들어갔다. 세원테크 누리집에 들어간 그는 자유게시판에 세상에서의 마지막 말을 거침없이 써내려갔다.

2003-10-23 19:09:35

이들 노조 파괴자들이 또 한 명의 노동자를 죽입니다.

전국의 투쟁하는 노동자들이여!

천하의 악질기업주들은 이 땅에서 영원히 사라져야 합니다.

노동자가 주인 되는 세상, 동지들이 만들어야 합니다.

다시는 이들 반노동적, 반인륜적인 이 나라의 쓰레기들은 없어야 합니다.

우리의 소중한 일터, 그리고 동지들……, 사랑하는 나의 가족들……, 아쉽지만 뒤로 하고 해방된 세상에서 동지들의 투쟁을 지켜볼랍니다. 정말로 많이 고민했습니다. 김문기 같은 악질적인 기업주가 이 땅에 발붙이지 못하게 동지들이 지켜내야 합니다. 우리들의 소중한 민주노조, 노동자 세상, 결코 자본가들과 권력을 쥔 자들에게 우리 노동자들이 지고 살 수는 없는 것이지요.

배달호 열사, 이현중 열사, 김주익 열사의 한을 동지들이 풀어줘야 합니다. 동지들 날씨가 무척 추운데 건강에 유의하시고 끈질기게 싸워 이깁시다. 죄송합니다.

―나그네 올림― 김문기 회장집 앞에서

이해남의 글을 확인하고 곧장 구재보에게 연락했다. 구재보와 동협노조로 갔다. 아이피 추적을 하는 사이에 구재보, 유철우, 황영원, 전중기 조합원들은 김문기 집으로 달려갔다. **김희정**

이윽고, 수신자 부담으로 전중기에게 전화를 한 이해남은, "수고해라, 난 서울에 있다"라는 말만 하고 전화를 끊었다.

세원정공 정문에 다가간 이해남은 가로수에 몸을 숨겼다. 성서공단은 정적에 묻혀 있었다. 공단거리는 인적이 끊겼고, 깜깜했다. 열 걸음이나 될까, 정공 앞 천막에서 귀에 익은 사람들의 목소리가 흘러나왔다.

"한진중공업하고 너무 차이가 나네. 한진은 그래도 투쟁이 끓어오르던데, 우리는 날마다 이게 뭐야……." 장난기 섞인 저 목소리는 승현이다.

"그러게 말야. 김주익 열사, 한진중공업은 행사나 집회가 요란해. 부산이 들썩들썩한다니까. 우리가 무너지면 그 다음엔 또 어디가 당할지 모르는데 연대는 안 되고. 우리 힘은 한참 딸리고 답이 안 나오네, 안 나와." 저건 강현석이고. 군 입대도 미루고 싸우는 너희들한테 정말 미안하다. 지회장으로서 할 말이 없다.

"부산하고 분위기 너무 차이 난다. 어떻게 이럴 수가 있을까! 우리도 대책위가 없는 건 아니지만 그쪽하고 너무 차이 나네." 김주익 열사 집회에 다녀온 김희정이다. 김희정 동지, 정말로 고맙소. 대구지역 동지들 참으로 고생 많았소. 천막에서 함께 먹고 자면서 우리 조합원들 뒷바라지해 줘 절이라도 하고 싶은 심정이오. 김희정 동지를 봐서라도 현중이 투쟁은 이길 거요. 내 하늘나라에서도 동지의 은혜는 잊지 않겠소.

"한진하고 비교할 거 없어요. 초라하다고 기죽지 말고 힘들 냅시다." 조합원들에게 소주잔을 돌리며 힘을 북돋는 이는 박창식.

세원은 누가 뭐래도 금속노조 충남지부 소속이요. 충남지역 동지들 2년 동안 고마웠소. 충남 동지들! 약속을 지켜줘서 고맙소. 열사투쟁 끝나는 날까지 우리 조합원들 지켜주시오!

"김문기는 개자식이라니까! 이번에 타결 안 되면 죽기 살기로 밀어붙여야 돼!" 화끈하게 안 싸운다고 투덜대는 건 선봉대장 전중기. 전화를 잘 받았는지 모르겠다. 아마 서울에 있는 것으로 알지도 모르겠다. 그리고 황재선.

6~7명의 목소리가 왁자지껄하게 천막에서 울려 퍼졌다. 다들 잘 있으
시오! 내가 죽어야 현중이를 살릴 수 있다오. 열사투쟁도 이기고, 세원테
크노조도 영원하기를 바라오. 이제야 현중이를 만나도 부끄럽지 않겠소.
하늘나라에서 현중이와 더불어 사랑하는 여러 동지들을 지켜보겠소. 전
국의 노동 형제들이여! 부디, 노동자가 살맛나는 세상을 만들어나가시오!
자! 나는 떠납니다! 동지들! 부디 잘 사시오!

가까운 거리에서 이해남은 지켜보았다. 천막 옆에 나무도 있고 해서
소리를 다 들었을 거다. 나중에 이해남이 곁에 왔음을 안 조합원들은
환장했다. 병원에서 이해남이 잠시 호전되었을 때, 천막 안에 있는 사
람들의 대화를 들었노라고 밝혔다. **김희정**

부산에 갔다 온 박창식이 전어회를 사 가지고 왔다. 천막 안에 7~8
명이 있었다. 15분 정도 있다가, 구재보와 몇몇 사람들하고 게시판에
글이 떴다는 이야기를 듣고 봉고차를 타고 김문기 집으로 갔다. **황영원**

지회장이 인터넷에 글을 올린 걸 보고 '어이쿠, 큰일 났구나. 김문
기 집에서 일 벌이겠구나' 싶었다. 구재보가 동협노조에 가서 아이피
추적을 부탁했다. **신승현**

이해남은 떠들썩한 천막에서 뒷걸음질쳤다. 공단 밤거리는 여전히 깜
깜했다. 그는 세원정공 담을 따라 걸었다. 천막을 감싸던 사람들의 목소
리가 차츰 멀어졌다. 뒤돌아보지 않았다. 모퉁이를 돌자, 이내 담장이 허
물어진 곳이 눈에 띄었다. 이해남은 주저하지 않고 담장을 넘었다. 어렵
지 않게 세원정공 안으로 들어갔다. 몇 걸음 내딛은 그는 관리동 앞에서
멈추었다. 이만하면 조합원들이 알아채기도 쉬울 터였다. 휘발유통 뚜껑
을 열었다. 눈에 익은 팔레트가 보이고, 경비실에서 희미한 불빛이 새어

나왔다. 이해남은 머리부터 가슴 어깨 등짝 다리까지 천천히 휘발유를 뿌렸다. 잠시, 숨을 고른 이해남은 라이터를 켰다. 불이 확 번졌다. 그는 조합원들과 한 뼘이라도 가까운 데다 가방을 던졌다. 불꽃이 삽시간에 온 몸을 살라먹었다. 시간은 8시 50분을 지나고 있었다.

천막 옆에 각목이 있었다. 거기서 담배를 피웠다. 처음 보는 충남지역 사람이 와서 안에 있다가 나왔다. 그쪽 사람들끼리 이야기할 게 있나보다 싶었다. 갑자기 사이렌이 울리고 119구급차가 달려왔다. 담배를 피우다가 구급차가 사람을 싣고 나가는 것을 보았다. 천막 안에 있던 사람들이 이상하다고 119에 전화하고, 누군가 분신한 것 같다고 하고 지회장 같다는 말이 돌았다. 소방서에 확인을 하니까 이해남이 실려 갔다고 하였다. **박철주**

사람들이 김문기 집으로 몰려갔는데, 구급차 소리가 들렸다. 천막 밖에 나갔는데 어두워서 잘 안 보였다. 구급차가 벌써 들어갔다 나갔다고 경비가 말했다. 누군가 다쳤다고 했다. 그때 누군가 분신했다는 전화가 왔다. 바로 그 구급차에 싣고 갔음을 알고 119에 전화해서 동산병원에 간 걸 알았다. 김문기 집에 간 사람들한테 동산병원에 가라고 전화했다. 분신했음을 알고 나서, '아니 지회장님이 언제 왔다 간 거야?' 하고 다들 놀랐다. **신승현**

현대자동차 울산공장 비정규직지회 결성식에 갔다. 유인물을 한창 뿌리고 있는데 긴급전화가 왔다. 세원정공에 오니까 경찰이 진을 치고 있었다. 다른 날은 그렇지가 않았다. 경찰차, 소방차가 왔다 갔다 하고 비상 사이렌이 울렸다. 분신했다고 하는데 지회장이 담 넘는 것을 아무도 보지 못했다. **조성호**

산재사고가 난 줄 알았는데, 누군가 죽었다고 했다. 먼저 119로 신고했다. 회사 안 현장으로 들어가니까 소화기 분말가루가 허옇게 남았다. 사람이 쓰러진 자리를 표시한 게 보였고 가방이 있었다. 나중에 조합원들이 경찰서에 가서 농성하고 항의해서 가방을 찾아왔다. 가방에는 신용회복지원위원회가 2003년 9월 23일자로 '신용회복지원 승인'을 통보하는 서류가 있었고 등기우편물 수령증도 들어 있었다. 지역 동지들한테 도움을 청하자 40~50명이 달려왔다. 세원정공은 사람이 죽었는데도 작업을 시켰다. 사람이 죽었는데도 어떻게 일을 하냐고 항의했다. **김희정**

마침내, 나는 웃었다

평생의 울음이 웃음으로 번져

녹슨 철판 위에 뚝뚝 떨어지는 순간

생의 향기가 피어올랐다

나는 경을 외우듯

눈을 감았다

「웃는 뼈」에서

22 황소의 뿔로 태어나라

정상민을 비롯한 세원테크 직원들 셋이 2003년 10월 24일 새벽 2시쯤 무작정 집으로 찾아왔다. 다짜고짜 자는 사람을 깨웠다. 정상민이 휘딱 무릎을 꿇고 '아드님이 사고가 났다. 얼마든지 원하는 대로 합의해 드리겠다. 당장 대구로 내려가자' 며 아버지께 매달렸다. '가는 게 문제가 아니다. 한밤중에 사람 깨워서 웬 난리인가. 무슨 일인지 알아보고 가든지 말든지 하지.' 아버지는 정상민의 제안을 거절했다.

세원테크 직원들은 새벽에도 아파트를 맴돌았다. 화물차 운전을 하는 아버지가 트럭에 실어놓은 짐도 자신들이 배달해 주겠으니 무작정 대구로 가자고 집요하게 설득했다. 아버지가 안 된다고 해도 그들은 '걱정 마라. 우리가 배달해 주겠다' 고 집을 떠나지 않고 달라붙었다.

아버지가 일을 마치고 집에 와서 오전에 쓰레기를 버리러 나갔는데, 그때까지도 세원 직원들은 돌아가지 않고 얼쩡거렸다. 어머니를 본 그들은 졸졸 따라붙으며 이해남 이름을 대면서 '어머니냐?' 고 물으며 집안에 들어오려고 했다. '제발 가라!' 고 문을 닫았다. 창문으로 내다보니까 그때도 안 가고 정상민은 서성거렸다.

정상민은 24일 낮에도 계속해서 전화를 했다. 고속도로를 가는데, 또 전화가 왔다. 대구로 가는 중이었다. 동산병원에 가서 유서를 읽어보고, 유언대로 하라고 조합원들에게 말했다. 병원에 도착해서야 정상

민의 전화가 끊어졌다. **이상남**

이해남, 전신 96퍼센트 화상, 내부 장기까지 손상되다.

이해남은 의식이 돌아오자 사람들을 만났다. 가장 먼저 아내 이은숙의 목소리를 들었다.

"도대체 왜 그랬어? 애들 걱정 안 했어?"

"죽을 줄 알았다……. 분신하면 그 자리에서 죽을 줄 알았다……."

"애들 걱정 안 했어요? 제발, 빨리 일어나요. 나중에 이야기해요."

"걱정했지……."

두 사람의 대화는 짧았다.

아버지하고는 10년 만이었다.

"아버님 죄송합니다……."

"죽지 말고 살아야 한다."

"어머니, 죄송합니다. 살고 싶습니다……."

"살아야지, 이를 악물고 노력해서 살아야지."

이해남이 정신이 말짱해진 것을 안 동생 이상남이 말을 걸었다.

"지난 7월 대전집회 때, 대전에서 혹시 나 못 봤어?"

2003년 7월 2일, 이상남은 대전에서 형을 보았다. 더운 날이었다. 대전 정부종합청사 남문광장 앞에서 '경제특구 폐기와 충남지노위 개혁을 위한 대전·충남 노동자 결의대회'를 했다. 대전시청 상용직이었던 이상남은 그 집회에 참석했다. 나중에 그는 사진에서 단상에 있는 이해남을 보았다. 결국, 그날 만나지는 못했지만 이해남과 이상남 형제는 같은 집회에 참석한 셈이었다.

"우리만 신경 쓰지 말고 다른 데도 신경 쓰면서 활동 열심히 해……."

사무장을 부른다고 해서 이은숙과 함께 병실에 들어갔다. 지회장은 이야기를 못했다. '다른 걱정 말라. 무조건 살겠다는 생각만 하라'고

하자 고개를 끄덕였다. 일부러 병실에 자주 안 들어갔다. 화상 환자는 2차 감염으로 사망한다고 해서 면회를 자제했다. **구재보**

병원 복도에서 은박지를 깔고 지냈다. 면회가 안 되었다. 세상 뜨기 전까지 1~2차례 보았다. 의식이 돌아왔을 때 조합원들 보고 싶다고 해서 2명씩 들어갔다. 온몸을 붕대로 감았고, 눈과 코만 열렸다.
'지회장님' 하고 부르자, 눈 뜬 지회장이 '승현아, 나는 괜찮다. 힘내라……'고 답했다. '지회장님 빨리 나으셔야죠.' 5분 만에 면회를 마쳤다. 상태가 많이 좋아졌다고 해서 조합원들이 좋아했고, 한시름 놓았다. **신승현**

정화영, 지옥선 하고 들어갔다. '너무 걱정 말고 힘내라, 이겨낼 수 있다'고 격려하자 이해남은 고개를 끄덕였다. '바깥 상황은 어떤가? 조합원들은 어떻게 지내나?' 정신이 말짱했다. 말을 다 알아들었다. 하루에 2차례 면회였다. 조합원들은 이은숙과 번갈아 들어갔다. 중환자실 앞에서 조합원들은 진을 쳤다. 이해남은 사람들 얼굴을 보고, 돌아가는 상황 이야기하면 다 알아들었다. **김레시라**

분신소식 듣고 죄책감이 들었다. 원했던 대로 해주지 못했으니까. 이 사람이 계속 살았으면 많은 일들을 했을 텐데. 마음 좋고 맑은 사람을 더는 볼 수 없음이 슬프다……
병실에서 만난 이은숙이 '남편한테 이야기 많이 들었다. 어려울 때 많이 도와줬다고 들었다. 저 사람 저렇게 됐으니 나는 어쩌냐!'고 통곡했다. 분신할 때까지, 이해남은 투쟁조끼를 안 벗고 긴장상태로 2년을 살았다. 보통 사람이 그렇게 살 수 있을까? **이진숙**

중환자실 입구에서 비닐을 깔고 살았다. 남자들은 동산의료원 노조 사무실에서 잤다. 청소하는 아주머니들 씻는 데서 몸을 씻었다. 애들이 문제였다. 병원 앞에 여관방을 하나 잡아놓고 씻겼다. 식당을 하나 잡아놓고 밥을 먹었다. 동산병원은 이해남이 나가기를 바랐다. 조합원들이 집회에 가고 우리들만 있으면 서울 한강성심병원으로 가라고 강요했다. 현중이 식구와 한식구처럼 지냈다. 현중이 조카 호영이와 인호, 경호가 어울려 지냈다. **정화영**

의식이 돌아온 이해남은 살고 싶었다. 투쟁조끼를 벗은 이해남은 살고 싶었다.

"병원에서 자꾸 서울 화상전문병원으로 옮기라는데. 서울로 가고 싶어?"

아내의 물음에, 이해남은 "가고 싶어. 서울로 보내줘……"라고 살고 싶다는 강한 의지를 드러냈다. 이해남 못지않게 조합원들도 이해남이 살 수 있다는 희망을 품었다. 그러나 시간이 갈수록 의식이 흐릿해졌다. 말을 걸면 겨우 고개만 끄덕였다. 그러다 갑자기 상태가 나빠졌다.

2003년 11월 17일 오후 1시 32분, 이해남 세상을 뜨다.

아침에 한강성심병원으로 가라고 해서 여자들이 악을 쓰고 싸웠다. 12시가 되자, 이은숙을 찾았다. 임종이 다가오자, 경찰이 중환자실로 몰려왔다. '너희들이 죽였다! 저 어린 것들 봐라! 자기 몸에 휘발유 뿌릴 때 심정을 생각해 봤나!' 격렬하게 항의했다. 중환자실 가족들이 한마음이 되어 승강기 못 열게 문을 막았다. 경찰 진입을 저지했다. 사람들이 많이 모이자, 경찰도 어찌할 수가 없었다. 시신을 빼앗길까봐 대치하고 있던 조합원들이 중환자실에서 영안실까지 가는 길을 철통같이 에워쌌다. **정화영**

병실 밖에 있던 조합원들은 지회장이 운명하면 알려달라고 했다. 의사가 들어 오라고 해서 이은숙, 김희정과 함께 들어갔다. 인공호흡을 시키자 이은숙이 쓰러졌고, 김희정이 부축했다. 1시 32분에 의사가 '운명하셨다'고 말했고, 시신을 빼냈다. **김례시라**

이해남의 장례식은 2003년 12월 12일 전국노동자장으로 치러졌다.

이현중

1973년 거제도 출생, 거제 다대초등학교, 칠곡중학교, 대구농림고등학교 졸업
1991년 대구농고 실습생 시절 경북 영천의 세원물산 입사(세원물산과 세원정공에서 10여 년간 근무)
2001년 세원테크 입사
2001년 10월 17일 금속노조 충남지부 세원테크지회 결성 참여
2001년 12월 12일 용역깡패에 맞선 충남지부 총파업 참여
2002년 154일 파업투쟁 시 구사대 폭력에 의해 안면 뼈와 두개골 함몰, 두 차례 수술
2003년 세원테크지회 문화체육부장
2003년 5월 중상 입은 부위에 암 발생
2003년 8월 26일 투병 중 칠곡에서 사망

이해남

1962년 대전 출생, 산내초등학교, 충남중학교, 충남상업고등학교 졸업
1985년~1997년 (주)K.T CASE 생산부, 자재부 근무
1999년~2001년 2월 대화정공 생산부 근무
2001년 5월 세원테크 입사
2001년 10월 17일 금속노조 충남지부 세원테크지회 결성, 지회장 당선
2001년 12월 12일 용역깡패에 맞선 충남지부 총파업 이끌어 냄
2002년 1월 20일 구속(12 · 12 총파업 건)
2002년 3월 21일 출소(구형 3년, 보석 출소)
2002년 12월 9일 구속(노조파괴에 맞선 154일 파업 및 공장점거 건)
2003년 3월 18일 해고
2003년 4월 11일 출소(징역 3년, 집행유예 4년 선고)
2003년 9월 5일 수배(고 이현중 열사 투쟁 건)
2003년 10월 23일 대구 성서공단 위치한 본사 세원정공에서 분신
2003년 11월 17일 사망

작가의 말

이해남이 원한 것은 소박했다. 일하는 인간이라면 누구나 꿈꾸었을 삶이었다. 그는 노예가 아닌 인간으로서 일하고 싶었다. 폭력과 욕설이 없는, 일하다 팔다리를 다치지 않는, 동료를 존중하는 신나는 일터를 원했다. 힘들여 일한 만큼 임금을 받고, 인간답게 살고 싶었다. 이해남은, 노동자가 존엄한 인간으로 대접받기를 원했다. 그러나 노예로 살아가기를 거부한 그에게 돌아온 것은 해고와 수배였다. 노동자가 인간임을 외치는 이해남에게 자본(세원테크)과 지배권력(정당, 법원, 검찰, 경찰, 노동부)은 귀 기울이지 않았다. 오히려 자본과 권력은 이해남을 두 차례나 감옥에 가두었다. 노동자 이해남은 외로웠다. 경찰에 쫓기던 그는 막다른 골목에 다다르자 대통령에게 유서를 쓰기까지 했다. 그로서는 마지막 절규였다. 그러나 우리 사회는 노동자도 인간이라는 이해남의 울부짖음을 묵살했다.

이현중의 죽음은 자본이 노동자를 얼마나 하찮게 여기는지 여실히 보여준다. 세원테크 사측은 공장 밖으로 쫓아낸 노동자들이 들어오지 못하도록 정문에 철벽을 세웠다. 공장 진입 투쟁을 하던 와중에 이현중은 사고를 당했고, 결국 변변한 치료조차 못 받고 30살이라는 젊은 나이에 세상을 뜨고 말았다. 사측은 중상을 당한 이현중을 방치했고, 회사를 떠나기만을 바랐다. 일 못하는 노동자 이현중은 세원테크 사측으로서는 병원비나 갉아먹는 골칫덩이였다. 세원테크는 노동자 이현중을 폐품 취급했다. 그랬기에 그의 죽음을 불러온 철벽도 없애지 않았다. 세원테크 사측은 노동자 이현중의 목숨을 돈 몇 푼과 바꾸었을 따름이다.

이해남은 한국노총과 민주노총도 분간 못했던 평범한 노동자였다. 그러던 그가 노조를 만들고 불과 2년 만에 죽음으로 내몰렸다. 노동자도 인간임을 알아달라고 자신의 몸을 불살랐다. 노동자는 노예가 아니라 인간이라고, 울부짖다 못해 분신을 해야 하는 사회는 살 만한 세상이 아니다. 인간이 인간답게 살고 싶다고 죽음으로 호소해야 하는 사회에서는 누구도 인간일 수 없다. 그건 지옥이다.

2008년 한국이라는 사회에서 살아가는 우리의 삶을 되짚어보자. 860만 명이 비정규직이다. 이 중에서 한 달 월급이 100만 원도 안 되는 이들이 440만 명이다. 가족의 생계를 책임진 가구주는 190만 명이다. 통계청에 따르면 도시 근로자 가운데 50퍼센트가 가계수지 적자다. 바꿔 말하자면 도시에서 살아가는 사람들 중에서 극소수 부유층을 뺀 나머지 국민들은 빚에 허덕이며 살아가는 셈이다. 여기에도 끼지 못하는 사람들은 사채에 짓눌린 채 신음하고 있다. 바야흐로 생존이 위험한 사회다. 인간으로서의 존엄은커녕 살아남기 위해 몸부림쳐야 하는 세상이다.

오늘도 노동자들의 생존권투쟁은 처절하다. 목숨을 건 단식투쟁을 한 기륭전자, GM대우자동차 사내하청지회, KTX 승무원들, 이랜드 일반노조, 코스콤, 도루코, 콜트 등 여러 사업장에서 1년 혹은 2년, 심지어 1100

일이 넘도록 부당해고에 맞서 싸우고 있다. 노동자들은 온갖 투쟁을 다한다. 94일 단식을 하고, 한강대교에 올라가고, CCTV관제탑에서 고공농성을 하며 노동자도 인간임을 호소한다. 죽는 것 빼고는 다 해본 셈이다.

2003년에 눈감은 이해남이 2008년 우리 사회를 보면 어떤 생각을 할까? 끔찍하게 여기다 못해 몸서리를 치지 않을까. 그가 세상을 뜬 지 5년이 흘렀건만 노동자들은 여전히 생존을 위협받고 있다. 아니, 비정규직이라는 노예제도에 묶인 노동자들의 삶은 벼랑 끝으로 내몰리고 있다. 날로 심각해지는 자살률을 들먹이지 않더라도 노동자들의 생존권은 극한을 치닫고 있다.

5년 전 그때도 이해남은 이즈음 노동자들이 겪는 갖가지 고통을 고스란히 안고 살았다. 그때보다 더 나빠진 오늘날 노동자를 보며 그가 지르는 비명이 귀에 와 닿는다. 자신의 분신이 헛되지 않기를 간절히 염원했던 이해남은 고공농성을 하는 노동자들을 보며 통곡을 하리라.

2003년 세원테크노조는 사측과 합의(노조파괴 전문가의 퇴진, 유가족에 대한 보상, 회사 측의 사과 등)하고 12월에 이현중과 이해남의 장례식을 치렀다. 그 이듬해, 2004년 지회장선거에서 조합원들은 구사대에게 졌고, 민주노조는 없어졌다. 하지만 2001~2003년 투쟁을 겪은 조합원들은 이현중·이해남 열사 정신을 잊지 않고 살아가고 있다.

이현중과 이해남, 그리고 오늘도 생존권을 위해 투쟁하는 노동자들은 우리 사회의 자화상이다. 거부할 수 없는 우리 얼굴이다. 자본은 지치지도 않고 우리의 육신과 얼굴을 갉아먹는다. 이현중과 이해남은 그 지옥에서 핀 꽃이다. 그들의 죽음에서 우리는 우리가 인간임을 비로소 잊지 않는다.

열사들의 삶을 복원하고 널리 알리기 위해 평전을 기획한 금속노조와 이현중·이해남 열사정신계승사업회에도 힘찬 박수를 보낸다.

시집 『하늘공장』을 두루 나눌 수 있도록 해준 임성용 시인에게 고마움을 전한다. 〈삶이 보이는 창〉에도 드넓은 세상이 펼쳐지기를…….

2008년 가을이 깊어가는 시월에

복사골 움막에서 윤동수

당신은 나의 영혼

이현중 · 이해남 평전

초판 1쇄 발행 | 2008년 11월 5일
초판 2쇄 발행 | 2008년 11월 25일

글쓴이 | 윤동수

펴낸곳 | 도서출판 삶이 보이는 창
편집인 | 박일환
편집주간 | 김영숙
편집부 | 엄기수, 임현숙
영업부 | 김원국
기획 | 전국금속노동조합 열사정신계승특별위원회,
이현중 · 이해남 열사정신계승사업회

등록번호 | 제 18-48호
등록일자 | 1997년 12월 26일

주소 | (150-901)서울시 영등포구 영등포동 2가 94-141 동아빌딩 402호
전화 | 02-848-3097
팩스 | 02-848-3094
홈페이지 | www.samchang.or.kr

ⓒ 이현중 · 이해남 열사정신계승사업회

값 10,000원

ISBN 978-89-90492-64-7